教育部人文社会科学研究规划基金项目
（"辽金元史论与历史文化认同思想"，项目批准号11YJA770052）资助

渤海大学中国史学科博士点筹建经费资助

辽金元

吴凤霞 ◆ 著

史论思想研究

LIAOJINYUAN SHILUN SIXIANGYANJIU

黑龙江人民出版社

图书在版编目(CIP)数据

辽金元史论思想研究 / 吴凤霞著. —哈尔滨:黑
龙江人民出版社,2016.7
ISBN 978 - 7 - 207 - 10787 - 9

Ⅰ.①辽… Ⅱ.①吴… Ⅲ.①中国历史—古代史—
辽宋金元时代 Ⅳ.①K240.7
中国版本图书馆 CIP 数据核字(2016)第 192740 号

责任编辑:姚虹云 崔 冉
装帧设计:张 涛 李德铖

辽金元史论思想研究

吴凤霞 著

出版发行	黑龙江人民出版社
地 址	哈尔滨市南岗区宣庆小区 1 号楼
电子邮箱	150008
电子邮箱	hljrmcbs@ yeah. net
网 址	www. longpress. com
印 刷	北京万博诚印刷有限公司
开 本	787 毫米 ×1092 毫米 1/16
印 张	13.5
字 数	300 千字
版 次	2016 年 7 月第 1 版 2021 年 1 月第 2 次印刷
书 号	ISBN 978 - 7 - 207 - 10787 - 9
定 价	43.00 元

前　言

关于史论，瞿林东先生在《谈中国古代的史论和史评》一文中有明确的界定："在中国古代史学及有关历史文献中，史论即关于客观历史如史事、人物、历史现象等问题的评论。"（《东岳论丛》2008 年第 4 期）中国古代留下了十分丰富的史论遗产，各个不同时期的史论突出地反映了社会与思想的转变，体现了时代精神，也彰显了历史理论的成就。

辽金元时期是我国古代历史上统一的多民族国家历史格局形成的重要阶段之一，这个时期多民族文化交融背景下的思想变化值得深入探寻，因此辽金元时期的史论遗产亟待发掘。事实上，辽金元时期的各族各类人面对复杂的现实问题，在鉴古知今的认知门径指引下往往把目光投向过往的历史，去向历史寻求答案，相应地产生了大量的根植于所述历史又与现实有着密切联系的史论。具体说来，这三朝的史论成果并不平衡，现存辽代史论较少，但辽人对过往历史的认识在其言论中有所体现。金元两代除了史书构成部分的"史论"外，留存有大量独立的史论专篇，他们大多存在于文人文集或一代文章总集之中。比如，金代名儒赵秉文《闲闲老人滏水文集》中有《西汉论》《东汉论》《魏晋正名论》《蜀汉正名论》《知人论》《迁都论》《侯守论》等，刘祁《归潜志》有《辩亡》篇，金元之际政治家郝经《陵川文集》中有《思治论》《辨微论》《传国玺论》等，蒙元初期著名文士胡祗遹有《君臣论》《礼乐论》《礼乐刑政论》《兴亡论》《进言论》，元代"文章巨公"杨维桢有《正统辨》《水德论》《田横论》《酷吏传论》《豫让国士论》《聂政刺客论》《屈原论》《公孙龙论》《王蠋论》《李斯论》《沛公论》《陈平论》，等等。这些史论反映了论者的识见高下和思想倾向，综合考察更能透视史论背后的社会面貌与时代特征。值得重视的是，辽金元三朝的史论加入了契丹、女真、蒙古等民族的历史意识,丰富发展了多民族历史文化认同思想。这些对于人们认识辽金元历史,对于理解中国统一的多民族国家的发展演进,对于探索中华民族凝聚力的形成与发展都有重要意义。

目前学术界关于辽金元时期史论的研究成果主要集中在华夷观和正统观方面的探讨。比如,陈学霖《中国史上之正统论:金代德运议研究》(华盛顿大学1984年英文版)、张博泉《金史论稿》(第一卷)绪论中"'德运'之争与元修《金史》"一节(吉林文史出版社1986年版)、宋德金《正统观与金代文化》(《历史研究》1990年第1期)和《辽朝正统观念的形成与发展》(《辽金西夏史研究——纪念陈述先生逝世三周年论文集》1997年版)、江湄《元代"正统"之辨与史学思潮》(《中国史研究》1996年第3期)、齐春风《论金朝华夷观的演化》(《社会科学辑刊》2002年第6期)、刘浦江《德运之争与辽金王朝的正统性问题》(《中国社会科学》2004年第2期)、李淑华《元代史学领域的"华夷"、"正统"观念》(《兰州大学学报》2004年第6期)、李治安《元初华夷正统观念的演进与汉族文人仕蒙》(《学术月刊》2007年第4期)、赵永春的《试论金人的"中国观"》(《中国边疆史地研究》2009年第4期)和《金人自称"正统"的理论诉求及其影响》(《学习与探索》2014年第1期)等。总体上看,关于辽金元时期史论的研究已产生了一些重要可资参考的学术成果,但与其他时期相比较而言,有关辽金元史论的研究成果并不多,这与辽金元时期丰富的史论遗产不相称,把辽金元时期的史论作为整体来进行综合研究有待加强。需要指出的是,由于学者们对辽金文献的研究和《全元文》及金元时期文人文集的整理出版,为系统研究辽金元史论提供了良好的条件。本书在吸收学者们相关成果的基础上,尽可能地利用现代整理出版的历史文献,尝试着对辽金元时期的史论作较全面的梳理,力图揭示其基本内涵和主要思想,以充实中国古代史论研究,并为总结辽金元三朝的历史理论提供有益的参考,进而加深人们对10-14世纪中期历史思想演进的理解和认识。

目　　录

第一章　辽金元史论的历史基础

一个时代的史学发展与其时代的历史有着密切的关联。针对客观具体历史问题而作出评论的史论自然也受到其时代社会环境的影响。那么,辽金元所处的时代为当时人们历史思想的变化又提供了怎样的基础呢?

第一节　以武兴国:契丹、女真、蒙古族相继崛起

一、10 世纪初契丹的兴起

契丹族是我国古老的北方民族,一般认为契丹族属于东胡系统东部鲜卑宇文部的别支。契丹族早期活动的主要区域是西拉木伦河(古称潢河)和老哈河(古称土河)流域,史称"潢河之西,土河之北,奇首可汗故壤也"①。北魏时,契丹的情况已有记载,《魏书·契丹传》称:"登国中,国军大破之,遂逃迸,与库莫奚分背。经数十年,稍滋蔓,有部落,于和龙之北数百里,多为寇盗。真君以来,求朝献,岁贡名马。"后来,各部落"皆得交市于和龙、密云之间,贡献不绝"。北魏太和三年(479),因为高句丽与蠕蠕谋取地豆于,契丹怕受其牵连而求内附,"止于白狼水东"②。白狼水即大凌河。隋朝时,契丹"部落渐众,遂北徙逐水草,当辽西正北二百里,依托纥臣水而居。东西亘五百里,南北三百里,分为十部。兵多者三千,少者千余,逐寒暑,随水草畜牧"③。托纥臣水即老哈河。唐朝时,契丹处于部落联盟

---

① 脱脱等:《辽史》卷32《营卫志中》,中华书局,1974 年,第378 页。
② 魏收:《魏书》卷100《契丹传》,中华书局,1974 年,第2223 页。
③ 魏徵等:《隋书》卷84《北狄传·契丹》,中华书局,1982 年,第1882 页。

阶段,学者们研究认为,从契丹与唐朝的战争来看,契丹部已经发展到极为强大,已有足够的力量展开对外战争,但强盛的唐朝使契丹的发展不能不受到阻遏①。

9世纪末,强大的唐朝走向衰落,北方草原上回纥汗国也已经灭亡,契丹趁机兴起。当时作为契丹部落联盟军事统帅和迭剌部酋长的耶律阿保机率领契丹部民不断对外征伐,契丹于是成为北方草原最为活跃的民族。耶律阿保机也由于屡立战功,又在战争中掠夺大量人口和财物,其个人的声望和影响力超过了联盟长。907年,八部酋长罢免了遥辇氏最后一个联盟长痕德堇可汗,推举阿保机为可汗,《辽史》记这一年为太祖元年,契丹历史进入新的阶段。

《辽史·太祖本纪》记载了作为可汗的阿保机依然领兵征黑车子室韦、西部奚、东部奚、燕王刘守光、乌古部等。阿保机是一位强有力的领袖,他与以往的遥辇可汗不同,他把军事和行政的权力都牢牢地掌握在自己的手中,而且为了稳固自己的地位。他首先在组织机构建设上有新的作为,比如设立了一个新官职——"惕隐"②,任命皇后兄萧敌鲁担任要职"北府宰相",史载:"后族为相自此始"③。他还设置侍卫亲军"腹心部",这是一支由"诸部豪健二千余"④组成的队伍,是加强阿保机这个新首领力量的一个组织保证,其统帅为阿保机的亲信耶律曷鲁和萧敌鲁、阿古只。更重要的是制度上的变革正在酝酿,阿保机受其身边汉族士人的影响意欲效仿中原帝王建立皇位世袭制,因此他不再坚守契丹可汗世选制。对此,《辽史》没有特别的说明,《资治通鉴》称阿保机"恃其强,不肯受代"⑤,《旧五代史》则言:"及阿保机为主,乃怙强恃勇,不受诸族之代,遂自称国王"⑥。我们知道任何社会变革都会有支持者,也会有反对者,因为变革会涉及各方面权益分配问题。作为可汗的阿保机其变革旧制,实质上是对君主专制体制的认同,这种认同对于契丹社会发展来说是进步的。所以,有学者称当时阿保机的支持者和追随者为进步的集团,而称反对派为保守集团⑦。当时站出来公开反对阿保机、甚至采取武力反叛的方式企图夺取阿保机权力的人,都是契丹社会中有地位有权力的人,

---

① 蔡美彪等:《中国通史》(第六册),人民出版社,1979年,第10-11页。

② 脱脱等:《辽史》卷1《太祖本纪上》,中华书局,1974年,第3页。

③ 脱脱等:《辽史》卷1《太祖本纪上》,中华书局,1974年,第4页。

④ 脱脱等:《辽史》卷73《耶律曷鲁传》,中华书局,1974年,第1221页。

⑤ 司马光:《资治通鉴》卷266《后梁纪一》,中华书局,1986年,第8678页。

⑥ 薛居正等:《旧五代史》卷137《外国列传》,中华书局,1976年,第1823页。

⑦ 张正明:《契丹史略》,中华书局,1979年,第25-29页。

他们是"府之名族"(迭剌部大族)和七部酋长。对于"府之名族"的反叛,即迭剌部旧贵辖底和阿保机弟弟们的反叛有些令人费解。他们是阿保机最亲近的人,而他们却在太祖五年(911)、太祖六年(912)、太祖七年(913)发动了三次反叛,史称"诸弟之乱"。阿保机虽然先后平定了叛乱,但内战给契丹社会带来的损失是惨重的,一些人死于战争,人口减少,生产遭到了破坏,致使物价飞涨,物资损失巨大。太祖八年(914)秋,三百多人因参加反叛被"弃市"。阿保机叹息说:"致人于死,岂朕所欲。若止负朕躬,尚可容贷。此曹恣行不道,残害忠良,涂炭生民,剽掠财产。民间昔有万马,今皆徒步,有国以来所未尝有。实不得已而诛之。"①我们读《辽史·太祖本纪》可能都会产生这样一系列的疑问:为什么阿保机家族最亲近的弟弟们要反对他,而且是一而再、再而三的反叛?为什么对无义于君长的叛乱,阿保机对首恶的诸弟不断宽恕甚至还继续重用,而对诸弟叛乱的追随者却要严惩?或弃市,或生埋,或以鬼箭射杀,或命自投崖而死,或绞杀等②。对于这一系列的问题,不只是阿保机念及手足之情、不忍加诛那么简单,对这些问题的解释我们还要考虑阿保机当可汗时所处的时代。契丹部落联盟时代选任官长通行的法则为世选制,世选制不同于世袭制,它维护的是家族的利益,是在世选之家的子孙中量才选授。到 10 世纪初世选制已经过三百多年的发展,阿保机当上可汗后没有明确地推行世袭制,但他的作为却不符合世选制的规范。因为按照世选制的原则,可汗有一定的任期(多数史书认为是三年),虽然可以连任,但也要举办柴册仪等民主仪式取得部民认可才行。阿保机不断加强自己的军事政治实力,在诸弟们看来,阿保机结束连任是遥遥无期的。于是他们纷纷采取行动,一而再、再而三地通过叛乱去争取。按照传统的世选制,阿保机的弟弟们都有被选为可汗的可能,他的诸位弟弟也不想失去当选可汗的资格,阿保机对诸弟们的宽恕也主要是因为他们的夺位斗争在某种程度上是合理的。不单是元朝史臣所说的阿保机有"人君之度"③,这中间也有长期以来通行的世选制的深刻影响。

在阿保机平息诸弟叛乱之后,太祖九年(915)七部酋长提出抗议,阿保机表面上应允让出可汗之位,却采用其妻述律氏的策略在聚会时设伏兵杀死了诸部大人。此事《辽史·太祖本纪》未见记载,《辽史·世表》言其"不肯受代,自号为王,

---

① 脱脱等:《辽史》卷 1《太祖本纪上》,中华书局,1974 年,第 9 – 10 页。
② 脱脱等:《辽史》卷 1《太祖本纪上》,中华书局,1974 年,第 8 – 9 页。
③ 脱脱等:《辽史》卷 2《太祖本纪下》,中华书局,1974 年,第 24 页。

尽有契丹国"①,字句与《新唐书·契丹传》大体相同,均没有言及七部大人反对,以及耶律阿保机尽杀七部大人之事。但《新五代史·四夷附录》和《契丹国志》卷二十三《并合部落》言阿保机立九年"不肯代",诸部"共责诮之",阿保机用其妻述律氏策,召诸部大人"共以牛酒会盐池,阿保机伏兵其旁,酒酣伏发,尽杀诸部大人"②。两处记载语句相同,大概二书依据同样的资料,或《契丹国志》抄自《新五代史》。现代学者有人肯定有此事,比如张正明的《契丹史略》、杨树森的《辽史简编》③;也有学者认为不肯受代说"显然出于不够确切的传闻",但也承认这个传闻是奴隶主贵族要求权力更加集中与统一的大致反映④。

辽太祖元年(907)至辽太祖九年(915)是耶律阿保机为可汗的九年,是契丹由部落联盟向专制国家过渡的时期,除了征服战争较为频繁之外,这九年耶律阿保机为"化家为国"做着种种努力,神册元年(916)建国的条件终于成熟。

辽太祖神册元年后契丹内部局势趋于稳定,阿保机更加积极地致力于拓展国土,直到阿保机去世的天显元年(926)。这十年间,辽朝的军队向西、向北攻掠突厥、吐浑、党项、沙陀诸部、乌古部等,向南侵掠中原诸州,向东灭了渤海国建立东丹国。《辽史·太祖本纪》"赞曰"称其"东征西讨,如折枯拉朽"⑤。辽太祖耶律阿保机在制度建设上的贡献主要体现在改编诸部和确立皇帝制度⑥。在对境内众多民族的统治管理方面,辽太祖耶律阿保机也有一定的示范,《辽史·百官志》评价他"有帝王之度者三:代遥辇氏,尊九帐于御营之上,一也;灭渤海国,存其族帐,亚于遥辇,二也;并奚王之众,抚其帐部,拟于国族,三也。"⑦这里《辽史》的编纂者赞扬阿保机的智慧和气度主要提及的是他关于民族关系问题的处理,其实阿保机为君长以来的移民置州也是他尊重汉、渤海人等制度文化的反映。可以明确的是,经过辽太祖耶律阿保机的努力契丹政权逐渐成为周邻政权不可忽视的政治力量。

---

① 脱脱等:《辽史》卷63《世表》,中华书局,1974年,第956页。

② 欧阳修:《新五代史》卷72《四夷附录第一》,中华书局,1974年,第886—887页;叶隆礼:《契丹国志》卷23《并合部落》,贾敬颜、林荣贵点校本,上海古籍出版社,1985年,第222页。

③ 张正明:《契丹史略》,中华书局,1979年,第26页、第29页;杨树森:《辽史简编》,辽宁人民出版社,1984年,第26—27页。

④ 舒焚:《辽史稿》,湖北人民出版社,1984年,第125—126页。

⑤ 脱脱等:《辽史》卷2《太祖本纪下》,中华书局,1974年,第24页。

⑥ 蔡美彪:《中国通史》(第六册),人民出版社,1979年,第28—30页。

⑦ 脱脱等:《辽史》卷45《百官志一》,中华书局,1974年,第711页。

据《辽史·太祖本纪》载,辽太祖神册元年(916)先是后梁遣郎公远来贺,后有吴越王遣滕彦休来贡①;神册三年(918)又有达旦国、后梁遣使来聘,后晋、吴越、渤海、高丽、回鹘、阻卜、党项及幽、镇、定、魏、潞等州各遣使来贡②;神册五年(920),吴越王复遣滕彦休贡犀角、珊瑚,授官以遣③。此后,后梁、吴越常遣使来聘或来贡。天赞二年(923),波斯国来贡④。天赞四年(925),日本国、高丽国、新罗国来贡⑤。契丹辽朝已经声名远播。

辽太宗耶律德光即位后,继续贯彻辽太祖的治国与发展理念。在军事上,他依然采取南向发展的政策,多次派兵或亲自领兵南下侵扰定州、云州、新州等地,并利用后唐统治集团内部的矛盾,援助后唐河东节度使石敬瑭而得到燕云十六州之地,又以石重贵继立不称臣而举兵灭后晋。辽太宗统治时期的灭后唐、灭后晋,进一步扩大了辽朝的影响力,辽朝已能兼治"中国"⑥;辽太宗统治时期在制度建设与境内多民族关系的处理上也有新的进步,明代学者王宗沐对辽太宗的历史贡献有特别的赞誉,在其所著《宋元通鉴》中评论说:"辽之兴也,吾不曰太祖,而曰太宗。辽之亡也,吾不曰天祚,而曰道宗。何也? 太祖破室韦,灭渤海,地方五千里,带甲数十万,非不强也,然其未能抗中国成帝业也。太宗助晋灭唐,尽有山前后十六州之地,始都中原,据有财赋、人物、衣冠之盛,其他定国赋,制百官,以国制治契丹,以汉制治汉人,因俗而治,事简职专。是宜其创业几二百年有所守也。"⑦《辽史·天祚皇帝本纪》后赞也对辽太祖、辽太宗建国立制之功予以充分肯定,所谓"辽起朔野,兵甲之盛,鼓行皞外,席卷河朔,树晋植汉,何其壮欤? 太祖、太宗乘百战之势,辑新造之邦,英谋睿略,可谓远矣"⑧。也就是说,元代史官认为辽太祖、太宗以武立国,奠定辽朝二百年的基业。

①　脱脱等:《辽史》卷1《太祖本纪上》,中华书局,1974年,第11页。
②　脱脱等:《辽史》卷1《太祖本纪上》,中华书局,1974年,第12页。
③　脱脱等:《辽史》卷2《太祖本纪下》,中华书局,1974年,第16页。
④　脱脱等:《辽史》卷2《太祖本纪下》,中华书局,1974年,第19页。
⑤　脱脱等:《辽史》卷2《太祖本纪下》,中华书局,1974年,第21页。
⑥　我国古代学者所谓"中国"多数时候是指中原地区。
⑦　王宗沐:《宋元通鉴》,转引自厉鹗《辽史拾遗》卷12,中华书局,1985年,第241页。
⑧　脱脱等:《辽史》卷30《天祚皇帝本纪四》,中华书局,1974年,第359页。

二、12 世纪初女真立国

依据《金史·世纪》,早在女真昭祖石鲁时(大约是辽圣宗或辽兴宗统治时期),生女真部落的杰出领导者就开始积极谋求发展壮大,"昭祖稍以条教为治,部族寖强。辽以惕隐官之。诸部犹以旧俗,不肯用条教。昭祖耀武至于青岭、白山,顺者抚之,不从者讨伐之,入于苏滨、耶懒之地,所至克捷"①。到景祖乌古乃时(大约是辽兴宗和辽道宗统治时期)听命的诸部更多了,形成以完颜部为中心的军事部落联盟,也有辽之边民逃至女真之地。但景祖十分谨慎,既利用辽朝惩治不臣服部落,又防范辽朝掌握其山川道路险隘,因此不允许辽兵深入女真地界。景祖虽然接受辽朝授予他的生女真节度使的称号,却不愿接受辽朝要颁予他的印绶,因为他不肯让生女真部入辽版籍,其实景祖已有了不臣之心。当时的生女真部本地没有铁,他们就花费大量的资金通过贸易从邻国购得,"修弓矢,备器械,兵势稍振,前后愿附者众"②。世祖劾里钵、肃宗颇剌淑、穆宗盈歌都是景祖之子,他们为生女真部节度使时正是辽道宗咸雍末、大康和大安、寿昌年间,他们主要致力于生女真诸部的统一、平定反叛者,外交上继续与辽朝周旋,帮助辽朝打败叛军。康宗乌雅束是世祖长子,他在辽天祚帝乾统三年(1103)袭职为生女真节度使,他任职共十年,与高丽之间的战与和成为其在任时的重要内容。③ 完颜阿骨打是世祖的次子,康宗乌雅束的弟弟,是世祖、穆宗都看重的接班人,世祖就曾对穆宗说:"乌雅束柔善,惟此子足了契丹事。""穆宗亦雅重太祖,出入必俱。太祖远出而归,穆宗必亲迓之。"④可见,反辽独立是女真几代人谋求的发展目标。

应该说女真人的迅速崛起是有征兆的,只是辽朝的统治者自恃强大并没有加以重视。金太祖完颜阿骨打于天庆三年(1113)袭位,称都勃极烈(即部落联盟长)。第二年,便召官僚耆旧,"以伐辽告之",使他们备战于冲要之地,建立城堡,整修兵器,辽统军司有所闻,遣使来责问,金太祖态度明确地回答说:"我小国也,事大国不敢废礼。大国德泽不施,而逋逃是主,以此字小,能无望乎?若以阿疎与

---

① 脱脱等:《金史》卷1《世纪》,中华书局,1975 年,第 4 页。

② 脱脱等:《金史》卷1《世纪》,中华书局,1975 年,第 6 页。

③ 脱脱等:《金史》卷1《世纪》,中华书局,1975 年,第 1 – 17 页。

④ 脱脱等:《金史》卷2《太祖本纪》,中华书局,1975 年,第 20 页。

我,请事朝贡。苟不获已,岂能束手受制也。"①这其实是对辽朝下的战书。《辽史》关于生女真反抗辽朝也有一些记载:天庆四年(1114),"阿骨打乃与弟粘罕、胡舍等谋,以银术割、移烈、娄室、阇母等为帅,集女直诸部兵,擒辽障鹰官。及攻宁江州,东北路统军司以闻。时上在庆州射鹿,闻之略不介意,遣海州刺史高仙寿统渤海军应援。萧挞不也遇女直,战于宁江东,败绩"②。当女真人真正发动反辽战争的时候,天祚皇帝还没有看到问题的严重性,自以为强大,所以仅派海州刺史高仙寿统领渤海军援助东北路统军司,结果宁江州之战辽军败北。此后,出河店、斡邻泺(《金史》作"斡论泺")、达鲁古城等地辽军连吃败仗。女真军越战越勇,辽军屡战屡败,辽朝内部累积的矛盾也爆发了,天庆五年(1115)九月乙巳,"耶律章奴反,奔上京,谋迎立魏国王淳"③。天庆六年(1116)正月,东京渤海高永昌僭号④。所谓"金兵一集,内难先作,废立之谋,叛亡之迹,相继蜂起"⑤。从女真一方来看,女真人反辽的战争一路高奏凯歌,队伍不断壮大,组织机构随之进行了重新调整,宁江州攻下后,"初命诸路以三百户为谋克,十谋克为猛安"⑥。斡邻泺之战后,女真兵已经满万。此后,女真兵又攻下宾州、咸州,到天庆五年(1115)正月,女真上层商议定国号大金,改元收国。收国元年(1115),金兵先是在阿骨打的带领下攻取黄龙府,又在护步答冈大败辽军,均是指挥得法,以少胜多,极大地打击了辽军的气焰,鼓舞了金军的士气。收国二年(1116)正月,由于金政权统治下的人口越来越多,金太祖阿骨打下达一道诏令:"自破辽兵,四方来降者众,宜加优恤。自今契丹、奚、汉、渤海、系辽籍女直、室韦、达鲁古、兀惹、铁骊诸部官民,已降或为军所俘获,逃遁而还者,勿以为罪,其酋长仍官之,且使从宜居处。"⑦这则诏令可视为金太祖建立多民族国家新秩序的政策之一。同年二月,金太祖又下一道诏令:"比以岁凶,庶民艰食,多依附豪族,因为奴隶,及有犯法,征偿莫辨,折身为奴者,或私约立限,以人对赎,过期则为奴者,并听以两人赎一为良。若元约以一人赎者,即从

---

① 脱脱等:《金史》卷2《太祖本纪》,中华书局,1975年,第23页。
② 脱脱等:《辽史》卷27《天祚皇帝本纪一》,中华书局,1974年,第328页。
③ 脱脱等:《辽史》卷28《天祚皇帝本纪二》,中华书局,1974年,第332页。
④ 脱脱等:《辽史》卷28《天祚皇帝本纪二》,中华书局,1974年,第334页。
⑤ 脱脱等:《辽史》卷30《天祚皇帝本纪四》,中华书局,1974年,第359页。
⑥ 脱脱等:《金史》卷2《太祖本纪》,中华书局,1975年,第25页。
⑦ 脱脱等:《金史》卷2《太祖本纪》,中华书局,1975年,第29页。

元约。"①这道诏令可能是针对当时奴者身份地位的争讼而下发的,也旨在维护社会的稳定。同年五月,金朝又有诏令废除辽法、省免赋税、设置猛安谋克一如本朝之制,都是关乎立国建制的重要内容。天辅元年(1117)时,金朝军力大增,史载:"国论昆勃极烈斜也以兵一万取泰州","辽秦晋国王耶律捏里来伐,迪古乃、娄室、婆卢火将兵二万,会咸州路都统斡鲁古击之"②。也就是说,将领们往往带一万二万的兵参战。当年十二月,辽金蒺藜山之战,辽军又一次大败,金军拔显州(治今辽宁省北镇市),显州附近的乾州、懿州、豪州、徽州、成州、川州、惠州等相继投降。天辅二年(1118)、天辅三年(1119),金朝一面与辽进行谈判,一面积极备战。天辅四年(1120),金与辽的和谈没有达成令双方满意的协议,金军又在金太祖完颜阿骨打的指挥下开始了对辽朝的军事进攻,很快攻下了辽上京(治今内蒙古自治区巴林左旗波罗城)。此后直到天辅七年(1123)八月金太祖去世,金军又攻陷了辽朝的中京(治今内蒙古自治区宁城县大明城)、西京(治今山西省大同市)、燕京(治今北京市区)等地。金太宗吴乞买即位后,遵照金太祖的嘱托注重安抚统治区内的民众,有"发春州粟,赈降人之徙于上京者"的举措,也"诏诸猛安赋米,给户口在内地匮乏者"③。同时,各路军继续对割据势力和辽朝残兵发动军事进攻,南路军在阇母的统领下先是在楼峰口败张觉,后又在兔耳山被张觉打败,为此临时换帅,以宗望代阇母领兵讨伐张觉。宗望与张觉战于南京(平州)东,大败张觉。金太宗给予西南、西北两路都统宗翰独立决断的重权,"以便宜从事"④。上京路军帅也获得了同样的权力。天会二年(1124),金太宗下令赏赐宗望及将士克南京之功。宗望也得到了空名宣头五十、银牌十,可以自主决定将领的任命。由于各路军事将领都有灵活机动的处置权,金军在与辽残余势力的作战中占据优势。天会三年(1125),金将娄室俘获辽主,标志着辽朝的灭亡。女真在辽末的崛起十分迅速,十年间金朝政权成为令宋、夏等周邻政权不得不重视的新兴强国。

三、13 世纪蒙古的壮大、元朝的统一

10－12 世纪在辽金政权西北部的广大地区分布着许多各自独立的部落,他们

---

① 脱脱等:《金史》卷 2《太祖本纪》,中华书局,1975 年,第 29 页。
② 脱脱等:《金史》卷 2《太祖本纪》,中华书局,1975 年,第 30 页。
③ 脱脱等:《金史》卷 3《太宗本纪》,中华书局,1975 年,第 48 页。
④ 脱脱等:《金史》卷 3《太宗本纪》,中华书局,1975 年,第 48 页。

大多过着逐水草而居的游牧生活,蒙古是其中的一个部落。学者们研究认为:"十一世纪中叶以前,蒙古部大概还是比较弱小和分散的部落。"①由于争夺牧场、属民,漠北地区成为各部角逐争雄的战场,弱肉强食,血亲复仇,部落间的结盟、背约、攻伐频繁发生。在残酷的争斗中,蒙古部铁木真家族一度中衰,但铁木真长大后,凭着他的智慧和英勇善战使蒙古部逐渐成为漠北强部。进入 13 世纪,铁木真领导的蒙古部先后打败札木合领导的松散联盟、消灭了塔塔儿部、击散了乃蛮部的不欲鲁汗领导的联军、大败克烈部的王罕而并其部众、征服了太阳罕所属的乃蛮部众,于丙寅年(1206)在斡难河源举行忽里台大会,即大汗位,并得尊号"成吉思汗",建立大蒙古国。② 以成吉思汗为首的蒙古贵族在统一漠北草原后,并没有停下他们征伐的脚步,很快开始了对其周邻地区和国家的征服战争,他们把金朝、西夏、花剌子模、西辽、中亚地区都视为征服的目标。

(一)蒙古招降、征服西北诸部和国家

依据《蒙古秘史》所记,战争环境中逐渐凝聚起来的新的民族共同体——蒙古族把征讨不臣服者视为获得财富的一种有效途径,强大者征服弱小者是当时草原社会普遍认可的法则。成吉思汗统一草原诸部后,蒙古人就把矛头首先指向了其西北地区,在那里广袤的森林区域仍然存在着一些部落和小国。其中,乞儿吉思(吉利吉思)曾经较为强大,但到 13 世纪初其地已处于割据状态。1207 年,成吉思汗命长子拙赤(《元史》为术赤)"率领右翼军出征森林部落"。拙赤招降了"斡亦刺惕、不里牙惕、巴儿浑、兀儿速惕、合卜合纳思、康合思、秃巴思等部落",乞儿吉思诸部的首领也表示臣服,拙赤又招降了"失必儿、客思的音、巴亦惕、秃合思、田列克、脱额烈思、塔思、巴只吉惕等森林部落",拙赤带着降附部落的那颜们,"让他们带着白海青、白马、黑貂,前来觐见成吉思汗"③。成吉思汗又命字罗忽勒出征秃马惕部(也译秃麻部),其实最初秃马惕部也降附了,但因豁儿赤去其部选取女子而造反,最终成吉思汗两次派兵征服了秃马惕部④。13 世纪初在新建的大蒙古国

---

①　韩儒林主编,陈得芝、邱树森、丁国范、施一揆著:《元朝史》,人民出版社,1986 年,第 61－62 页。

②　韩儒林主编,陈得芝、邱树森、丁国范、施一揆著:《元朝史》,人民出版社,1986 年,第 74－84 页。

③　《蒙古秘史》第 239 节,余大钧译注本,河北人民出版社,2001 年,第 394 页。

④　《蒙古秘史》第 240－241 节,余大钧译注本,河北人民出版社,2001 年,第 398－399 页。

的西部还有畏兀儿(高昌回鹘)、哈剌鲁部和西辽。其中,畏兀儿国和哈剌鲁部都为西辽藩属,他们都想摆脱西辽的统治,于是他们先后归附大蒙古国。《元史》记载太祖四年(1209)春,"畏吾儿国来归"①;太祖六年(1211)春,"帝居怯绿连河。西域哈剌鲁部主阿昔兰罕来降"②。西辽政权到13世纪初已衰微,藩属相继离去,一部分国土被其西部的花剌子模侵占,逃窜至其境内的乃蛮屈出律伺机篡夺了政权。1218年,成吉思汗派哲别统军征伐屈出律,屈出律不敢抵抗而逃跑。哲别允许西辽境内各族坚守自己的宗教信仰,人民反而拥护蒙古军,将逃跑的屈出律捕获交给蒙古军,西辽国土也纳入蒙古国的版图。

(二)蒙古南下

随着蒙古人势力的向南发展,西夏首当其冲成为蒙古人攻伐的对象。西夏与克烈部、乃蛮部相邻,1205年铁木真灭乃蛮后,就领兵攻入西夏,"拔力吉里寨,经落思城,大掠人民及其橐驼而还"③。断断续续,前后蒙古军六伐西夏,最终在1227年将其灭亡。金朝更是难逃被征伐的命运,据王国维的《辽金时代蒙古考》,由于元人讳言其祖,元人所修宋辽金三史没其名,其实金中后期蒙古诸部就时常进犯金朝北边。元太祖元年(1206),已经是蒙古草原上唯一的大汗成吉思汗就开始"议伐金",但"未敢轻动"④。1208年金章宗去世,卫绍王即位,成吉思汗坚定了伐金的信心。从元太祖六年(1211)蒙古开始征金到元太宗窝阔台六年(1234)金亡止,蒙金之间经历了二十余年的战争,到处烽火弥漫。学者研究认为:"蒙金战争大体可分三个阶段:第一阶段从1211至1216年,蒙古军由成吉思汗亲临指挥;第二阶段从1217至1229年,木华黎奉命经略中原,木华黎死后,由其子孛鲁继续指挥;第三阶段从1230至1234年,窝阔台与拖雷分兵攻金,最后与南宋联合灭亡金朝。"⑤蒙宋联合灭金后,大蒙古国就拥有了金的国土而与南宋相邻,南宋也就成为蒙古军新的攻伐对象。南宋统治集团的一些人一厢情愿地以为蒙古人不重视河南地,1234年六月,宋朝派兵先入汴京,后入洛阳,结果宋军不仅没有取得两京,

---

① 宋濂等:《元史》卷1《太祖本纪》,中华书局,1976年,第14页。
②. 宋濂等:《元史》卷1《太祖本纪》,中华书局,1976年,第15页。
③ 宋濂等:《元史》卷1《太祖本纪》,中华书局,1976年,第13页。
④ 宋濂等:《元史》卷1《太祖本纪》,中华书局,1976年,第13页。
⑤ 韩儒林主编,陈得芝、邱树森、丁国范、施一揆著:《元朝史》,人民出版社,1986年,第112页。

反而使蒙古大军兵临国境①。蒙古军攻宋战争因各方面的原因也是断断续续经历三个阶段：窝阔台汗时期、蒙哥汗时期、忽必烈汗统治时期。南宋虽偏安一隅，由于军民的联合抵抗，蒙古军攻宋损失较大，也颇费周折。直到1279年，才最终灭亡南宋。为了能从西南包抄夹攻南宋，蒙哥汗派忽必烈率军进攻大理地方民族政权。忽必烈对大理的征服在军事上作了较充分的准备，也提前征询了一些汉族文人的意见，他们建议他采用怀柔的政策。1253年秋，忽必烈领军取道吐蕃向大理进发，忽必烈所领导的军队实际上也顺便征服了四分五裂的吐蕃地区，当年冬，忽必烈的中道军和兀良合台的西道军进入了大理，1254年春，忽必烈留下兀良合台戍守大理，他领军继续征服大理境内未附诸部，然后率军北还。由于大理地区各族的依险自守，直到1255年，蒙古军才陆续征服了大理的五城、八府、四郡之地和大部分乌蛮、白蛮部落②。

（三）蒙古西征

蒙古西征，是对世界历史进程都产生重大影响的大事件。学者研究认为，蒙古西征包括这样几个阶段：成吉思汗西征（1219－1225）、长子西征（1235－1242）、旭烈兀西征（1252－1260）。其中，成吉思汗领导的第一次西征不仅作了充分的准备，而且规模与1211年南征金国差不多，诸子、诸那颜和大部分蒙古军都参加了，还有金国、西夏新归附的契丹军、汉军、河西军以及大批能工巧匠，畏兀儿、哈剌鲁两部首领也奉命率军从征，投入军队总数在二十万左右。成吉思汗西征战果是灭亡了强大的花剌子模国，进兵至黑海、里海北边的钦察之地以及斡罗思的南部，对于进行抵抗的军民进行残酷的屠杀，将大约十万的工匠迁入大蒙古国本土，很多妇女和儿童被掳为奴婢。长子西征出征军人数约有十五万，各支宗室都以长子统率出征军，术赤子拔都、察合台子拜答而、窝阔台子贵由、拖雷子蒙哥都是领兵的统帅，万户以下各级那颜也派长子出征。长子西征战果是灭了钦察、不里阿耳，征服了斡罗思，进兵孛烈儿、马札儿，一些能战斗的降附的军队被带回参与攻宋的战争，一些坚决抵抗的城市毁于战火，在波斯的一些地区设有蒙古国的统治机构。

---

① 韩儒林主编，陈得芝、邱树森、丁国范、施一揆著：《元朝史》，人民出版社，1986年，第176页。

② 韩儒林主编，陈得芝、邱树森、丁国范、施一揆著：《元朝史》，人民出版社，1986年，第183－187页。

旭烈兀西征是蒙哥汗统治时期旨在征讨木剌夷国等的军事行动,军事统帅是蒙哥的弟弟旭烈兀。蒙哥命令诸王各从所属军队中每十人签调二人,由子弟率领从征,也从汉地签调了善于攻城的炮手、火箭手千人,他们由攻城能手郭侃率领。第二次西征后镇戍波斯的军队听旭烈兀调遣。这次西征的战果是灭了木剌夷、黑衣大食,进兵至叙利亚。①

(四)蒙古势力东扩

蒙古势力东扩主要是指占领东北地区。元太祖六年(1211),蒙古军大举攻金,其首选的目标是金中都(今北京市)。《元史·太祖本纪》关于这一年的相关记载提到成吉思汗及其所统领的军队与金军先后战于野狐岭(今河北省张家口市万全县膳房堡乡北)、会河川(今河北省张家口市怀安县柴沟堡镇一带),然后入居庸关抵达金中都。据薛磊研究,正是由于金中都危急,金卫绍王急忙调兵防御中都,东北的一些军队被调到中都,东北防御出现松动,耶律留哥趁机起兵反金,其起兵的时间"必在太祖六年冬至太祖七年春"②。耶律留哥很快归附蒙古,但蒙古军并没有派兵大举进攻东北地区。蒙古军经略东北是从元太祖九年(1214)开始的,木华黎为其军事统帅。元人苏天爵所作《太师鲁国忠武王传》(木华黎传)记载:"甲戌(1214),诏王统诸军专征辽西诸郡。王次高州,卢琮、金朴率州民降。进攻北京,金守将银青元帅率众二十万来拒,与我师遇于花道,王逆击,败走之。银青婴城自守,其裨将完颜昔烈、高德玉杀银青,推乌古论寅答虎为帅,俄寅答虎举城降。王怒,欲坑之,萧阿先说王曰:'北京为辽西重镇,当抚摩以慰众望。今始降而即坑之,后讵有降者乎?'王嘉纳,以寅答虎权北京留守,复以兀叶儿权兵马帅府事以镇之。是岁,兴中府民杀守将乌里卜,推石天应为帅,天应来降,以为兴中尹。锦州张鲸杀节度使,自立为临海郡王,至是来降。"③这里的高州在今老哈河西岸,今内蒙古自治区赤峰市与敖汉旗之间。北京路路治在今内蒙古自治区赤峰宁城,兴中府在今辽宁省朝阳市,锦州在今辽宁省锦州市。此后两年(1215、1216),木华黎统率的蒙古军队主要征战于辽西

---

① 韩儒林主编,陈得芝、邱树森、丁国范、施一揆著:《元朝史》,人民出版社,1986年,第137-170页。

② 薛磊:《元代东北统治研究》,社会科学文献出版社,2012年,第17页。

③ 苏天爵:《元朝名臣事略》卷1《太师鲁国忠武王》,姚景安点校本,中华书局,1996年,第3页。

地区。需要说明的是,蒙古军经略辽西、辽东也遭到了当地军民的抵抗,很多州县经过反复征伐,以锦州为例,元太祖十一年(1216),蒙古军在讨伐张致时已攻破锦州,但《金史·宣宗本纪》兴定二年(1218)五月又提到:"己亥,大元兵徇锦州,元帅刘仲亨死之。"①说明锦州在1216年被蒙古军占领后又被金人恢复,直到1218年又重新被蒙古军占有。对此,张博泉先生指出:"蒙古统一辽西、辽东地是经过反复的征战而最后取得的。究其原因:当时蒙古出征之目的在很大程度上在于掠夺财物,缺乏长久统治的方策;时欲占领的主要目标是中原,对东北地区便无充分余力顾及;由于金朝尚未最后被灭亡,各政治势力的活动,因利害关系,也叛服无常,况且金兵在东北还有一定的实力。"②金毓黻先生认为:"元代起自漠北,据有匈奴故地,与契丹之起自热河,女真之起自吉林,本已不同,故其经略之次第,先以秋风扫败叶之势,平定西域诸国,再南向以攻金,其于东北之地,则假耶律留哥以兵力,使之肃清契丹余党,并驱逐蒲鲜万奴于女真故地,迨灭金甚久,始进而擒灭万奴,盖不以东北之地为经略之首图,此则迥异于辽金初兴者也。"在金先生看来,元代与辽金对东北的重视程度是不同的,因此,他说:"元代与东北之关系,亦至有限。"③的确,单看蒙古立国初期的攻伐对象和投入的力量,确实对东北不是很重视,管理上的松弛也证明了这一点。1233年蒙古军队擒获蒲鲜万奴后,便控制了东北绝大部分地区。此后的几十年蒙古国的军队并没有停下征伐的脚步,不断有被征服的人口补充到他们队伍中,大蒙古国的统治者征服的欲望依然旺盛,所以无暇顾及一些占领区的管理。有学者认为,那时蒙古国对东北的管理就是"比较粗放"的④。尽管如此,随着金朝势力的日益缩小乃至金朝的灭亡,蒙古人所建"大朝"影响力的逐渐扩大,蒙古人逐渐加强了对辽西等地的控制。

经过六十余年的军事征伐,到忽必烈汗时大蒙古国已是幅员空前广大的国家,但这个史无前例的庞大国家因为其体制内部的矛盾和缺乏共同的基础而走向分立。萧启庆先生研究认为:"大蒙古国的统治制度有草原地区与定居地区之不同。在草原地区所实施的以'黄金氏族'血缘纽带为主要基础的'游牧封建

---

① 脱脱等:《金史》卷15《宣宗本纪中》,中华书局,1975年,第337页。
② 张博泉:《东北地方史稿》,吉林大学出版社,1985年,第321页。
③ 金毓黻:《东北通史》卷六,五十年代出版社,1981年,第444页。
④ 李治亭主编:《东北通史》,中州古籍出版社,2003年,第300页。

制',实际上也是对外作战用的预备军事体制。而在定居地区则实施殖民地式的间接统治,以榨取人力、物力为主要目的。"同时,绵亘数万里的大蒙古国却缺乏共同的文化和经济基础,"诸汗国地形各异,民族繁多,语言、文化互不相同,经济水平相去甚远"。因此,"自忽必烈立国中原、建立元朝起,蒙古帝国业已名存实亡。……元朝与各汗国间的互通使节仅代表国与国之间的宗藩关系。各地蒙古政权皆已地方化,无法共同拥戴一个远在天边、难以认同的大汗"①。

(五)元朝的统一

1279 年,元朝在灭亡金政权四十余年后,又灭亡了南宋,实现了中国历史上空前的大统一。《元史·地理志》就其统一局面有这样的表述:"自封建变为郡县,有天下者,汉、隋、唐、宋为盛,然幅员之广,咸不逮元。汉梗于北狄,隋不能服东夷,唐患在西戎,宋患常在西北。若元,则起朔漠,并西域,平西夏,灭女真,臣高丽,定南诏,遂下江南,而天下为一。故其地北踰阴山,西极流沙,东尽辽左,南越海表。盖汉东西九千三百二里,南北一万三千三百六十八里,唐东西九千五百一十一里,南北一万六千九百一十八里,元东南所至不下汉、唐,而西北则过之,有难以里数限者矣。"②关于元代的西北疆域这里并没有明确。其实,元朝建立时,西北的四大汗国已经各自为政,只是名义上仍尊奉元朝皇帝为大汗。即使元朝廷实际控制的西北并不是那么辽远,其版图仍是超过以往任何时代的:东北直至混同江口的奴儿干城;东南在原南宋晋江县所属的澎湖岛设立澎湖巡检司;北方在叶尼塞河上游设立了吉利吉思、撼合纳、谦州、益兰州等处五部断事官;云南建立了云南行中书省,将所有归附的诸部列为郡县,西藏也列为郡县;西北通管畏兀儿部的大都护府设于别失八里。③ 元朝结束近四百年来多政权分立的局面,其积极的影响是广泛的,边区的治理与开发取得了前所未有的成就,而其显著成就的取得则是各族人民共同努力的结果。

综上,契丹、女真、蒙古族的开国有一定的相似性,均依靠武力崛起于边区,其对外征伐也都很好地利用骑兵而所向披靡,并因此迅速建立起控驭北方乃至全国的政权。战争是 10－13 世纪中国历史的重要构成部分,战争所带来的动

---

① 萧启庆:《内北国而外中国:蒙元史研究》上册,中华书局,2007 年,第 13－14,16 页。
② 宋濂等:《元史》卷 58《地理志一》,中华书局,1976 年,第 1345 页。
③ 周良霄、顾菊英:《元史》,上海人民出版社,2003 年,第 325－327 页。

荡与变化也令人震惊和记忆深刻。同时,从民族史的视角看,契丹、女真、蒙古族在其时代的历史舞台上先后扮演了主要角色,演绎了充满传奇色彩的历史篇章。当然,辽金元时代不单纯是以武力制胜的时代,改革也是其时代历史发展的重要特征。

第二节 走向文明:辽金元中期的改革

一、辽朝景宗、圣宗时期的政策调整

(一)辽世宗、穆宗时期的政治局势

辽世宗耶律阮和辽穆宗耶律璟二位皇帝都死于叛乱。他们统治的二十余年间,辽朝统治集团内部的矛盾较为复杂,既有皇位的争夺,也有党派的斗争。虽然《辽史·世宗本纪》篇幅仅有千余字,但将其与《辽史》的《营卫志》《后妃传》《宗室传》《耶律屋质传》《耶律吼传》《耶律安抟传》《耶律洼传》等综合观之,发生于辽世宗时期的辽朝最高统治集团间的政治斗争大致情形可以明了:大同元年(947)四月,辽太宗病逝于栾城(今河北省滦县),随辽太宗伐晋的耶律倍长子永康王耶律阮在大臣耶律安抟、耶律吼、耶律洼的建策下没有禀报应天皇太后述律氏就即位于镇阳(今河北省滦县北)。拥有较大势力的述律后想立她的三子李胡为皇帝,耶律阮的即位使她的政治主张不得伸张,因此她知道消息后勃然大怒,派儿子李胡以武力抗争。而李胡率领的军队战败,但他们并不甘心失败,又在潢河与辽世宗相持,最后双方在耶律屋质的调和下罢兵言和。但不久,应天太后与李胡因谋废立被迁于祖州(辽太祖祖陵的奉陵州)。《辽史》言李胡被徙祖州后"禁其出入"[1],而对应天太后只提迁祖州,回避其他[2]。《契丹国志》则明言"兀欲幽述律太后于

---

① 脱脱等:《辽史》卷72《宗室传·章肃皇帝李胡传》,中华书局,1974年,第1213页。

② 脱脱等:《辽史》卷5《世宗本纪》:"(大同元年)秋闰七月,次潢河,太后、李胡整兵拒于横渡,相持数日。用屋质之谋,各罢兵趋上京。既而闻太后、李胡复有异谋,迁于祖州;诛司徒划设及楚补里。"(第64页)《辽史》卷71《后妃传·太祖淳钦皇后述律氏》:"太宗崩,世宗即位于镇阳,太后怒,遣李胡以兵逆击。李胡败,太后亲率师遇于潢河之横渡。赖耶律屋质谏,罢兵。迁太后于祖州。"(第1200页)

太祖墓侧,居之没打河"①。据《辽史·世宗本纪》载,应天太后于天禄元年(947)七月迁祖州后,同年八月,辽世宗"以崇德宫户分赐翼戴功臣,及北院大王洼、南院大王吼各五十,安抟、楚补各百"②。中华本《校勘记》认为此处提到的崇德宫应是长宁宫,即应天太后宫卫。因为崇德宫为景宗承天太后宫卫,不得出现于世宗朝。这个判断是合理的。由此可见,在应天太后被迁祖州后,归属于应天太后长宁宫的一些宫户就被分赐给了辽世宗的翼戴功臣。将《辽史·营卫志》"蒲速盌斡鲁朵"提到的那句"世宗分属让国皇帝宫院"③,与《辽史·地理志》让国皇帝耶律倍和辽世宗耶律阮的显陵的奉陵州显州及其统属州县归属于长宁、积庆二宫的记载联系起来,可以推定应天太后所置的长宁宫在辽世宗时期被分割了,而且极有可能易主了。辽世宗取得了皇位之争的胜利,也使一向拥有较大政治势力的他的祖母应天太后及其叔父李胡最终丧失了权势而成为政治斗争的失败者。

尽管我们把辽世宗耶律阮的即位归功于一些大臣的支持,但从他在皇位争夺斗争中战胜其叔父李胡,并使一向参决政务的应天太后述律氏失势来看,他也绝非等闲之辈。简短的《世宗本纪》也反映了辽世宗在政治方面的建树,比如,辽世宗统治时期始置北院枢密使,建政事省,下诏州县录事参军、主簿,委政事省铨注。林鹄研究认为:"北南枢密院及政事省之出现,代表了辽朝北南分治体制之形成。在此之前,虽然契丹王朝对契丹部民与入辽汉人已实行区别对待,部族官与燕云汉官也有明确区分,但真正在中枢行政层面明确将北南分治制度化,则要归功于世宗。"④辽世宗依然贯彻了辽太祖、太宗以来的南进政策,辽朝在其统治时期,南唐、后周都曾遣使聘问,北汉刘崇为后周所攻,乞援辽朝,求封册。辽世宗遣诸将南伐和自将南伐都有所获,只是天禄五年(951)九月祥古山察割反叛使他遇弑身亡。

辽穆宗耶律璟,为辽太宗的长子,在位十九年。《辽史·穆宗本纪》"赞曰"对其评价肯定的少,批评的多。其实,仔细分析《穆宗本纪》所记应历年间的情况,辽穆宗并不是一无是处的。《穆宗本纪》所记内容大致可分为九类:天象、祥瑞、祭祀仪礼、内政、军事外交、外出渔猎、节庆游戏、杀人、喝酒。其中,天象、祥瑞历朝历

---

① 叶隆礼:《契丹国志》卷13《后妃传·太祖述律皇后传》,贾敬颜、林荣贵点校本,上海古籍出版社,1985年,第140页。

② 脱脱等:《辽史》卷5《世宗本纪》,中华书局,1974年,第64页。

③ 脱脱等:《辽史》卷31《营卫志上》,中华书局,1974年,第365页。

④ 林鹄:《辽世宗、枢密院与政事省》,《中国史研究》2014年第2期。

代都有,并不能反映其时的社会历史演变,但其他记载多少反映了当时的历史特点。辽穆宗确实好酒,其本纪关于他喝酒的记载有二十二条,可以看出不是每夜都酣饮,他饮酒多数时候是节庆日或猎有收获表示庆祝时,如正月初一、重九、冬至、立春等日子,或获鹅、获鸭、获熊等。当然,有时他饮酒持续几日,比如,应历十三年(963)春正月,自丁巳,昼夜酣饮者九日①;又如,应历十九年(969)自立春饮至月终②。而且,应历十三年前没有饮酒的记载,应历十三年至应历十九年每年皆有酣饮、喝酒的记录,说明辽穆宗统治后期酗酒严重了,之前可能没有这个恶习。至于辽穆宗好猎,契丹皇帝没有不好猎的,四时捺钵是契丹辽朝独特的制度,有其存在的经济基础和历史文化根源。

可以肯定的是,辽穆宗并不是一个有远大抱负的帝王,他心胸比较狭窄。他对其父亲辽太宗死后由辽世宗耶律阮即皇帝位这件事耿耿于怀,也因此迁怒于拥立辽世宗的大臣及其子孙。比如,耶律安抟,辽世宗朝为北院枢密使,"宠任无比,事皆取决焉",而"穆宗即位,以立世宗之故,不复委用"③;耶律吼的儿子耶律何鲁不,"尝与耶律屋质平察割乱,穆宗以其父吼首议立世宗,故不显用"④。辽穆宗甚至对辽世宗表达怀念心情的人也记恨。耶律颓昱当穆宗即位时,"以匡赞功,尝许以本部大王。后将葬世宗,颓昱恳言于帝曰:'臣蒙先帝厚恩,未能报;幸及大葬,臣请陪位。'帝由是不悦,寝其议。"⑤他并没有政治家以大局为重的胸襟,这使他统治时期统治集团内部矛盾不仅没有得到缓解,反而加剧了,应历年间以契丹贵族为首的叛乱频繁发生便证明了这一点。他也常处于紧张防范之中,《辽史·耶律贤适传》记载:"应历中,朝臣多以言获谴,贤适乐于静退,游猎自娱,与亲朋言不及时事。"⑥这条史料反映的就是穆宗皇帝很注重探听和监视朝臣言论。他也谕有司:"凡行幸之所,必高立标识,令民勿犯,违以死论。"⑦然而,令他没有想到的是,并不是臣民叛乱结束了他的生命,而是一些侍奉他的身边人将他杀死。这与他动辄杀人以恫吓身边的近侍人员有关,他重物轻人,视身旁侍奉他的

① 脱脱等:《辽史》卷6《穆宗本纪上》,中华书局,1974年,第77页。
② 脱脱等:《辽史》卷7《穆宗本纪下》,中华书局,1974年,第87页。
③ 脱脱等:《辽史》卷77《耶律安抟传》,中华书局,1974年,第1261页。
④ 脱脱等:《辽史》卷77《耶律吼传附子何鲁不传》,中华书局,1974年,第1259页。
⑤ 脱脱等:《辽史》卷77《耶律颓昱传》,中华书局,1974年,第1262页。
⑥ 脱脱等:《辽史》卷79《耶律贤适传》,中华书局,1974年,第1272页。
⑦ 脱脱等:《辽史》卷7《穆宗本纪下》,中华书局,1974年,第84页。

近侍人员,以及为他豢养各种动物的兽人、獐人、虤人、鹿人、狼人、鹰人、雉人等的生命如同草芥。他也喜怒无常,尤其是酒后。作为皇帝的辽穆宗还有一个大缺点,那就是赏罚无章。他喜易过奖、怒易重罚,是过于情绪化的君王。史载:应历十五年(965)六月辛亥,"俞鲁古献良马,赐银二千两。以近侍忽剌比马至先以闻,赐银千两"①。可见,他因得良马而高兴,不仅重奖了献马者,也重奖了事先奏告消息者。应历十九年(969)正月戊戌,"(穆宗)醉中骤加左右官"②,他曾因怒错杀非罪之人,过后醒悟又"赐其家银绢"③。其实他也深知自己的个性,曾在应历七年(957)十二月丁巳诏大臣曰:"有罪者,法当刑。朕或肆怒,滥及无辜,卿等切谏,无或面从"④,在应历十九年(969)正月乙巳诏太尉化哥曰:"朕醉中处事有乖,无得曲从。酒解,可覆奏。"⑤从这两条诏谕看,他还是有一定的自知之明的。

尽管辽穆宗有以上诸多缺点,但因此完全否定他,还是有失片面。一些史料也反映出他为政还是有一定章法的,他在即位之初就发布诏令:"朝会依嗣圣皇帝故事,用汉礼"⑥,应历三年(953)又诏"用嗣圣皇帝旧玺"⑦,说明他想遵行其父亲立下的规矩。他也用了一些办事得力的官吏和将领,他统治的应历年间一定程度上收到了无为而治的功效。《辽史·耶律挞烈传》载:"应历初,升南院大王,均赋役,劝耕稼,部人化之,户口丰殖。……挞烈凡用兵,赏罚信明,得士卒心。河东单弱,不为周、宋所并者,挞烈有力焉。在治所不修边幅,百姓无称,年谷屡稔。时耶律屋质居北院,挞烈居南院,俱有政迹,朝议以为'富民大王'云。"⑧可见,辽穆宗虽然不是勤政有为的君主,但他重用了如耶律挞烈、耶律屋质这样得力的大臣,应历年间辽代社会呈现平稳发展的态势。史书也记载,辽兴宗曾问萧韩家奴:"我国家创业以来,孰为贤主?"萧韩家奴以穆宗对,辽兴宗感到很奇怪,他说:"穆宗嗜酒,喜怒不常,视人犹草芥,卿何谓贤?"萧韩家奴回答说:"穆宗虽暴虐,省徭轻赋,人乐其生。终穆之世,无罪被戮,未有过今日秋山伤死者。

---

① 脱脱等:《辽史》卷7《穆宗本纪下》,中华书局,1974 年,第 83 页。
② 脱脱等:《辽史》卷7《穆宗本纪下》,中华书局,1974 年,第 87 页。
③ 脱脱等:《辽史》卷7《穆宗本纪下》,中华书局,1974 年,第 83 页。
④ 脱脱等:《辽史》卷6《穆宗本纪上》,中华书局,1974 年,第 74 页。
⑤ 脱脱等:《辽史》卷7《穆宗本纪下》,中华书局,1974 年,第 87 页。
⑥ 脱脱等:《辽史》卷6《穆宗本纪上》,中华书局,1974 年,第 69 页。
⑦ 脱脱等:《辽史》卷6《穆宗本纪上》,中华书局,1974 年,第 71 页。
⑧ 脱脱等:《辽史》卷7《耶律挞烈传》,中华书局,1974 年,第 1262 – 1263 页。

臣故以穆宗为贤。"①当然,萧韩家奴是为了谏阻秋山打猎伤死而肯定穆宗时社会发展的,但也反映了穆宗统治时期取之于民是有限的,所以姚从吾先生认为:"穆宗只是一个地道的契丹可汗。虽喜酒嗜猎,杀戮近侍,但似乎尚没有虐杀平民的暴政。"②

总体上看,由于辽世宗在位时间短,不足五年,而辽穆宗又怠政,不肯作为,两位皇帝统治的二十多年间统治集团又内耗严重,因此天禄、应历年间的辽朝政策上多因循守旧,未有大的制度调整和革新。

(二)辽景宗、辽圣宗时期的变革

辽景宗耶律贤是辽世宗第二子,应历十九年(969)穆宗被弑时他二十三岁,群臣劝进,于是他即皇帝位于枢前。《辽史》撰者对他总体评价不高,在评论者看来,"以景宗之资,任人不疑,信赏必罚,若可与有为也。而竭国之力以助河东,破军杀将,无救灭亡。虽一取偿于宋,得不偿失。知匡嗣之罪,数而不罚;善郭袭之谏,纳而不用;沙门昭敏以左道乱德,宠以侍中。不亦惑乎!"③可见,他们对辽景宗统治时期援助北汉的军事行为并不赞成,对其赏罚、纳谏、用人也并不完全认可。前者可以说指责的是辽景宗时期的军事外交,后者则关涉的是保宁、乾亨年间(969-982)的内政问题。其实,辽景宗统治时期辽朝的内外局势很复杂,这样的是非评定把复杂的问题简单化了。《契丹国志·景宗孝成皇帝》更视辽景宗为"虚尊而拥号"的皇帝,称其"刑赏政事,用兵追讨,皆皇后决之,帝卧床榻间,拱手而已"④。那么,辽景宗到底是怎样的皇帝,他统治时期的辽朝如何? 可以肯定的是,倘若辽景宗耶律贤既病又无能,他很难取得皇位,因为当时辽皇族中有资格当皇帝的人不在少数,耶律倍之子辽世宗的弟弟隆先、道隐,辽太宗还有三个儿子,他们都是辽穆宗的弟弟(即辽太宗第二子罨撒葛、辽太宗第四子敌烈、辽太宗第五子必摄)。他们中很多人在辽穆宗朝试图谋反而成为皇帝防范的对象。耶律贤在穆宗朝善于韬光养晦,注意结交大臣,也多能听取他们的建议。《辽史·耶律贤适传》记载:"景宗在藩邸,常与韩匡嗣、女里等游,言

---

① 脱脱等:《辽史》卷104《文艺传上·萧韩家奴传》,中华书局,1974年,第1449页。

② 姚从吾:《姚从吾先生全集》(二),正中书局,1976年,第166页。

③ 脱脱等:《辽史》卷9《景宗本纪下》,中华书局,1974年,第105页。

④ 叶隆礼:《契丹国志》卷6《景宗孝成皇帝》,贾敬颜、林荣贵点校本,上海古籍出版社,1985年,第61页、第57页。

或刺讥，贤适劝以宜早疏绝，由是穆宗终不见疑，贤适之力也。"①《辽史·景宗本纪》所记更具体："既长，穆宗酗酒怠政。帝一日与韩匡嗣语及时事，耶律贤适止之。帝悟，不复言。"②也正是辽景宗有拥护者，当辽穆宗遇弑发生变乱时，他很快率飞龙使女里、侍中萧思温、南院枢密使高勋及甲骑千人驰赴，并被群臣劝进而为皇帝。

辽景宗其实很懂政治，他即位之初一面追究辽穆宗被弑的责任人，"以殿前都点检耶律夷腊、右皮室详稳萧乌里只宿卫不严，斩之"③，一面以封官授爵的形式奖励拥立他的大臣。《辽史·萧思温传》言萧思温保宁初为北院枢密使兼北府宰相，女儿册立为皇后之后，又加尚书令，封魏王④。《辽史·女里传》提到："及穆宗遇弑，女里奔赴景宗。是夜，集禁兵五百以卫。既即位，以翼戴功，加政事令、契丹行宫都部署，赏赉甚渥，寻加守太尉。"⑤《辽史·高勋传》也称他在景宗即位后，"以定策功，进王秦"⑥。一向与辽景宗友善的韩匡嗣也由应历年间"久栖于散地"而被委以重任，先是"授始平军节度使、特进、太尉，封昌黎郡开国公"，不久"授上京留守、同政事门下平章事、临潢尹"⑦。同时，辽景宗也对宗室贵族晋封爵位以达安抚之效。史载："（保宁元年）夏四月戊申朔，进封太平王罨撒葛为齐王，改封赵王喜隐为宋王，封隆先为平王，稍为吴王，道隐为蜀王，必摄为越王，敌烈为冀王，宛为卫王。"⑧当然，辽景宗对诸王们是有所顾忌的，他优宠诸王的同时也提高支持者的地位，加强卫戍队伍的管理。《辽史·耶律贤适传》就明确讲："时帝初践祚，多疑诸王或萌非望，阴以贤适为腹心，加特进同中书门下平章事。保宁二年秋，拜北院枢密使，兼侍中，赐保节功臣。"⑨在保宁三年（971），辽景宗"又以潜邸给使者为挞马部，置官掌之"⑩。这一举措是加强侍卫力量及侍卫管理的具体体现。从辽景

① 脱脱等：《辽史》卷79《耶律贤适传》，中华书局，1974年，第1272页。
② 脱脱等：《辽史》卷8《景宗本纪上》，中华书局，1974年，第89页。
③ 脱脱等：《辽史》卷8《景宗本纪上》，中华书局，1974年，第89页。
④ 脱脱等：《辽史》卷78《萧思温传》，中华书局，1974年，第1268页。
⑤ 脱脱等：《辽史》卷79《女里传》，中华书局，1974年，第1273页。
⑥ 脱脱等：《辽史》卷85《高勋传》，中华书局，1974年，第1317页。
⑦ 向南、张国庆、李宇峰辑注：《辽代石刻文续编·韩匡嗣墓志》，辽宁人民出版社，2010年，第23－24页。
⑧ 脱脱等：《辽史》卷8《景宗本纪上》，中华书局，1974年，第90页。
⑨ 脱脱等：《辽史》卷79《耶律贤适传》，中华书局，1974年，第1272－1273页。
⑩ 脱脱等：《辽史》卷8《景宗本纪上》，中华书局，1974年，第91页。

宗在即位初期数次延问室昉古今治乱得失来看,他是一个力图建立有序统治秩序和安定社会局面的皇帝。就辽景宗统治时期的内政来看,大胆用人最为突出,他陆续重用了高勋、韩匡美、韩匡嗣、郭袭、室昉、韩德让等一批有能力的汉人,他认可皇后萧绰的执政能力,谕令史官书皇后言亦称"朕"暨"予"①,让皇后分享皇权。辽景宗的作为还表现在他打击统治集团内部谋乱、谋反行为的坚决果断。应该说辽景宗朝统治集团内部的矛盾斗争也相当激烈,罨撒葛在辽景宗即位的第二个月就"亡入沙陀","夷离毕粘木衮以阴附罨撒葛伏诛"②;在辽景宗即位的第二年五月,皇后萧绰的父亲北院枢密使萧思温就被盗杀于盘道岭,当年九月"得国舅萧海只及海里杀萧思温状,皆伏诛,流其弟神睹于黄龙府"③;保宁三年(971)夏四月,"世宗妃啜里及蒲哥厌魅,赐死"④;保宁六年(974)夏四月,"宋王喜隐谋反废"⑤;保宁八年(976)秋七月,"宁王只没妻安只伏诛,只没、高勋等除名"⑥;保宁十年(978)五月癸卯,"赐女里死,遣人诛高勋等"⑦;《辽史·女里传》提及:"保宁末,坐私藏甲五百属,有司方按诘,女里袖中又得杀枢密使萧思温贼书,赐死"⑧;《辽史·高勋传》载:"寻迁南院枢密使。以毒药馈驸马都尉萧啜里,事觉,流铜州。寻又谋害尚书令萧思温,诏狱诛之,没其产,皆赐思温家"⑨;乾亨二年(980)六月己亥,"喜隐复谋反,囚于祖州"⑩;乾亨三年(981)夏五月丙午,"上京汉军乱,劫立喜隐不克,伪立其子留礼寿,上京留守除室擒之"⑪。这些记述表明,辽景宗在位的十五年,统治集团内部有后族之间的残酷斗争,有来自于其父亲妃子的厌魅事件,有官吏之间的党同伐异,更有宗室诸王如喜隐结党谋反的一再发生。

辽景宗与其他契丹皇帝一样不常居一地,保持着契丹传统而四时巡游于捺

---

① 脱脱等:《辽史》卷8《景宗本纪上》,中华书局,1974年,第95页。
② 脱脱等:《辽史》卷8《景宗本纪上》,中华书局,1974年,第90页。
③ 脱脱等:《辽史》卷8《景宗本纪上》,中华书局,1974年,第91页。
④ 脱脱等:《辽史》卷8《景宗本纪上》,中华书局,1974年,第91页。
⑤ 脱脱等:《辽史》卷8《景宗本纪上》,中华书局,1974年,第94页。
⑥ 脱脱等:《辽史》卷8《景宗本纪上》,中华书局,1974年,第95页。
⑦ 脱脱等:《辽史》卷9《景宗本纪下》,中华书局,1974年,第100页。
⑧ 脱脱等:《辽史》卷79《女里传》,中华书局,1974年,第1274页。
⑨ 脱脱等:《辽史》卷85《高勋传》,中华书局,1974年,第1317页。
⑩ 脱脱等:《辽史》卷9《景宗本纪下》,中华书局,1974年,第103页。
⑪ 脱脱等:《辽史》卷9《景宗本纪下》,中华书局,1974年,第104页。

钵地。但他在位期间正是宋朝国力上升时期,宋朝逐渐剪灭南方和中原割据政权。他很清楚当时军事防御的重点是在南京地区,所以他几乎每年都要"如南京"。北汉是河东地区的一个割据政权,国力较弱,依附于辽朝,每年频繁派使者朝贡,或问契丹皇帝起居、贺皇子生、贺皇帝生日,也汇报宋事。辽朝并没有把北汉视为自己的一部分,只是大国和小国的关系,《辽史·喜隐传》对此有所反映:"(喜隐)贬而复召,适见上与刘继元书,辞意卑逊,谏曰:'本朝于汉为祖,书旨如此,恐亏国体。'帝寻改之。"①辽朝与北汉两个君主之间也有书信往来,各自为政,辽朝只是在它遇有危机求援时对它提供援助,比如,保宁八年(976)十二月丁未,"汉以宋军复至、掠其军储来告,且乞赐粮为助"②,保宁九年(977)三月戊辰,辽景宗"诏以粟二十万斛助汉";同年秋七月"壬申,汉以宋侵来告。丙子,遣使助汉战马"③。乾亨元年(979),当北汉处于宋兵压境的危急时刻,辽朝也曾想以外交手段解决,但没有成功,才派兵援北汉。辽朝主要派遣了燕地的兵将,并没有"竭国之力",虽然没有救北汉于危亡,但辽军与宋军作战互有胜负。北宋灭亡了北汉后,辽景宗在南京居留的时间较多,他也曾自将南伐。可以说,辽朝与宋作战初期准备不足,到真正开战以后,逐渐在战场中占据主动。显然,《辽史》撰者对景宗朝的军事外交所作的批评并不公正。《契丹国志》称辽景宗拱手无能也是不符合实际的。当然,辽景宗朝在行政管理上也存在一些问题,《辽史·耶律贤适传》有所记录:"大丞相高勋、契丹行宫都部署女里席宠放恣。及帝姨母、保母势熏灼。一时纳赂请谒,门若贾区。贤适患之,言于帝,不报;以病解职,又不允,令铸手印行事。"④《辽史·女里传》也提到:"女里素贪,同列萧阿不底亦好贿,二人相善。人有毡裘为枭耳子所著者,或戏曰:'若遇女里、阿不底,必尽取之!'传以为笑。其贪猥如此。"⑤这反映出辽景宗并不抑制贪腐,其官吏队伍和皇亲国戚中才有人公然纳赂请谒。大体上说,辽景宗是比较有为的帝王,景宗朝在内政外交上都有新举措,与宋的战争由最初的准备不足到开始积极应对,并逐渐占得一定的优势,这一切都为辽圣宗朝的改革和发展奠定了基础。

乾亨四年(982)九月,辽景宗病逝。耶律隆绪年仅十二岁即皇帝位,是为辽圣

---

① 脱脱等:《辽史》卷72《宗室传·喜隐传》,中华书局,1974年,第1214页。

② 脱脱等:《辽史》卷8《景宗本纪上》,中华书局,1974年,第96页。

③ 脱脱等:《辽史》卷9《景宗本纪下》,中华书局,1974年,第99页。

④ 脱脱等:《辽史》卷79《耶律贤适传》,中华书局,1974年,第1273页。

⑤ 脱脱等:《辽史》卷79《女里传》,中华书局,1974年,第1273页。

宗。其母萧绰以皇太后身份摄国政,一直到统和二十七年(1009)十月萧太后去世前两个月辽圣宗才亲政,所以辽圣宗统和年间的内政改革与对外活动实际上是萧太后主持的。萧太后在辽景宗统治时期就参与决策和处理国事,积累了一定的统治经验。统和年间的内政改革主要围绕以下几个方面展开。

1. 用人政策的调整

选贤任能,不论民族。应该说,有些时候的改革是形势逼迫出来的。辽景宗去世后,萧太后很清楚当时的局势:"母寡子弱,族属雄强,边防未靖"。因为当时形势十分危急,来自于契丹贵族内部的夺权斗争和来自于边防(北宋北伐)的紧迫形势,让她感受到前所未有的压力。耶律斜轸、韩德让等站出来讲:"信任臣等,何虑之有!"①在这种情况下,萧太后对用人政策作了新的调整,耶律斜轸、韩德让、室昉等都被委以重任,并命耶律休哥主掌南边事。依《契丹国志·耶律隆运传》的记载,当时的局势确实危急:"时诸王宗室二百余人拥兵握政,盈布朝廷。后当朝虽久,然少姻媛助,诸皇子幼穉,内外震恐。隆运请于后,易置大臣,敕诸王各归第,不得私相燕会,随机应变,夺其兵权。"②《辽史·圣宗本纪》的记载:"(统和元年)二月戊子朔,禁所在官吏军民不得无故聚众私语及冒禁夜行,违者坐之。"③从这句记载可以推测《契丹国志》所记当时的形势是可信的,由于萧太后用对了人,及时采取措施防范宗室诸王发动叛乱,幼主临朝并没有出现大的动荡。但为应付当时局势而重用韩德让、室昉等人,打破了从前由契丹贵族尤其是皇族、后族把持朝廷重要职位的惯例。可以说,是形势推进了用人政策的改革,也从侧面证明萧太后为政的果敢和魄力。

2. 加强对官吏的选拔、管理

辽圣宗统和年间选拔官吏的途径增多了,贵族世选依然通行,也采行科举制选拔有才华的汉官。对官吏的管理也很重视,比如,统和元年(983)诏谕三京的一些官员"当执公方,毋得阿顺",也诏谕"诸县令佐如遇州官及朝使非理征求,毋或畏徇"④。希望改变下级逢迎上级、上级勒索下级的官场不良风气,希望官吏们都能

---

① 脱脱等:《辽史》卷71《后妃传·景宗睿智皇后萧氏传》,中华书局,1974年,第1202页。

② 叶隆礼:《契丹国志》卷18《耶律隆运传》,贾敬颜、林荣贵点校本,上海古籍出版社,1985年,第175页。

③ 脱脱等:《辽史》卷10《圣宗本纪一》,中华书局,1974年,第109页。

④ 脱脱等:《辽史》卷10《圣宗本纪一》,中华书局,1974年,第112页。

有操守,秉公办事。当时加强对官吏的管理还表现在朝廷对各级官吏赏罚分明,有功、称职则赏,有过、失职则罚。应该说,萧太后摄政时期整顿吏治,成效还是比较显著的。统和年间出现了一些深受百姓爱戴的官吏,比如,室昉、邢抱朴等。

3.修订刑法、决滞狱、缓和民族矛盾、社会矛盾

《辽史·刑法志》讲,辽代对于刑法的精髓领会得最好的是景、圣二宗。而圣宗时期对刑法的修订更是在萧太后的教导、主持下进行的。正如史书所讲的:"圣宗冲年嗣位,睿智皇后(萧绰的谥号)称制,留心听断,尝劝帝宜宽法律。帝壮,益习国事,锐意于治。当时更定法令凡十数事,多合人心,其用刑又能详慎。先是,契丹及汉人相殴致死,其法轻重不均,至是一等科之。统和十二年(994),诏契丹人犯十恶,亦断以律。"①《辽史·圣宗本纪》也记载,萧太后对刑狱很重视,常亲自决滞狱或下诏令有关人员决滞狱。比如,统和二年(984)四月庚寅,"皇太后临决滞狱"②;同年六月己卯,"皇太后决狱,至月终"③;统和三年(985)六月甲戌,"皇太后亲决滞狱"④;统和八年正月庚寅,"诏决滞狱"⑤。这一系列的记载表明,萧太后对法制建设是下大力气的。当然,当时不可能做到法律面前人人平等,因为那是等级分明的时代,但为防止"怨必生"而有限度地减少贵贱异法也是具有进步意义的,对于缓和民族矛盾、社会矛盾都是有作用的。对此,史书的修撰者对辽圣宗时代的重视立法、重视断狱,有肯定的评价:"于是国无幸民,纲纪修举,吏多奉职,人重犯法。"⑥

辽宋对峙局面的形成也是在辽圣宗统治的前期。台湾学者姚从吾先生在其"辽朝史"讲义中归纳萧太后的对宋政策为:来侵,则应战。围城与扰边,则兴兵报复。诚意求和,则苛守条约,衅不我始。⑦ 也就是说,主观上萧太后是不主张侵宋的,但是宋方若挑衅,必然予以坚决的回击。战场上她是军事指挥家,也是战略家,她更想让辽与宋达成稳定的友好关系,以利于辽朝的发展。她倾向和平,但对待战争也不畏惧,她不因主和而妥协。今天来看,她采取的是以战佐和的策略。

① 脱脱等:《辽史》卷61《刑法志上》,中华书局,1974年,第939页。

② 脱脱等:《辽史》卷10《圣宗本纪一》,中华书局,1974年,第113页。

③ 脱脱等:《辽史》卷10《圣宗本纪一》,中华书局,1974年,第113页。

④ 脱脱等:《辽史》卷10《圣宗本纪一》,中华书局,1974年,第115页。

⑤ 脱脱等:《辽史》卷13《圣宗本纪三》,中华书局,1974年,第139页。

⑥ 脱脱等:《辽史》卷61《刑法志上》,中华书局,1974年,第940页。

⑦ 姚从吾:《姚从吾全集》(二),正中书局,1976年,第185页。

史书称她"每戎马入寇,亲披甲督战,及通好,亦出其谋"①,反映的就是她的主张。她的战略的成功从国土和经济上保障了辽朝的利益。

统和二十七年(1009)后,辽圣宗独立主政,其统治前期的改革成果惠及开泰、太平年间(1012－1031),辽朝政治局势较为平稳,辽朝进入强盛时期。

二、金朝中期的制度建设

女真族的迅速崛起得益于其领导集团的英明,金太祖、金太宗和宗翰、宗望等不仅有军事指挥才能,也有发展眼光。在女真起兵反辽的战争期间,他们就不断根据新形势对旧有的制度进行调整以适应新的发展局面。前述安置降附民众,赈济匮乏者,迁徙一些州县人口,都是立足于建立稳定统治的措施。金太祖完颜阿骨打在天辅七年(1123)得疾,他给其继任者吴乞买的诏令同样显示了他的深谋远虑。其诏有言:"今辽主尽丧其师,奔于夏国。辽官特列、遥设等劫其子雅里而立之,已留宗翰等措画。朕亲巡已久,功亦大就,所获州部,政须绥抚,是用还都。"②可见,金太祖不仅对进一步的军事行动作了安排,也对行将推行的统治政策定了基调,即"所获州部,政须绥抚"。金太宗吴乞买即位后,绥抚州部的具体工作得到了落实,随着金的灭辽、灭北宋,金朝成为一个拥有多个民族的北方政权,社会变革也相应地成为其政权发展的主旋律。

天会四年(1126)闰十一月,宗望、宗翰统领的东、西两路大军联合攻克北宋汴城,宋钦宗赵桓出居青城。同年十二月癸亥,宋钦宗投降,北宋灭亡。这时候金对宋的战事虽然没有完全结束,但大局已定。为适应已经变化的局势,金太宗推行了政治、经济改革。十二月庚辰,金太宗下诏:"朕惟国家,四境虽远而兵革未息,田野虽广而畎亩未辟,百工略备而禄秩未均,方贡仅修而宾馆未赡。是皆出乎民力,苟不务本业而抑游手,欲上下皆足,其可得乎。其令所在长吏,敦劝农功。"③作为新兴的皇朝,金朝以胜利者的姿态宣告要建立新社会秩序、恢复生产,努力发展农业。金朝的行政体制也作了初步调整,天会四年,"官制行,诏中外"④。天会四年推行的官制如何,史书记述简略。按照《金史·百官志》载:

① 李焘:《续资治通鉴长编》卷72"真宗大中祥符二年",中华书局,2004 年,第1646 页。
② 脱脱等:《金史》卷3《太宗本纪》,中华书局,1975 年,第47 页。
③ 脱脱等:《金史》卷3《太宗本纪》,中华书局,1975 年,第56 页。
④ 脱脱等:《金史》卷76《宗干传》,中华书局,1975 年,第1742 页。

"天会四年,建尚书省,遂有三省之制"①。这是金代初次尝试调和辽宋汉官制而形成金代的官制。当然,此时金朝中央国论勃极烈制并没有废止,诸勃极烈所组成的组织仍是金朝最高军政决策机关,但随着尚书省及其下诸司府寺的陆续设立,诸勃极烈的一些职能为其所取代②。金太宗天会十二年(1134)正月甲子,"初改定制度,诏中外"③。联系《太宗本纪》"赞曰"所言:"天辅草创,未遑礼乐之事。太宗以斜也、宗干知国政,以宗翰、宗望总戎事。既灭辽举宋,即议礼制度,治历明时,缵以武功,述以文事,经国规橅,至是始定。"④可以肯定,金太宗统治时期已开启制度改革的模式,为后来金代中央官制的改革奠定了一定的基础。

金熙宗完颜亶天会十三年(1135)正月即位,官制改革继续进行。首先是诸勃极烈的官称发生了变化,宗磐原为国论忽鲁勃极烈,被任命为尚书令,封宋国王。⑤ 天会十三年三月甲午,"以国论勃极烈、都元帅宗翰为太保,领三省事,封晋国王";天会十三年十一月,"以尚书令宋国王宗磐为太师";天会十四年(1136)三月壬午,"以太保宗翰、太师宗磐、太傅宗干并领三省事"⑥。也就是说,以太保、太师、太傅取代勃极烈之官称,并让他们领三省事。女真旧制集体领导的传统依然得以保持。金熙宗统治时期的尚书省,常以尚书左丞相兼侍中,以尚书右丞相兼中书令。天眷年间官制改革是自上而下进行的,天眷二年(1139)负责定官制的官员上奏的请定官制札子就提到:"太宗皇帝嗣位之十二载也,威德畅洽,万里同风,聪明自民,不凝于物。始下明诏,建官正名,欲垂范于将来,以为民极。圣谟弘远,可举而行;克成厥终,正在今日。伏惟皇帝陛下,天性孝德,钦奉先猷,爰命有司,用精详订。"并言及改革奉行的原则:"臣等谨按当唐之治朝'品位'、'爵秩'、'考核'、'选举',其法号为精密,尚虑拘牵,故远自开元所记,降及辽宋之传,参用讲求。有便于今者,不必泥古;取正于法者,亦无徇习。"⑦可见,金熙宗时期的官制改革是在划一辽宋制度,参考唐制和女真传统

---

① 脱脱等:《金史》卷55《百官志一》,中华书局,1975 年,第1216 页。

② 程妮娜:《金代政治制度研究》,吉林大学出版社,1999 年,第34 – 35 页。

③ 脱脱等:《金史》卷3《太宗本纪》,中华书局,1975 年,第65 页。

④ 脱脱等:《金史》卷3《太宗本纪》,中华书局,1975 年,第66 页。

⑤ 脱脱等:《金史》卷76《太宗诸子传》,中华书局,1975 年,第1730 页。

⑥ 脱脱等:《金史》卷4《熙宗本纪》,中华书局,1975 年,第70、71 页。

⑦ 洪皓:《松漠纪闻续》,李澍田主编长白丛书,吉林文史出版社,1986 年,第44 页。

的基础上形成的。

金熙宗之后的海陵王完颜亮更是一位致力于改革的女真族皇帝。虽然金世宗时所修的《海陵实录》"多所附会"①,但从其本纪仍可窥其政治改革的大概。海陵王完颜亮注重整顿吏治,对于支持他并参与政变的秉德、唐括辩、乌带等人在他即位后虽然都加官晋爵,多有赐予,但不久就对他们所任的官职进行了调整,有些则被处死。他曾对御史大夫赵资福说:"汝等多徇私情,未闻有所弹劾,朕甚不取。自今百官有不法者,必当举劾,无惮权贵。"他也曾训诫宰相以下官吏说:"朕不惜高爵厚禄以任汝等,比闻事多留滞,岂汝等苟图自安不以民事为念耶?自今朕将察其勤惰,以为赏罚,其各勉之。"②海陵王除了督促和训诫官吏们做好本职工作之外,也确实采取了一些奖惩措施加强对官吏的管理。比如,针对一些朝官称病不治事,他下诏给尚书省,"令监察御史与太医同诊视,无实者坐之"③。天德二年(1150)正月乙巳,"以励官守、务农时、慎刑罚、扬侧陋、恤穷民、节财用、审才实七事诏中外"④。天德二年十二月乙卯,当"有司奏庆云见"时他说了这样一番话:"朕何德以当此。自今瑞应毋得上闻,若有妖异,当以谕朕,使自警焉。"⑤可见他是要远离阿谀奉承,保持较为清醒的头脑,注重检点自己推行的政策措施所引起的不良反应。海陵王有统一南北的愿望,他统治时期把都城从上京(今哈尔滨市阿城)迁到燕京(今北京市)。正隆元年(1156)正月,又"罢中书、门下省";同年五月,"颁行正隆官制"⑥。至此,金朝中央三省制改为一省制,尚书省成为金朝唯一最高的政务机构,这在中国古代政治制度史上也是重要的变革。海陵王推行的政治改革旨在加强君主专制的中央集权。在经济方面,海陵王也采取了有利于发展农业、手工业、商业的强制措施。比如,"海陵正隆元年二月,遣刑部尚书纥石烈娄室等十一人,分行大兴府、山东、真定府,拘括系官或荒闲牧地,及官民占射逃绝户地,戍兵占佃宫籍监、外路官本业外增置土田,及大兴府、平州路僧尼道士女冠等

---

① 脱脱等:《金史》卷106《贾益谦传》有载:"史官谓益谦尝事卫王,宜知其事,乃遣编修一人就郑访之。益谦知其旨,谓之曰:'知卫王莫如我。然我闻海陵被弑而世宗立,大定三十年,禁近能暴海陵蛰恶者,辄得美仕,故当时史官修实录多所附会。……'"(第2336页)

② 脱脱等:《金史》卷5《海陵本纪》,中华书局,1975年,第96—97页。

③ 脱脱等:《金史》卷5《海陵本纪》,中华书局,1975年,第97页。

④ 脱脱等:《金史》卷5《海陵本纪》,中华书局,1975年,第94页。

⑤ 脱脱等:《金史》卷5《海陵本纪》,中华书局,1975年,第96页。

⑥ 脱脱等:《金史》卷5《海陵本纪》,中华书局,1975年,第106页。

地,盖以授所迁之猛安谋克户,且令民请射,而官得其租也"①。通过括地使一些闲置的土地得以重新利用,有助于猛安谋克户和其他农民安居乐业。至于"初铸铜钱"、"都城及京兆初置钱监"、"遣使检视随路金银铜铁冶"②等,都是推动工商业发展的有利举措。

海陵王完颜亮虽死于军变,但他的改革成果大多被金世宗完颜雍所继承。正隆六年(1161)十月,金世宗称帝改元于金东京(今辽宁省辽阳市),但他及其拥护者很快前往中都(今北京市),也就是说他们认可海陵王确立的中都为政治中心。同时,尚书省一省制也没有改变。金世宗与海陵王在国家发展方向上最大的不同是他积极致力于百姓生活的安定,而不是寻求扩大国家的疆土。金世宗在其即位的当月就"诏遣移剌札八招契丹诸部为乱者"。然后,在他即位的第二个月就"遣权元帅左都监吾札忽、右都监神土懑、广宁尹仆散浑坦讨契丹诸部"③。同时,他着手与宋议和,大定元年(1161)十二月庚申,"以元帅左监军高忠建为报谕宋国使"。同月,又"诏左副元帅完颜彀英规措南边及陕西等路事"④。此后,他陆续选派了温敦术突剌、完颜谋衍、完颜福寿、纥石烈志宁、仆散忠义、完颜思敬等经略契丹事,而以奔睹、徒单合喜、裴满按剌、移剌沙里剌、完颜思敬等处理与宋的战和之事。两件事情先后在大定二年(1162)九月和大定四年(1165)十二月得以解决,既平定了契丹诸部叛乱,与宋也签订了和议(史称"隆兴和议")。对于与宋的和议,赵永春先生认为:"金世宗在对宋议和问题上虽然作出了一些让步,但这一让步是极其有限的,当宋人意欲不割四州领土之时,金世宗的态度则十分强硬,坚决不肯让步,最终还是按照金世宗的意见,在'绍兴和议'('皇统和议')所确立的疆域基础之上签订了'隆兴和议'……"⑤。从金世宗的言论看,他有志于成为一代明君,他重视人才,强调官吏的管理,奖廉惩贪,关注民众的生业,赈济灾荒,努力保持上下有序的局面。他鉴于海陵王扰动天下之失,力求安抚民众,重视礼仪和法规的约束力。金世宗也看到了女真人进入中原以后女真风俗大多丧失,他极力倡导保持女真旧俗,努力发展女真文化,抨击海陵王习学汉人风俗是忘本⑥。其实,金世宗

---

① 脱脱等:《金史》卷47《食货志二》,中华书局,1975年,第1044页。
② 脱脱等:《金史》卷5《海陵本纪》,中华书局,1975年,第108页。
③ 脱脱等:《金史》卷6《世宗本纪上》,中华书局,1975年,第123、124页。
④ 脱脱等:《金史》卷6《世宗本纪上》,中华书局,1975年,第124页。
⑤ 赵永春:《金宋关系史》,人民出版社,2005年,第263页。
⑥ 脱脱等:《金史》卷89《移剌子敬传》,中华书局,1975年,第1989页。

在文化的选择上是矛盾的,他既顺应女真汉化趋势而推行一系列的制度法规,又想阻止女真人全面汉化。张博泉先生称其采取的一系列有利于北方社会恢复和发展的措施为"拨乱反正"的措施①。总体上看,金世宗在他统治的二十八年时间里较少动用军队和民力。元代的史官联系金朝的历史发展给予他较高的评价:"盖自太祖以来,海内用兵,宁岁无几。重以海陵无道,赋役繁兴,盗贼满野,兵甲并起,万姓盼盼,国内骚然,老无留养之丁,幼无顾复之爱,颠危愁困,待尽朝夕。世宗久典外郡,明祸乱之故,知吏治之得失。即位五载,而南北讲好,与民休息。于是躬节俭,崇孝弟,信赏罚,重农桑,慎守令之选,严廉察之责,却任得敬分国之请,拒赵位宠郡县之献,孳孳为治,夜以继日,可谓得为君之道矣。当此之时,群臣守职,上下相安,家给人足,仓廪有余,刑部岁断死罪,或十七人,或二十人,号称'小尧舜',此其效验也。"②大定年间社会渐趋稳定带来的进步是明显的。

金章宗完颜璟于大定二十九年(1189)正月即位,二月甲子就命令学士院"进呈汉、唐便民事,及当今急务"③。可见,他与其祖父金世宗不同,他不再眷恋女真旧俗,而是以汉、唐治世为榜样,力图办好当今急务。金章宗即位时年仅二十一岁,他自小因是世宗嫡孙被着力培养,受良好的教育,包括女真语言文字习学和汉文经典的研读,因此他能依儒家治国理念行事,强调教化,倡导忠孝,注意礼、法的作用。他统治的二十年,正如其本纪"赞曰"所言:"承世宗治平日久,宇内小康,乃正礼乐,修刑法,定官制,典章文物粲然成一代治规。又数问群臣汉宣综核名实、唐代考课之法,盖欲跨辽、宋而比迹于汉、唐,亦可谓有志于治者矣。"④的确,为了让人们办事有章可据、有法可依,金章宗朝在官制、科举取士制度、礼乐制度、祭祀等方面都作了进一步的规范,也审定律、令,重新修订了法律,金朝于泰和元年(1201)本之《唐律》修成《泰和律义》⑤。可以说,金章宗朝金朝的制度建设成果同样可观。

可以肯定的是,自灭北宋后金朝就在继承唐、宋以及女真制度的基础上积极创立适合多民族新格局的制度,试图以制度建设推进社会文明进步。

---

① 张博泉:《金史简编》,辽宁人民出版社,1984年,第187-192页。

② 脱脱等:《金史》卷8《世宗本纪下》"赞曰",中华书局,1975年,第203-204页。

③ 脱脱等:《金史》卷9《章宗本纪一》,中华书局,1975年,第209页。

④ 脱脱等:《金史》卷12《章宗本纪四》,中华书局,1975年,第285-286页。

⑤ 脱脱等:《金史》卷45《刑志》,中华书局,1975年,第1024页。

三、元世祖朝的"祖述变通"

前述已提及1206年成吉思汗建立大蒙古国后并没有停止军事征服的脚步，其继任者太宗窝阔台、定宗贵由和宪宗蒙哥同样无暇对制度作系统的调整和改革。直到中统元年(1260)忽必烈在其身边谋臣的影响下，即位诏中提出的施政纲领发出了革新号令，曰："爰当临御之始，宜新弘远之规。祖述变通，正在今日。"①诏中又讲"稽列圣之洪规，讲前代之定制"②，更加明确其要兼顾祖制和前代制度而推陈出新。对于后者，一般称之为采行汉法，或附会汉法。对于忽必烈时代的"祖述变通"，《元史》撰者有一个简短的评价："世祖度量弘广，知人善任使，信用儒术，用能以夏变夷，立经陈纪，所以为一代之制者，规模宏远矣。"③可见，明代史官只强调了"信用儒术"对制度建设的影响，而且还过于笼统。现代学者对忽必烈的"祖述变通"有更深入研究，周良霄、顾菊英先生认为："采行汉法只是忽必烈建政纲领的一个方面。另一方面，他也强调要祖述成吉思汗的旧章，保存蒙古的旧制。作为一个依靠武力征服、入主中原的落后少数民族，要把统治维持下去，就必须借助于确保民族特权，进行民族镇压，需要保存民族差异，利用民族隔阂，甚至制造和挑拨民族矛盾等手段与方法。因此，忽必烈行汉法是有限度的。行汉法而又要防止'汉化'。"两位先生也对忽必烈推行汉法后的政权从总体上和本质上提出了自己的认识："在总体上，它是一个蒙、汉制度杂糅，贯穿民族矛盾的少数民族王朝。而在本质上，它又是采行汉法，以中原王朝的传统仪文制度为主干、基本上与内地发达的封建制经济基础相适应的封建中央集权制王朝。"④萧启庆先生认为，忽必烈时代的变化在于："他把蒙古游牧帝国改建成一个以中原农业地区为主干的中国式的王朝。这一转变在中国历史上是极重要的一页。"⑤陈高华、张帆、刘晓所著《元代文化史》总结忽必烈在位初期推行的"汉法"主要包括五方面的内容：建立年号、国号及有关礼仪制度；定都汉地；建立中央集权的中原模式官僚机构；实行重农政策；尊崇儒学。并指

① 宋濂等：《元史》卷4《世祖本纪一》，中华书局，1976年，第64页。
② 宋濂等：《元史》卷4《世祖本纪一》，中华书局，1976年，第65页。
③ 宋濂等：《元史》卷17《世祖本纪十四》，中华书局，1976年，第377页。
④ 周良霄、顾菊英：《元史》，上海人民出版社，2003年，第272页、第273-274页。
⑤ 萧启庆：《内北国而外中国：蒙元史研究》，中华书局，2007年，第114页。

出："忽必烈对'汉法'的推行并不彻底。蒙古贵族在新王朝的统治地位要依靠民族特权来保证和维护,而如果彻底推行汉法,就意味着取消这一类民族特权,这当然要为蒙古贵族所反对。因此,以忽必烈为代表的蒙古上层统治集团,在完成统治重心的转变、大体上接受了前代中原王朝的一套典章制度以后,迅速向保守的方面转化。随着政权设置的大体完备和仪文礼制的基本告成,推行、贯彻汉法的政治革新工作即渐趋停顿。若干事关政权进一步汉化的重大举措,如开科举、颁法典等,皆屡议屡辍,悬而不决。而大量不适应汉地状况、阻碍社会进步的蒙古旧制,因为牵涉到贵族特权利益,都在'祖述'的幌子下被保存下来。与前代中原王朝相比,元王朝仍然带有相当明显的二元性特征,旧有的'草原本位'色彩并未完全褪去。"①可以肯定的是,忽必烈的"祖述变通"保持了一些蒙古旧制,接纳了一些前代的制度,被很多学者称之为二元体制。其实,忽必烈时代确立的元代的制度体系也不仅仅是蒙汉两大部分构成,还有蒙汉结合的部分。其政治制度的构成即是这样。李治安先生指出:"元代的政治制度,同样是草原游牧制度与汉地中央集权制度的混合体。从蒙古草原制度一方看,千户制、分封制、怯薛制等蒙古帝国的三大基本制度,长期沿用于元王朝。从汉地王朝制度看,传统的皇帝制、中书省六部制、枢密院制、御史台监察制、路府州县制、官吏迁转考核制等,也大量被参用和吸收,有些又成为中央和地方政治制度的外在框架。还出现了一些融有蒙古、汉地两因素的混合型新制度,如行省制、圆座连署制、侍卫亲军制、两都制、站赤制等。"②从元代政治制度的分类看,忽必烈时代建纲立制遵循的原则既有因俗而治,又有变通发展。元代毕竟是少数民族居于主导地位的时代,在其新制度中也有强调民族特权和民族压迫的制度,即四等人制。忽必烈为蒙元政权的最高统治者共计三十五年,尽管当时推行的政策措施也不完全合理,但其为建立有序统治的"祖述变通"仍然是具有进步意义的重要举措,他统治的时代也被公认为元朝的盛世。

综上,辽金元三朝的中期在其各自的有为君主主持下不同程度地对其各方面制度作了调整和改革,目的是协调少数民族与汉族文化,寻求多民族国家的稳定发展,营造安定有序的社会环境,其结果有力地推进了社会的文明进步,也

---

① 陈高华、张帆、刘晓:《元代文化史》,广东省出版集团、广东教育出版社,2009 年,第 153－156 页。

② 李治安:《元代政治制度研究·自序》,人民出版社,2003 年,第 2 页。

使其政权进入最为强盛时期。

第三节　盛衰转变:社会问题与统治危机

一、辽朝后期的困局

一般认为,辽圣宗统治时期是辽朝的鼎盛时期,其后兴宗、道宗、天祚帝统治时期逐渐衰弱,其社会面临难以摆脱的困境,辽朝也因此逐渐走向灭亡。

辽兴宗耶律宗真年仅十六岁即位,他是辽圣宗的长子。他有一位强势干政的生母圣宗元妃,谥为钦哀皇后。钦哀后不仅没有帮助他理顺各方面的关系,反而在他刚即位时就制造事端,使人诬陷圣宗齐天皇后(后追尊仁德皇后)与萧浞卜、萧匹敌谋乱,并自立为皇太后摄政①。蔡美彪先生研究认为,辽圣宗死后,兴宗初立,钦哀后诛杀萧浞卜、萧匹敌,宣告废齐天后自立为皇太后摄政,实质上是钦哀后及述律氏家族夺取后位和皇权的一次宫廷政变②。钦哀后总共摄政三年,她甚至谋废辽兴宗而立少子重元,"重元以所谋白帝。帝收太后符玺,迁于庆州七括宫"③。辽兴宗在位二十四年,承继景宗、圣宗的改革成果,社会秩序井然,他一年四季如期到捺钵之地过着契丹人所崇尚的亲近自然的生活,选拔汉官的科举取士也定期举办,其时也重视法治,多次"录囚"、"曲赦",辽朝国力仍很强盛,边境有侵边者多能及时派兵予以抗击,史载:重熙九年(1040)十一月甲子,"女直侵边,发黄龙府铁骊军拒之"④。辽朝对宋虽有关南十县之争,但通过双方和谈很快得以解决,"宋岁增银、绢十万两、匹,文书称'贡',送至白沟"⑤。至于与西夏的关系,双方通使往来较为频繁,尽管辽朝因西夏接纳叛逃者而发动过西征,但双方军事冲突很短暂便结束了。辽兴宗本人有较高文化素养,崇信佛教,喜欢赋诗。总体上看,辽代的重熙年间仍然属于治世。

辽道宗耶律洪基为辽兴宗的长子,为辽兴宗着力培养的皇位继承人,他较早

---

① 脱脱等:《辽史》卷71《后妃传·圣宗钦哀皇后萧氏传》,中华书局,1974 年,第 1203 页。

② 蔡美彪:《辽代后族与辽季后妃三案》,《历史研究》1994 年第 2 期。

③ 脱脱等:《辽史》卷71《后妃传·圣宗钦哀皇后萧氏传》,中华书局,1974 年,第 1203 页。

④ 脱脱等:《辽史》卷 18《兴宗本纪一》,中华书局,1974 年,第 222 页。

⑤ 脱脱等:《辽史》卷 19《兴宗本纪二》,中华书局,1974 年,第 227 页。

地接触政务。辽道宗在重熙二十一年(1052)就被授予天下兵马大元帅,获得皇位继承人身份。尽管如此,他即位初年仍然感受到来自其叔叔耶律重元的巨大威胁。他不断给予这位叔叔特权,力图使其心安,他即位当月,"以皇太弟重元为皇太叔,免汉拜,不名"①。清宁二年(1056)十一月乙巳,"以皇太叔重元为天下兵马大元帅"②,这是确定了耶律重元皇位继承人的身份。蔡美彪先生认为:"这显然是由于钦哀后的干预而谋求妥协,洪基以皇子继位,重元仍保有继承皇位的资格。重元封授天下兵马大元帅,不仅意味着道宗死后确保继承皇位,而且道宗在位倘施政有失,也可由太皇太后合法地废道宗立重元。它表明兴宗初年以来的皇位之争并未完全结束而还隐伏着夺位的危机。"③《辽史·逆臣传》有言:"道宗即位,册为皇太叔,免拜不名,为天下兵马大元帅,复赐金券、四顶帽、二色袍,尊宠所未有。"④但位极人臣和各种特权仍然不能令耶律重元满足。清宁九年(1063),皇太叔耶律重元伙同其子楚国王涅鲁古及陈国王陈六、同知北院枢密使事萧胡睹、卫王帖不、林牙涅剌溥古、统军使萧迭里得、驸马都尉参及弟术者、图骨、旗鼓拽剌详稳耶律郭九、文班太保奚叔、内藏提点乌骨、护卫左太保敌不古、按答、副宫使韩家奴、宝神奴等凡四百人,诱胁弩手军犯行宫。当时南院枢密使许王仁先、知北枢密院事赵王耶律乙辛、南府宰相萧唐古、北院宣徽使萧韩家奴、北院枢密副使萧惟信、敦睦宫使耶律良等率宿卫士卒数千人组成防御力量,逆党或被杀或逃亡⑤。耶律重元叛乱的平定使辽道宗摆脱了最大的夺位威胁,结束了寝食难安的日子,但可能由于出现了这样一次大的叛乱后,辽道宗此后特别注重防患于未然,也因此被奸臣耶律乙辛等人利用。他偏听偏信,酿成家庭悲剧,导致宣懿皇后和太子濬先后被害,同时殃及一批正直的官吏,给国家带来了严重的损失,直接影响了辽朝的发展。从《辽史·道宗本纪》来看,道宗朝在赈济贫民、救济灾害方面采取了一些相应的措施,同样定期举办科举考试,也给予佛教高僧较高的社会地位,这都与以辽道宗为首的统治集团的执政理念有一定的关系。辽道宗本人有很高的文化素养,他了解儒家的政治文化,他重视修史、曾"亲出题试进士","诏有司颁行《史

---

① 脱脱等:《辽史》卷21《道宗本纪一》,中华书局,1974年,第252页。

② 脱脱等:《辽史》卷21《道宗本纪一》,中华书局,1974年,第254页。

③ 蔡美彪:《论辽朝的天下兵马大元帅与皇位继承》,见《辽金元史考索》,中华书局,2012年,第95页。

④ 脱脱等:《辽史》卷112《逆臣传上》,中华书局,1974年,第1502页。

⑤ 脱脱等:《辽史》卷22《道宗本纪二》,中华书局,1974年,第262-263页。

记》、《汉书"①,他还"召枢密直学士耶律俨讲《尚书·洪范》","命燕国王延禧写《尚书·五子之歌》"②。但辽道宗统治时期辽朝已开始走下坡路了,众多的法禁透露出其时面临的社会问题,比如,"禁南京民决水种粳稻"③、"禁僧尼私诣行在,妄述祸福取财物"④、"禁民私刊印文字"⑤、"诏南京不得私造御用綵缎,私货铁,及非时饮酒"⑥、"诏诸路备盗贼,严火禁"⑦、"诏禁皇族恃势侵渔细民"⑧、"禁鬻生熟铁于回鹘、阻卜等界"⑨、"禁士庶服用锦绮、日月、山龙之文"⑩、"禁外官部内贷钱取息及使者馆于民家"⑪、"禁毁铜钱为器"⑫、"禁挟私引水犯田"⑬、"禁钱出境"⑭、"禁边民与蕃部为婚"⑮,等等。这些禁忌既包括防民造反,又包括防止边境生事,也包括防止借言福祸攫取财物及危及皇帝安全的难以预料的事情发生,还包括正常应该注意的法规。这从一个侧面反映出其时辽朝对内对外都有不可忽视的矛盾。值得注意的是,辽朝的北部、西北部压力较大,不时有近边诸部袭扰,但与宋、西夏、高丽较少有军事冲突,辽朝与这些政权通使往来较为频繁,甚至扮演宋夏关系的调和者。比如,寿昌三年(1097)年六月辛丑,"夏人来告宋城要地,遣使之宋,谕与夏和"⑯。寿昌四年(1098)六月戊寅,"夏国为宋所攻,遣使求援";同年十一月乙巳,"知右夷离毕事萧药师奴、枢密直学士耶律俨使宋,讽与夏和";寿昌五年(1099)五月壬戌,"药师奴等使宋回,奏宋罢兵"⑰。可见,当时辽朝的影响力还是

---

① 脱脱等:《辽史》卷23《道宗本纪三》,中华书局,1974年,第275－276页。
② 脱脱等:《辽史》卷25《道宗本纪五》,中华书局,1974年,第296页。
③ 脱脱等:《辽史》卷22《道宗本纪二》,中华书局,1974年,第263页。
④ 脱脱等:《辽史》卷22《道宗本纪二》,中华书局,1974年,第263页。
⑤ 脱脱等:《辽史》卷22《道宗本纪二》,中华书局,1974年,第264页。
⑥ 脱脱等:《辽史》卷22《道宗本纪二》,中华书局,1974年,第264页。
⑦ 脱脱等:《辽史》卷22《道宗本纪二》,中华书局,1974年,第264页。
⑧ 脱脱等:《辽史》卷22《道宗本纪二》,中华书局,1974年,第268页。
⑨ 脱脱等:《辽史》卷22《道宗本纪二》,中华书局,1974年,第270页。
⑩ 脱脱等:《辽史》卷23《道宗本纪三》,中华书局,1974年,第281页。
⑪ 脱脱等:《辽史》卷24《道宗本纪四》,中华书局,1974年,第288页。
⑫ 脱脱等:《辽史》卷24《道宗本纪四》,中华书局,1974年,第289页。
⑬ 脱脱等:《辽史》卷25《道宗本纪五》,中华书局,1974年,第297页。
⑭ 脱脱等:《辽史》卷25《道宗本纪五》,中华书局,1974年,第297页。
⑮ 脱脱等:《辽史》卷25《道宗本纪五》,中华书局,1974年,第303页。
⑯ 脱脱等:《辽史》卷26《道宗本纪六》,中华书局,1974年,第310页。
⑰ 脱脱等:《辽史》卷26《道宗本纪六》,中华书局,1974年,第311页。

比较大的。但"救灾恤患"的记载也频频出现,贫富分化已成为重要的社会问题,贫民过多已构成统治危机,单纯官府的救济不能解决根本的问题。

天祚皇帝耶律延禧是辽道宗的嫡孙,其父耶律濬被害后,他是辽道宗悉心培养的皇位继承人。寿昌七年(1101)正月甲戌,辽道宗去世,他"奉遗诏即皇帝位于枢前"[1]。天祚皇帝初即位,昭雪道宗朝冤案,"诏为耶律乙辛所诬陷者,复其官爵,籍没者出之,流放者还之";又"诏有司以张孝杰家属分赐群臣";"诏诛乙辛党,徙其子孙于边;发乙辛、得里特之墓,剖棺,戮尸;以其家属分赐被杀之家"[2]。这些做法有拨乱反正的意味。他也如其祖父辽道宗一样,注重救济贫民,也曾"微行,视民疾苦"[3]。辽朝在宋夏关系上仍然充当着调解人的角色。但东北部边境部族的情况已显露出不测的局势,他观察到了,却没有处理好,导致辽朝迅速走向灭亡。《辽史·天祚皇帝本纪》极其简略,但关于辽朝与女真的战事记述还是较为清楚的,在天庆初年阿骨打欲反的迹象已很明显,辽朝廷对女真起兵疏于防备,致使女真人有了与其抗争的勇气和信心。辽朝的衰落,最高统治者天祚帝耶律延禧是有责任的,他自视强大,轻视边民,对于周边诸部族采取欺压的政策,长期累积的社会矛盾因民族问题激化而爆发,他及其统治集团缺乏应变能力,亡国是必然的结果。

二、金末的政乱与兵败

(一)金章宗承安、泰和年间国势转衰

自明昌年间以后,金朝所面临的内外局势日趋复杂。从表面上看,金朝的社会秩序尚且稳定,官吏的选拔、任用、奖惩依然较为正常,人口数量在增长,虽然不时有自然灾害发生,官府的赈济措施及减免赋税政策还能有效应对,国家财政困乏的问题,则采取强制性经济干预措施,似乎也能有所缓解,对北方诸部的侵扰,通过修壕堑,派兵征伐也能暂时遏制边事危机,对南宋权臣韩侂胄发动的对金战争也予以有力的回击。实质上,官贪民贫、军队作战能力下降,强制性政令的压制使社会矛盾日益加剧,边境危机并没有得到彻底化解。元代史官认为:"向之所谓

---

①　脱脱等:《辽史》卷27《天祚皇帝本纪一》,中华书局,1974年,第317页。

②　脱脱等:《辽史》卷27《天祚皇帝本纪一》,中华书局,1974年,第317 – 319页。

③　脱脱等:《辽史》卷27《天祚皇帝本纪一》,中华书局,1974年,第321页。

维持巩固于久远者,徒为文具,而不得为后世子孙一日之用,金源氏从此衰矣。"①
这个评论大体是符合实际的。金章宗朝的君臣心里明白有些社会问题并没有处
理好,所以他们一遇到天灾就惶恐自责,比如,承安四年(1199)"五月壬辰朔,以
旱,下诏责躬,求直言,避正殿,减膳,审理冤狱,命奏事于泰和殿。……己亥,应奉
翰林文字陈载言四事:其一,边民苦于寇掠;其二,农民困于军须;其三,审决冤滞,
一切从宽,苟纵有罪;其四,行省官员,例获厚赏,而沿边司县,曾不霑及,此亦干和
气,致旱灾之所由也。上是之。……庚戌,谕宰臣曰:'诸路旱,或关执政。今惟大
兴、宛平两县不雨,得非其守令之过欤?'司空襄、平章政事万公、参知政事揆上表
待罪。上以罪己答之,令各还职"②。遇到天灾就在人事上找原因,应该说有天人
感应思想的影响,也说明金章宗朝的君臣自知自身有过失。泰和八年(1208)十一
月,金章宗下诏戒谕尚书省:"国家之治,在于纪纲。纪纲所先,赏罚必信。今乃上
自省部之重,下逮司县之间,律度弗徇,私怀自便。迁延旷岁,苟且成风,习此为
恒,从何致理。朝廷者百官之本,京师者诸夏之仪。其勖自今,各惩已往,遵绳奉
法,竭力赴功。无枉挠以循情,无依违而避势,壹归于正,用范乃民。"③金章宗在去
世前已经很清楚当时国家所面临的一切问题的症结在于官吏不能竭力为国,国家
多故而有些官吏却苟且因循。其实,当时的大臣大多私念太重,甚至连金章宗特
别信任的老师完颜匡已致位将相还侵占田产、接受贿赂④。章宗朝已显露出政风
不正的端倪。

(二)金末的政乱

如果说金朝作为一个政权的衰落在章宗朝还是隐秘的,那么到卫绍王时其亡
征已经明显化,元朝史臣评论为"政乱于内,兵败于外"⑤。其实,政乱和兵败又岂
止是卫绍王统治的五年所具有的历史现象,卫绍王之后政乱和兵败就如影随形,
成为金末历史发展的显著特征。大致说来,金末的政乱主要表现为以下几点。

1. 权臣跋扈

金末最典型的专横跋扈之臣为纥石烈执中和术虎高琪。

① 脱脱等:《金史》卷12《章宗本纪四》,中华书局,1975年,第286页。
② 脱脱等:《金史》卷11《章宗本纪三》,中华书局,1975年,第250－251页。
③ 脱脱等:《金史》卷12《章宗本纪四》,中华书局,1975年,第285页。
④ 脱脱等:《金史》卷98《完颜匡传》,中华书局,1975年,第2173－2174页。
⑤ 脱脱等:《金史》卷13《卫绍王本纪》,中华书局,1975年,第298页。

纥石烈执中,本名胡沙虎,大定年间曾充任皇太子护卫,金章宗朝即以不服从调遣且因"烦碎生事"受到皇帝的警告和批评。泰和年间御史中丞孟铸弹劾纥石烈执中言:"贪残专恣,不奉法令。释罪之后,累过不悛。既蒙恩贷,转生跋扈。如雄州诈认马,平州冒支俸,破魏廷实家,发起冢墓,拜表不赴,祈雨聚妓,殴詈同僚,擅令停职,失师帅之体,不称京尹之任。"①卫绍王时,纥石烈执中更加无所忌惮,崇庆元年(1212),有司按问,"诏数其十五罪,罢归田里"②。然而,第二年卫绍王又复召他至中都,参议军事,时任左谏议大夫的张行信上书言:"胡沙虎专逞私意,不循公道,蔑省部以示强梁,媚近臣以求称誉,軏法行事,枉害平民。行院山西,出师无律,不战先退,擅取官物,杖杀县令。屯驻妫州,乞移内地,其谋略概可见矣。欲使改易前非,以收后效,不亦难乎?才诚可取,虽在微贱皆当擢用,何必老旧始能立功。一将之用,安危所系,惟朝廷加察,天下幸甚。"③当时宰执中也有人反对起用纥石烈执中,朝廷因此暂时作罢。但卫绍王最终还是认为他可用,不久即以他为右副元帅,领武卫军五千人屯中都城北。至宁元年(1213)他矫诏夺兵,杀大臣和卫绍王,发动了政变。金宣宗因其政变得以为皇帝,所以在宣宗即位后纥石烈执中依然专横,结果被畏罪的术虎高琪带领乣军杀死。

术虎高琪,护卫出身,他是宣宗朝纥石烈执中之后又一位跋扈之臣。他原为领军将领,却被宣宗任命为平章政事,可谓出将入相。他本是胆大妄为之人,拜相后自然主断朝政,同僚多有奏告言及他威权太重,比如太府监丞游茂、应奉翰林文字完颜素兰等。对于游茂请裁抑高琪的奏告,宣宗曰:"既委任之,权安得不重?"完颜素兰的奏告直言高琪"妒贤能,树党与,窃弄威权,自作威福"④,还提到高琪以刀杖决杀建议防范乣军的书生樊知一,而金宣宗仍然犹豫不决。后来竟然提拔高琪为尚书省右丞相,金宣宗时的伐宋也出自高琪的主张。刘祁撰书也曾提及术虎高琪,他说:"贞祐间,术虎高琪为相,欲树党固其权,先擢用文人,将以为羽翼。已而,台谏官许古、刘元规之徒见其恣横,相继言之。高琪大怒,斥罢二人。因此大恶进士,更用胥吏。彼喜其奖拔,往往为尽心,于是吏权大盛,胜进士矣。又,高琪定制,省、部、寺、监官,参注进士,吏员又使由郡转部,由部转台省,不三五年,皆得

---

① 脱脱等:《金史》卷132《逆臣传·纥石烈执中传》,中华书局,1975 年,第2833 页。
② 脱脱等:《金史》卷132《逆臣传·纥石烈执中传》,中华书局,1975 年,第2835 页。
③ 脱脱等:《金史》卷132《逆臣传·纥石烈执中传》,中华书局,1975 年,第2835 页。
④ 脱脱等:《金史》卷106《术虎高琪传》,中华书局,1975 年,第2342 页。

要职。"①刘祁是以术虎高琪排斥士人的角度言其专横的。

2. 官场风气不正

刘祁在其所撰《归潜志》中多处言及"南渡之后"官场风气不同于从前,多数官员工作上不思进取,得过且过。比如,刘祁有言:"南渡之后,为宰执者往往无恢复之谋,上下同风,止以苟安目前为乐,凡有人言当改革,则必以生事抑之。每北兵压境,则君臣相对泣下,或殿上发叹吁。已而敌退解严,则又张具会饮黄阁中矣。每相与议时事,至其危处,辄罢散曰:'俟再议。'已而复然,因循苟且,竟至亡国。"他还揭露说:"南渡之后,朝廷近侍以诌谀成风,每有四方灾异或民间疾苦将奏之,必相谓曰:'恐圣上心困。'当时有人云:'今日恐心困,后日大心困矣。'竟不敢言。又,在位者临事,往往不肯分明可否,相习低言缓语,互推让,号'养相体'。吁!相体果安在哉?又,宰执用人,必先择无锋芒、软熟易制者,曰'恐生事'。故正人君子多不得用,虽用亦未久,遽退闲,宰执如张左丞行信,台谏官如陈司谏规、许司谏古、程、雷御史,皆不能终其任也。"②刘祁也震惊风俗对人的影响,他说:"南渡后,吏权大盛。自高琪为相定法,其迁转与进士等,甚者反疾焉。故一时之人争以此进,虽士大夫家有子弟读书,往往不终辄辍,令改试台部令史。其子弟辈既习此业,便与进士为仇,其趋进举止,全学吏曹,至有舞文纳赂甚于吏辈者。惟侥幸一时进用,不顾平日源流,此可为长太息者也。"③刘祁所记为其耳闻目睹,金末官场的苟且成风当是事实。

3. 朝廷赏罚无章

金末的政乱还在于纲纪丧失,赏罚无章。如大安三年乌沙堡之役的失利,朝廷"独坐思忠",承裕继续"主兵事";当会河川之战,承裕所带军队大败,承裕仅得脱身逃入宣德,"卫绍王犹薄其罪,除名而已"④。跋扈之臣纥石烈执中在其发动政变之前已有大过,该罚不罚使他更加肆无忌惮。金宣宗完颜珣因他有援立之功重用他,更助长了他的专横。后来,术虎高琪又上演了一次军事政变。金宣宗不仅赦免了术虎高琪,还以他为左副元帅,"一行将士迁赏有差"⑤。金末朝廷的赏罚不

---

① 刘祁:《归潜志》卷7,中华书局,1983年,第71页。
② 刘祁:《归潜志》卷7,中华书局,1983年,第70页。
③ 刘祁:《归潜志》卷7,中华书局,1983年,第72页。
④ 脱脱等:《金史》卷93《承裕传》,中华书局,1975年,第2066页。
⑤ 脱脱等:《金史》卷106《术虎高琪传》,中华书局,1975年,第2341页。

仅是非不辨,且有破坏制度的举措。比如,贞祐年间监察御史陈规上书提及:"陛下即位以来,屡沛覃恩以均大庆,不吝官爵以激人心,至有未满一任而并进十级,承应未出职而已带骠骑荣禄者,冗滥之极至于如此,复开鬻爵进献之门,然则被坚执锐效死行阵者何所劝哉。"①

4.统治集团就皇权归属问题的斗争尖锐复杂

金末统治集团内争不断。卫绍王即位不到半年,参与定策立他为皇帝的金章宗元妃李氏被杀,原因无论是"(完颜)匡欲专定策功,遂构杀李氏"②,还是如卫绍王大安四月下诏所言"所为不轨"③,都反映出围绕皇权的归属统治集团上层的斗争是复杂的。金宣宗在军将纥石烈执中发动政变后立为皇帝,他受制于权臣,却无可奈何,他优容权臣也是为了自保。除去权臣干预朝政的因素,皇族间的防范与内争在金宣宗朝也是存在的,有学者研究认为金宣宗与其子完颜守绪(后来的哀宗)、金哀宗与其兄完颜守纯之间也有矛盾和政治博弈,最终哀宗完颜守绪即位与他在枢密院熟悉军事并掌握超过禁卫军的直属部队有重要关系④。

(三)金末的兵败

1.金军抗蒙连连败退

一般认为,自金卫绍王大安三年(1211)蒙古军南下,金蒙战争开始。与金朝立国之初攻辽战争的所向披靡截然不同,金军在抗蒙战争中却是连连溃败。《金史》《元史》对金蒙战争都有一些记载。比如,《元史·太祖本纪》记载:元太祖六年(金大安三年),金蒙之间先有野狐岭之战,后有乌沙堡之战、会河川之战,金兵皆败。冬天,蒙古军攻金群牧监,驱赶其马匹而还。蒙军大将哲别攻下居庸关,抵达金中都。皇子术赤、察合台、窝阔台等分别攻下云内、东胜、武、朔等州⑤。《金史·卫绍王本纪》提及这一年的战事有:九月,"千家奴、胡沙败绩于会河堡,居庸关失守";十一月,"德兴府、弘州、昌平、怀来、缙山、丰润、密云、抚宁、集宁,东过平、

---

① 脱脱等:《金史》卷109《陈规传》,中华书局,1975 年,第 2407 页。

② 脱脱等:《金史》卷98《完颜匡传》,中华书局,1975 年,第 2173 页。

③ 脱脱等:《金史》卷64《后妃传下》,中华书局,1975 年,第 1530 页。

④ 李浩楠:《金末义军与晚金政治研究》,河北大学硕士学位论文,2010 年。

⑤ 宋濂等:《元史》卷1《太祖本纪》,中华书局,1976 年,第 15 页。

滦,南至清、沧,由临潢过辽河,西南至忻、代,皆归大元"①。《金史·承裕传》记载:金驻扎在乌沙堡军队"不为备"而失利。会河川之战,金朝"主兵事"的大臣完颜承裕因"不敢拒战","率兵南行"反被"蹑击",因而"大溃"。② 由于抵抗不住战斗力极强的蒙古军队,金朝所控驭的疆土越来越小,逐渐向南退守,最终全境陷落。

2. 金夏、金宋战争的两败俱伤

金夏之战从大安二年(1210)开始,直到金宣宗去世、金哀宗即位双方才重归于好。十四年间四十余次战争③,双方互有胜负,不是哪一方占有绝对优势,但最终结果双方都没有得到好处,危害实实在在存在,损耗了各自的国力,加剧了西夏、金朝社会的动荡。金末的金宋之战,开始于金贞祐二年、宋嘉定七年(1214),直到金亡(1234),同样可视为一场长期的消耗战。短期看,战争杀伤相当,最终宋乘金朝危机得以实现复仇。实质上,唇亡齿寒,宋也没有得到胜利,胜利属于蒙元政权,对于金宋来说都是失败,带来的后果自然是加速了各自的灭亡。

致使金末政乱的原因很复杂,官与兵的腐化应是根本原因。尽管金末仍然有忠诚、廉洁的官员,但多数官员萎靡不振,尤其是身居高位者不循正道,少数守正的官员遭到排挤,他们的正气不得伸张,很难发挥积极的影响。金末兵败的内在原因有兵将的无能、有政策上的失误,还有军备物资的缺乏等诸多因素。

除了官与兵的素质低下之外,金末皇帝缺乏控驭局势的能力也是政乱与兵败不可忽视的因素。卫绍王、金宣宗受制于权臣,到金哀宗朝已积重难返。卫绍王完颜允济记注后来亡失,今本《金史》其本纪极其简略,卫绍王到底是怎样的人,目前的记述已不好作出判断。《金史·贾益谦传》引贾益谦的话:"卫王为人勤俭,慎惜名器,较其行事,中材不及者多矣。"④贾益谦是一个忠正之人,他厌恶世宗朝那些通过揭露海陵之恶而得到提升的禁近和当时附会的史官,他宁可死也不屈从于权贵而使自己陷于不义,他对卫绍王作出的"较其行事,中材不及者多矣"的评价定有所依据,但其所评并不全面。宋人李心传所记的卫绍王也为纥石烈执中所轻

---

① 脱脱等:《金史》卷 13《卫绍王本纪》,中华书局,1975 年,第 294 页。
② 脱脱等:《金史》卷 93《承裕传》,中华书局,1975 年,第 2066 页。
③ 陈德洋:《试论金宣宗时期的金夏之战》,《西夏学》第九辑,2013 年。
④ 脱脱等:《金史》卷 106《贾益谦传》,中华书局,1975 年,第 2336 页。

视,所谓"自允济之立,心常不服",也提到"允济素鄙吝,士不用命"①。可以肯定,卫绍王面对外患应对无力,对于内乱处理不当,并不是一个英明的皇帝。金宣宗统治共计十年,从其本纪所记可知,对于内外更趋复杂的局势,金宣宗本人没有更高明的办法,可能在他心目中金世宗大定年间是金朝秩序井然的时期,他即位伊始就谕尚书省:"事有规画者皆即规画,悉依世宗所行行之"②。但他所处的多事之秋已与金世宗所处的时代不同了。面对内忧外患,他多数时候能集百官议论,可仍然限于识见,选用非人,或决策有误、举措失当。其中,南迁、攻宋、与夏人战,不仅没能振兴国家,反而使金朝江河日下。元朝史官评论说:"迁汴之后,北顾有道之朝日益隆盛,智识之士孰不先知。方且狃于余威,牵制群议,南开宋衅,西启夏侮,兵力既分,功不补患。曾未数年,昔也日辟国百里,今也日蹙国百里,其能济乎。再迁遂至失国,岂不重可叹哉。"③金哀宗完颜守绪即位时金朝疆土已失去大部。他知道金朝将亡,他积极努力谋求和平,尽量延缓金朝灭亡的速度。他即位第二年即正大二年(1225)就与夏国签订了和议,第三年就商议与宋修好,并寻求与蒙古讲和,也很注意挽回民心。史载,正大二年十月,"内族王家奴故杀鲜于主簿,权贵多救之者,上曰:'英王朕兄,敢妄挞一人乎?朕为人主,敢以无罪害一人乎?国家衰弱之际,生灵有几何,而族子恃势杀一主簿,吾民无主矣。'特命斩之"④。正大八年(1231)十一月,蒙古大军由金州东来,金尚书省、枢密院商议以逸待劳,不与之战。金哀宗说:"南渡二十年,所在之民,破田宅,鬻妻子,竭肝脑以养军。今兵至不能逆战,止以自护,京城纵存,何以为国,天下其谓我何。朕思之熟矣,存与亡有天命,惟不负吾民可也。"尽管金哀宗作出了一些努力,但金朝的衰亡却不可逆转,他虽心有不甘,"自知无大过恶"⑤,可金朝内部的衰败和蒙古军的强大,都使金朝无力抗拒颓势。

总之,金末的政乱与兵败是金朝衰亡阶段的重要历史现象,与金朝自身发展过程中积聚的矛盾、弊病有关,更主要的是腐化的官、兵不仅无法应对来自内部的社会问题和来自外部的军事进攻,而且他们的腐化加重了百姓的负担,使百姓失

---

① 李心传:《建炎以来朝野杂记》乙集卷19,徐规点校本,中华书局,2000年,第842页、第843页。

② 脱脱等:《金史》卷14《宣宗本纪上》,中华书局,1975年,第301页。

③ 脱脱等:《金史》卷16《宣宗本纪下》"赞曰",中华书局,1975年,第370页。

④ 脱脱等:《金史》卷17《哀宗本纪上》,中华书局,1975年,第376-377页。

⑤ 脱脱等:《金史》卷18《哀宗本纪下》,中华书局,1975年,第402页。

去了对政府的信任,或逃亡或反抗,成为与官府敌对的力量,金朝在内外交困中灭亡。

三、元末的统治危机

元世祖忽必烈去世后,七十余年间一个明显的现象是,频繁的皇位争夺与更迭导致政局不稳定,权臣因此乘机弄政。元成宗铁穆耳至元三十一年(1294)四月即位,大德十一年(1307)正月病逝,统治十三年,大体是一个守成的皇帝。元武宗海山大德十一年(1307)五月即位,至大四年(1311)正月病逝,统治不足四年。元仁宗爱育黎拔力八达至大四年(1311)三月即位,延祐七年(1320)正月去世,统治九年。明朝修《元史》的史臣对于武宗提及其"锡赉太隆"[①],但对于元仁宗却多所表彰,谓:"其孜孜为治,一遵世祖之成宪"[②],可能是因为元仁宗"通达儒术"。王明荪先生认为:"武仁之世,政事不良,其母后答己专权,宠信小人,群小成奸。仁宗原有改革之心,但却又任用奸小,以至朝政反坏。"[③]元英宗硕德八刺延祐七年(1320)三月即位,至治三年(1323)八月死于南坡之变,统治仅有三年多。泰定帝也孙铁木儿至治三年(1323)九月即位,致和元年(1328)七月去世,统治五年。泰定帝驾崩后,专权的大臣倒刺沙"逾月不立君",燕铁木儿召百官拥立武宗之子,先迎图帖睦尔即位,是为文宗。倒刺沙在上都也立泰定帝子阿速吉八为皇帝,即天顺帝。双方兵戎相见,结果倒刺沙战败投降,天顺帝不知所终。元文宗的哥哥元明宗和世瑓天历二年(1329)正月即位于和宁之北,同年八月暴崩。元文宗和大臣燕铁木儿导演了这一悲剧。元文宗图帖睦尔在位也仅有五年,从天历元年(1328)至至顺三年(1332),其间曾迎其兄明宗和世瑓为帝。元宁宗懿璘质班仅七岁即位,在位不足两个月去世。文宗、宁宗时权臣燕铁木儿专权。总体上看,皇帝早逝,皇位争夺,权臣结党,统治集团内耗严重,元朝在这近四十年间不断积聚的社会矛盾难以得到有效的化解。

元顺帝妥懽帖睦尔于至顺四年(1333)被文宗后及大臣、诸王等立为皇帝。王明荪先生总结元顺帝即位时的社会环境说:"顺帝即位时,已承受了数代以来的变

① 宋濂等:《元史》卷23《武宗本纪二》,中华书局,1976年,第531页。
② 宋濂等:《元史》卷26《仁宗本纪三》,中华书局,1976年,第594页。
③ 王明荪:《宋辽金元史》,九州出版社,2010年,第157页。

乱与内讧,可以说政治上的积弊太深,社会上的不安显著。"①元顺帝被立为皇帝时仅有十三岁,他没有能力掌控局势,"每事无所专"②,大臣伯颜掌政,至元元年(1335)伯颜为排除异己,奏唐其势及其弟塔剌海谋逆,甚至杀皇后伯牙吾氏于开平民舍。③ 伯颜专权七年,至元六年(1340)才被贬黜为河南行省左丞相。贬黜伯颜的诏书言:"朕践位以来,命伯颜为太师、秦王、中书大丞相,而伯颜不能安分,专权自恣,欺朕年幼,轻视太皇太后及朕弟燕帖古思,变乱祖宗成宪,虐害天下。"④此后,大臣脱脱试图通过改革扭转元朝的颓势,但效果并不明显。统治集团争权夺利的争斗并没有因为沸沸扬扬的民变而止息,元顺帝多数时候没有实权,其实他统治时期政局始终不稳定,来自于皇太后、权臣或皇太子的夺位威胁使他隐忍苟且,听凭他们掌政。由于经常变换主政者,朝廷出台的政策没有连续性,也是造成社会不安的政治因素。有学者研究认为:"自1340年至1355年,元朝的政局出现了一个奇怪的现象,就是中央行政管理集团差不多每五年就要替换一次,他们各自采用一套不同的政治思想。脱脱执政时力争中央集权,至正四年(1344),他以身体不适请辞相位获准。新的政府根据某些无可辩驳的理由,采取了与脱脱截然不同的尽可能给地方以权力的解决问题的方式,但这一做法并没有使元朝面临的问题减少。"⑤元末的统治危机更体现在愈演愈烈的民变上。《元史·顺宗本纪》共计有十卷,篇幅不小,但对于元顺帝在位的三十六年主要记载四方面的事情:天象、自然灾害、机构及人事变动、民变。当然,天象和灾害的大量记载有一定的政治目的,明初君臣试图通过这些记述表明明朝得天下是顺应天命。元末的自然灾害也确实加剧了社会的动荡,为应付各地不同类型的灾害,不断赈钞、赈米,但有时灾害严重,简单的赈济根本不能缓解灾情,又有官吏处置不力等因素,使民不得安生,反叛因此接连发生。加之军队战斗力较弱,贵族官员腐败,元朝廷可控制的地区越来越少,最后不得不退出中原北逃草原地带,结束元朝控驭全国的时代。

综上所述,辽金元历史进程各具特点,但通观辽金元四百余年的历史变化,一个最明显的特征是民族统治地位的变化。辽金史专家张博泉先生指出:"在辽以前居于民族统治地位的主要是汉族,在中原建立政权的也主要是汉族,一般地讲

① 王明荪:《宋辽金元史》,九州出版社,2010年,第160页。

② 宋濂等:《元史》卷38《顺帝本纪一》,中华书局,1976年,第817页。

③ 宋濂等:《元史》卷38《顺帝本纪一》,中华书局,1976年,第827页。

④ 宋濂等:《元史》卷40《顺帝本纪三》,中华书局,1976年,第854页。

⑤ 屈文军:《辽西夏金元史十五讲》,上海古籍出版社,2008年,第206页。

少数民族及其所建立的政权处于臣附的地位,就是拓跋族所建立的北朝,也未能使南朝臣属于己,而是南北对等,分疆化界,从辽朝开始,才真正改变汉族长期居于统治民族地位的局面,开创主要以少数民族为统治民族的新的历史时期。"①这个主要以少数民族为统治民族的新时期,经济多元、制度和文化多样,极具包容的特性。辽金元时期也是一个社会变革的时代,为建立多民族统治秩序,三朝中期不同程度上对其政策、制度作了调整、改革。民族融合在文化认同的层面上得以广泛展开。当然,辽金元时代的社会问题也很突出,君臣之间、民族之间、贵族与下层民众之间都有这样那样的矛盾,尤其是三朝的后期。这一切构成了辽金元时代思想文化的社会基础,也是辽金元人探讨历史问题不可忽视的现实条件,今天看来,辽金元政权的历史演进正是其时史论产生的历史基础。

---

① 张博泉:《金史论稿》第一卷,吉林文史出版社,1986年,第19页。

第二章 辽朝人对历史与现实的认识

辽朝人的著作现存的只有王鼎的《焚椒录》、行均的《龙龛手镜》和希麟的《续一切经音义》。《焚椒录》记述了辽道宗宣懿后被诬案的始末,大体反映出作者对辽道宗朝政治的看法。《龙龛手镜》和《续一切经音义》或为字书,或为音韵学著作,难以体现作者的思想观点。值得重视的是,在《辽史》载言、载文中,以及有关辽代的石刻文献和宋、金、元人的有关著作中或多或少地记述了辽朝人对历史与现实的认识,我们从中可大略窥见辽朝人史论的基本风貌。

第一节 辽朝人对历史的态度

一、书写契丹民族的古今事迹

辽朝是我国历史上以契丹族为最高统治者的北方政权。契丹族是成长发展于北方草原、山地上的古老民族,到 10 世纪初耶律阿保机建立政权时,契丹人已经走过约五百多年的部落制时代。因为契丹人尚无文字,他们已经过去的五百年历史靠口耳相传仅留下其中很小的一部分,北魏、北齐、隋、唐皇朝在与契丹人的接触中虽留存了点滴记录,但记述极其有限。适逢唐朝走下坡路,北方草原上的回纥汗国也走向衰落的时候,契丹人在耶律阿保机的领导下迅速兴起。战争掠夺来的各族人口不仅增强了契丹实力,来自于其他地方的人们也教给契丹贵族很多新知识而使他们扩大了视野。辽太祖耶律阿保机统治时期的创制文字和设立史官当是效仿中原政权制度的结果。《辽史·耶律鲁不古传》记载:"初,太祖制契丹国字,鲁不古以赞成功,授林牙、监修国史。"①耶律鲁不古是阿保机的从侄,他是参与制契丹字的重要人物,是当时有较高文化素养的契丹人。按照《新五代史·四夷附录》的记载,汉人在契丹字创制过程中也发挥了重要的作用②。尽管耶律鲁不古因参与文字创制而被授予"掌文翰"的"林牙"③和负责国史监修的长官"监修国史",但史书并没有提及辽太祖统治时期的修史活动。《辽史》中提及的辽朝最早的修史活动是辽太宗会同四年(941)二月丁巳,辽太宗诏有司编《始祖奇首可汗事迹》④。这一诏令表明以辽太宗为首的契丹贵族已经开始重视追忆祖先创业的事迹。从《辽史》有关奇首可汗的记述可知,奇首可汗生活的时代是元魏时期⑤,大概在公元6世纪前后,距离契丹立国约四百年,奇首可汗是10世纪时的契丹人可知最早的先祖。辽太宗令"有司"编写《始祖奇首可汗事迹》说明其时的一些契丹贵族已有十分明确的历史意识,尽管当时战争不断,社会环境不利于史学活动的广泛开展。《辽史·景宗本纪》"赞曰"提到:"辽兴六十余年,神册、会同之间,日不暇给"⑥,但追忆契丹先世的事迹却已责成具体部门去完成。《辽史》有关奇首可汗的一些记述很可能来源于辽太宗会同四年令人搜集编写的《始祖奇首可汗事迹》。比如,奇首可汗生都菴山⑦、奇首八部被高丽、蠕蠕所侵散而复聚⑧、迁徙之地为松漠之间(所谓奇首可汗故壤:潢河之西,土河之北)⑨,等等。《辽史·兴宗本纪》也记载,重熙十三年(1044)诏令史臣编集国朝上世以来事迹。综合《辽史》的《耶律谷欲传》《萧韩家奴传》《耶律庶成传》的记述,这次史臣所编的"事迹"共计二十卷,内容包括自遥辇可汗到辽兴宗重熙年间的一些史事,时间跨度为三百年左右(约8世纪中期至11世纪中期)。这次修史意在理清较长时段的契丹古今历史大事,也反映出以辽兴宗为首的辽朝统治集团的历史发展意识。

---

① 脱脱等:《辽史》卷76《耶律鲁不古传》,中华书局,1974年,第1246－1247页。

② 《新五代史·四夷附录》:"至阿保机,稍并服旁诸小国,而多用汉人,汉人教之以隶书之半增损之,作文字数千,以代刻木之约。"(第888页)

③ 据《辽史·国语解》,"林牙"是"掌文翰官,时称为学士"。(第1537页)

④ 脱脱等:《辽史》卷4《太宗本纪下》,中华书局,1974年,第49页。

⑤ 据《辽史·营卫志中·部族上》:"奇首八部为高丽、蠕蠕所侵,仅以万口附于元魏。生聚未几,北齐见侵,掠男女十万余口。"(第376页)

⑥ 脱脱等:《辽史》卷9《景宗本纪下》,中华书局,1974年,第105页。

⑦ 脱脱等:《辽史》卷2《太祖本纪下》,中华书局,1974年,第24页。

⑧ 脱脱等:《辽史》卷32《营卫志中·部族上》,中华书局,1974年,第376页。

⑨ 脱脱等:《辽史》卷32《营卫志中》,中华书局,1974年,第378页。

二、关注以往朝代的历史

辽朝人尤其是各族上层人士和文人,他们对以往朝代的历史都较为关注,具体表现在以下几个方面。

其一,辽朝人以历史名人中品行卓异者为榜样。辽朝的开国皇帝耶律阿保机在神册初年曾问侍臣说:"受命之君,当事天敬神。有大功德者,朕欲祀之,何先?"很多人以为当敬佛。阿保机则以"佛非中国教"否决了。他的长子耶律倍认为:"孔子大圣,万世所尊,宜先。"于是辽太祖"大悦,即建孔子庙,诏皇太子春秋释奠"①。这段记述表明在辽朝立国之初,契丹族最高统治者敬仰大功德者为神,并倡导尊重中国传统信仰,孔子因为万世所尊,理所当然地成为辽朝人最先尊崇的"神",孔子庙被最先建立于辽人的腹心之地。当代学者孟广耀认为:"确立祭祀中以谁为先,并非无关宏旨,它意味着一个极其重要问题:将孔子创建的儒家思想提到意识形态的首要地位,成为辽朝,乃至契丹族的指导思想和理论基础。从而也就确定了这个国家的模式和契丹族的发展方向。对此,其后诸帝恪守不移。于是儒家文化真正成为辽皇朝之魂。"②的确,奉祀有大功德者事关信仰,应该说辽朝人从立国之初其历史文化认同的意识就是明确的,辽太祖耶律阿保机选择"中国教"即是证明。如果说辽太祖神册初年的祀孔子之举还处于奉"神"的层面上,那么各地修建或修缮文宣王庙则是在人的层面上敬重先师。《三河县重修文宣王庙记》所记其宰君刘公的言论颇有代表性,刘公认为:"我先师孔子,生于周末,有大圣之才,训导三千徒,游聘七十国。皇皇行道,汲汲救当,大经大本,博照今昔,实百代帝王之师。开仕进门,缉人伦纪万化之原,由此途出,天下被罔极之恩,率皆仰敬。苟不兴起,非忠于国。"③这里刘公从治国安邦的角度看待孔子之道,并把对先师孔子敬重与忠于国家联系起来。辽太祖于神册六年(921)五月"诏画前代直臣像为《招谏图》"④,是从为政的角度敬重前代直臣。会同元年(938)六月癸巳,辽太宗耶律德光诏建日月四时堂,"图写古帝王事于两庑"⑤。辽太宗表扬渤海人高模翰

---

① 脱脱等:《辽史》卷72《宗室传·义宗倍传》,中华书局,1974年,第1209页。

② 孟广耀:《儒家文化——辽皇朝之魂》,哈尔滨出版社,1994年,第2页。

③ 向南:《辽代石刻文编·三河县重修文宣王庙记》,河北教育出版社,1995年,第578页。

④ 脱脱等:《辽史》卷2《太祖本纪下》,中华书局,1974年,第16页。

⑤ 脱脱等:《辽史》卷4《太宗本纪下》,中华书局,1974年,第44页。

善战有所谓"虽古名将无以加"之句,也对高模翰在与后晋作战中以少胜多的战绩予以手诏褒美,"比汉之李陵"①。统和年间,耶律昭回答西北路招讨使萧挞凛关于西北边防守卫问题时曾提到:"昭闻古之名将,安边立功,在德不在众。故谢玄以八千破苻坚百万,休哥以五队败曹彬十万。良由恩结士心,得其死力也。阁下膺非常之遇,专方面之寄,宜远师古人,以就勋业。上观乾象,下尽人谋;察地形之险易,料敌势之虚实。庶无遗策,利施后世矣。"②从耶律昭的回答看,他以古名将谢玄、当代名将耶律休哥治军有方为例表达了他的主张,即远师古人,既利用地利又务尽人谋以寻找安边之策。契丹贵族耶律思忠"劳勤王室,勋望隆重,议者以为周邵之比"③。《张俭墓志》对于张俭的贡献大加赞扬,有所谓"昔伊尹格于皇天,周公光于四海,始可同年而语矣"④;《耶律仁先墓志》记载辽兴宗言论:"唐有大亮,我有仁先,古今二人,彼此一时",该墓志也载辽兴宗亲宣制曰:"唐室之玄龄、如晦,忠节仅同。我朝之信你、空宁,壮猷宜比"⑤。《灵岩寺碑碑阴铭》有言:"余兄文学之外,尤精小篆。得秦相李斯洎唐李阳冰之法,校其工拙,亦不在下。"⑥《耶律遂忠墓志》对于他出将入相的称颂有"入作相焉,智夺子房之筋;出为将也,功争祖逖之鞭"⑦之句。耶律孟简自作诗序提及:"《易》曰:'乐天知命,故不忧。'是以颜渊箪瓢自得,此知命而乐者也。予虽流放,以道自安,又何疑耶?"⑧这些都显示出辽人以古名臣名将及才学之人为楷模的价值取向。辽朝皇帝把古代名人的名字赐予臣下也表达了辽人敬古先贤激励臣民的心理。见于《辽史》记载的赐古人名有张孝杰,他被辽道宗赐名仁杰⑨。

其二,辽人津津乐道以往朝代的典故。《辽史·杨佶传》记载,杨佶深得奉圣州百姓爱戴,被提升为吏部尚书,兼门下侍郎、同中书门下平章事,辽兴宗说:"卿

① 脱脱等:《辽史》卷76《高模翰传》,中华书局,1974年,第1249页、第1250页。

② 脱脱等:《辽史》卷104《文学传下·耶律昭传》,中华书局,1974年,第1455页。

③ 向南:《辽代石刻文编·耶律庆嗣墓志》,河北教育出版社,1995年,第456页。

④ 向南:《辽代石刻文编·张俭墓志》,河北教育出版社,1995年,第269页。

⑤ 向南:《辽代石刻文编·耶律仁先墓志》,河北教育出版社,1995年,第352-353页。

⑥ 向南:《辽代石刻文编·灵岩寺碑碑阴铭》,河北教育出版社,1995年,第595页。

⑦ 向南、张国庆、李宇峰辑注:《辽代石刻文续编·耶律遂忠墓志》,辽宁人民出版社,2010年,第74页。

⑧ 脱脱等:《辽史》卷104《文学传下·耶律孟简传》,中华书局,1974年,第1456页。

⑨ 脱脱等:《辽史·张孝杰传》记载:"乙辛荐孝杰忠于社稷,帝谓孝杰可比狄仁杰,赐名仁杰。"(第1487页)

今日何减吕望之遇文王!"杨佶回答说:"吕望比臣遭际有十年之晚。"①《辽史·萧陶隗传》记载:"大康中,累迁契丹行宫都部署。上尝谓群臣曰:'北枢密院军国重任,久缺其人,耶律阿思、萧斡特剌二人孰愈?'群臣各誉所长,陶隗独默然。上问:'卿何不言?'陶隗曰:'斡特剌懦而败事;阿思有才而贪,将为祸基。不得已而用,败事犹胜基祸。'上曰:'陶隗虽魏徵不能过,但恨吾不及太宗尔!'然竟以阿思为枢密使。"②这段记载反映出辽道宗是熟悉唐贞观君臣的事迹的。辽道宗也曾评价忠诚的殿前都点检萧兀纳说:"兀纳忠纯,虽狄仁杰辅唐,屋质立穆宗,无以过也。"③从这句评论看,辽道宗对于唐朝狄仁杰的历史贡献也是熟悉的。辽人的碑刻文字也写出了他们对往昔历史的了解,如,"光武之用邓禹,克集元勋;先主之得孔明,须成霸业"④;"周室德业,文母居先。汉朝仪范,马后称贤。致延祚于七百载,克流芳于二百年"⑤;"尧勋践祚,八元杰出以匡扶;周发开阶,十乱挺生而翊赞"⑥;"唐媛兴妫,涂山翼夏。娀赞殷昌,嫄禋周化"⑦;"汉梁冀一门三后,晋荀卿六叶九公"⑧;"光武曰:'仕官当主执金吾'"⑨;"昔缇萦之徒,列女也;宗伯梁鸿之妻,哲妇也;文伯孟氏之亲,贤母也"⑩;"犹汉季纳楚之陈平,效汤乙任夏之伊尹","公学穷游夏,才富轲雄,属辞追三代之风,下笔后两京之作"⑪,等等。

其三,辽朝人对于历史古迹和历史典籍也表现出足够的重视。比如,天赞三年(924)八月甲午,辽太祖"次古单于国,登阿里典压得斯山,以麃鹿祭";同年九月

---

① 脱脱等:《辽史》卷89《杨佶传》,中华书局,1974年,第1353页。

② 脱脱等:《辽史》卷90《萧陶隗传》,中华书局,1974年,第1358页。

③ 脱脱等:《辽史》卷98《萧兀纳传》,中华书局,1974年,第1414页。

④ 向南:《辽代石刻文编·李知顺墓志》,河北教育出版社,1995年,第187页。

⑤ 向南:《辽代石刻文编·圣宗钦哀皇后哀册》,河北教育出版社,1995年,第282页。

⑥ 向南:《辽代石刻文编·赵匡禹墓志》,河北教育出版社,1995年,第299页。

⑦ 向南:《辽代石刻文编·圣宗仁德皇后哀册》,河北教育出版社,1995年,第393页。

⑧ 向南、张国庆、李宇峰辑注:《辽代石刻文续编·萧德恭墓志》,辽宁人民出版社,2010年,第153页。《萧德恭妻耶律氏墓志》也提到"汉朝梁冀一门三后,晋代荀卿六叶九公",《辽代石刻文续编》,第270页。

⑨ 向南、张国庆、李宇峰辑注:《辽代石刻文续编·秦德昌墓志》,辽宁人民出版社,2010年,第167页。

⑩ 向南、张国庆、李宇峰辑注:《辽代石刻文续编·萧乌卢本娘子墓志》,辽宁人民出版社,2010年,第206页。

⑪ 向南、张国庆、李宇峰辑注:《辽代石刻文续编·王敦裕墓志》,辽宁人民出版社,2010年,第361页。

甲子,辽太祖"诏砻辟遏可汗故碑,以契丹、突厥、汉字纪其功"①;统和七年(989)四月,"皇太后谒奇首可汗庙"②。辽圣宗重视唐朝史,他曾经阅读唐高祖、唐太宗、唐玄宗本纪③,《契丹国志》言其还读过《贞观政要》。辽兴宗诏译诸书,萧韩家奴"欲帝知古今成败,译《通历》、《贞观政要》、《五代史》"④。这三部书是辽代契丹族史官萧韩家奴看重的历史典籍。辽道宗于清宁元年(1055)颁行《五经传疏》⑤;清宁十年(1064),"诏求乾文阁所缺经籍,命儒臣校雠"⑥;咸雍十年(1074),又"诏有司颁行《史记》、《汉书》"⑦。

三、以史为鉴的思想与实践

前述辽朝人常把古今人物进行比较表明了他们认识到古今之间有时存在着某种关联,他们总结历史的经验则着眼于解决现实问题,意在发挥史鉴作用。史载,辽景宗耶律贤在保宁年间多次向翰林学士兼政事舍人室昉问及"古今治乱得失"⑧。辽圣宗耶律隆绪即位时年纪尚小,萧太后萧绰称制,但辽圣宗很自觉地向古代帝王学习,他翻阅唐高祖、唐太宗、唐玄宗三位唐朝有影响的皇帝本纪,翰林学士承旨兼侍读学士马得臣就抄录这三位唐朝皇帝"行事可法者"进献给他,以利于他学习⑨。辽圣宗也曾多次向契丹族博学之人宿卫耶律资忠问询"古今治乱"⑩。辽道宗耶律洪基曾向姚景行问"古今儒士优劣"⑪,他也曾与大臣杨绩讨论过"古今治乱,人臣邪正"⑫。辽圣宗的外甥女秦晋国妃"每商榷今古,谈论兴亡,坐者耸听。又好品藻人物,月旦雌黄,鉴别臧否,言亦屡中。……历观载籍,虽古之名妃贤御,校其梗概,则未有学识该洽,襟量宏廓如斯之比也。……妃□读书至

---

① 脱脱等:《辽史》卷2《太祖本纪下》,中华书局,1974年,第20页。
② 脱脱等:《辽史》卷12《圣宗本纪三》,中华书局,1974年,第135页。
③ 脱脱等:《辽史》卷80《马得臣传》,中华书局,1974年,第1279页。
④ 脱脱等:《辽史》卷103《文学传上·萧韩家奴传》,中华书局,1974年,第1450页。
⑤ 脱脱等:《辽史》卷21《道宗本纪一》,中华书局,1974年,第253页。
⑥ 脱脱等:《辽史》卷22《道宗本纪二》,中华书局,1974年,第264页。
⑦ 脱脱等:《辽史》卷23《道宗本纪三》,中华书局,1974年,第276页。
⑧ 脱脱等:《辽史》卷79《室昉传》,中华书局,1974年,第1271页。
⑨ 脱脱等:《辽史》卷80《马得臣传》,中华书局,1974年,第1279页。
⑩ 脱脱等:《辽史》卷88《耶律资忠传》,中华书局,1974年,第1344页。
⑪ 脱脱等:《辽史》卷96《姚景行传》,中华书局,1974年,第1403页。
⑫ 脱脱等:《辽史》卷97《杨绩传》,中华书局,1974年,第1410页。

萧曹房杜传,则慨然兴叹。自为有匡国致君之术,恨非其人也。今主上以其知国家之大体,诏赴行在,常备询问。"①这里的"今主上"是指辽道宗。辽朝的最高统治者自觉汲取历史的经验是迫于他们所面临的复杂局势,力图寻求较好的解决途径,希望从历史的经验中获得启发。辽朝的各族官吏出于忠君、为民或尽职尽责的考虑而广泛地运用历史知识,他们的以史为鉴主要表现在建言献策、制定法规或制度方面。

辽朝臣民以史实为依据进谏的例子有很多。比如,应历年间辽穆宗耶律璟召刘景草赦书,但这个赦书完成后却留数月不发布,为此,刘景上书给皇帝提到:"唐制,赦书日行五百里,今稽期弗发,非也。"②,显然,刘景就是以唐制为依据进行劝谏的。辽景宗时南院枢密使郭袭因"帝数游猎"而上书进谏,他提及两个例子,一个是唐高祖纳谏罢猎,他说:"昔唐高祖好猎,苏世长言不满十旬未足为乐,高祖即日罢,史称其美。"另一个例子是辽穆宗放纵逸乐,"穆宗逞无厌之欲,不恤国事,天下愁怨"。郭袭以远近两个帝王的行为奉劝辽景宗"节从禽酗饮之乐,为生灵社稷计"③。马得臣因为辽圣宗"击鞠无度"也曾上书进谏曰:

> 臣窃观房玄龄、杜如晦,隋季书生,向不遇太宗,安能为一代名相?臣虽不才,陛下在东宫,幸列侍从,今又得侍圣读,未有裨补圣明。陛下尝问臣以贞观、开元之事,臣请略陈之。
>
> 臣闻唐太宗侍太上皇宴罢,则挽辇至内殿;玄宗与兄弟欢饮,尽家人礼。陛下嗣祖考之祚,躬侍太后,可谓至孝。臣更望定省之余,睦六亲,加爱敬,则陛下亲亲之道,比隆二帝矣。
>
> 臣又闻二帝耽玩经史,数引公卿讲学,至于日昃。故当时天下翕然向风,以隆文治。今陛下游心典籍,分解章句,臣愿研究经理,深造而笃行之,二帝之治不难致矣。
>
> 臣又闻太宗射豕,唐俭谏之;玄宗臂鹰,韩休言之;二帝莫不乐从。今陛下以毬马为乐,愚臣思之,有不宜者三,故不避斧钺言之。窃以君臣同戏,不免分争,君得臣愧,彼负此喜,一不宜。跃马挥杖,纵横驰骛,

---

① 向南:《辽代石刻文编·秦晋国妃墓志》,河北教育出版社,1995 年,第 341 – 342 页。
② 脱脱等:《辽史》卷 86《刘景传》,中华书局,1974 年,第 1322 页。
③ 脱脱等:《辽史》卷 79《郭袭传》,中华书局,1974 年,第 1274 页。

不顾上下之分,争先取胜,失人臣礼,二不宜。轻万乘之尊,图一时之乐,万一有衔勒之失,其如社稷、太后何? 三不宜。倘陛下不以臣言为迂,少赐省览,天下之福,群臣之愿也。①

这封谏书是《辽史》中重要的载文,让今人有幸窥见其具体的内容。应该说这封谏书目的明确,希望辽圣宗以唐太宗、唐玄宗为榜样,处理好与亲人的关系,游心典籍而笃行之,不以毬马为乐,为家国考虑切实担负起为君的责任。马得臣所举都是辽圣宗较为关注的唐贞观、开元年间的事情,是以辽圣宗心目中的楷模唐代贤君的行事为例引导其重视亲亲之道,崇尚文治,改掉击鞠嗜好,建立良好的君臣秩序。类似的大臣以历史的经验劝谏辽代君主的例子还有一些,如史载:"重熙五年,(刘伸)登进士第,历彰武军节度使掌书记、大理正。因奏狱,上适与近臣语,不顾,伸进曰:'臣闻自古帝王必重民命,愿陛下省臣之奏。'上大惊异……"②刘伸的"自古帝王必重民命"的话分量很重,辽兴宗感受到了刘伸对他为君行为的不满,也惊异于刘伸的忠诚和勇气,提升他任枢密都承旨、权中京副留守。重熙九年(1040)辽兴宗耶律宗真有南伐之意,萧孝穆上书言:"昔太祖南伐,终以无功。嗣圣皇帝仆唐立晋,后以重贵叛,长驱入汴;銮驭始旋,反来侵轶,自后连兵二十余年,仅得和好,蒸民乐业,南北相通。今国家比之曩日,虽曰富强,然勋臣、宿将往往物故。且宋人无罪,陛下不宜弃先帝盟约。"③这里萧孝穆试图以本朝的历史教训来说服辽兴宗放弃南伐。也是在重熙年间,萧韩家奴在回答皇帝质问盗贼之害何可以止时提到:"臣闻唐太宗问群臣治盗之方,皆曰:'严刑峻法。'太宗笑曰:'寇盗所以滋者,由赋敛无度,民不聊生。今朕内省嗜欲,外罢游幸,使海内安静,则寇盗自止。'"萧韩家奴以唐太宗与群臣关于治盗的探讨为例讲了一个道理:"由此观之,寇盗多寡,皆由衣食丰俭,徭役重轻耳。"④辽道宗皇后萧观音曾上疏劝谏皇帝游猎,其中有言:"妾闻穆王远驾,周德用衰;太康佚豫,夏社几危。此游佃之往戒,帝王之龟鉴也。"⑤辽天祚帝时,耶律石柳看到惩治耶律乙辛逆党不力,上谏书提到:"传曰,圣人之德,无加于孝。昔唐德宗因乱失母,思慕悲伤,孝道益著。周公

---

① 脱脱等:《辽史》卷 80《马得臣传》,中华书局,1974 年,第 1279 - 1280 页。
② 脱脱等:《辽史》卷 98《刘伸传》,中华书局,1974 年,第 1416 页。
③ 脱脱等:《辽史》卷 87《萧孝穆传》,中华书局,1974 年,第 1332 页。
④ 脱脱等:《辽史》卷 103《文学传上·萧韩家奴传》,中华书局,1974 年,第 1448 页。
⑤ 王鼎:《焚椒录》,丛书集成初编,中华书局,1985 年,第 2 页。

诛飞廉、恶来,天下大悦。今逆党未除,大冤不报,上无以慰顺考之灵,下无以释天下之愤。"①耶律石柳也在用历史上帝王行事来劝谏天祚帝从家国双方面考虑都要严惩逆党,令人遗憾的是天祚帝并没有接受耶律石柳的劝告。

辽朝人借鉴前代的制度建立适合当代的制度和规范,也是其以史为鉴的主要表现。比如,《耶律羽之墓志》记载:天显四年(929),"人皇王乃下诏曰:'朕以孝理天下,虑远晨昏,欲效盘庚,卿宜进表。'公即陈:'辽地形便,可建邦家。'于是允协帝心,爰兴基构。公夙夜勤恪,退食在公。民既乐于子来,国亦期年成矣。"②这里提到东丹国迁都是人皇王耶律倍的意愿,是他想"以孝理天下,虑远晨昏"所以要效法盘庚迁都。但《辽史·耶律羽之传》却记载耶律羽之出于防范渤海遗民为患而向辽太宗上表提出迁其民至梁水之地。《辽史·太宗本纪》则记载:"(天显三年十二月)时人皇王在皇都,诏遣耶律羽之迁东丹民以实东平。其民或亡入新罗、女直,因诏困乏不能迁者,许上国富民给赡而隶属之。升东平郡为南京。"③《辽史·宗室传·义宗倍传》记载以东平为南京,并"徙倍居之,尽迁其民"是太宗所为④。也就是说,《辽史》的相关记载与《耶律羽之墓志》的记载有出入,盖之庸先生倾向于认为是撰志人因避讳而用曲笔⑤。其实,耶律倍也可能嫌渤海上京偏远,毕竟他长期生活在辽上京附近草原和医巫闾地区。但不管是耶律羽之的提议,还是辽太宗主导的,还是耶律倍倡议的,辽代迁渤海民的举动都包含有借鉴以往朝代的制度、经验的成分。重熙年间,耶律庶成与枢密副使萧德修订法律,他"参酌古今,刊正讹谬"⑥。重熙十三年(1044),萧韩家奴上书请求参照唐高祖创立先庙以尊四世为帝的唐朝典制,追崇契丹四祖为皇帝,辽兴宗看后接纳他的建议,"始行追册玄、德二祖之礼"⑦。重熙十五年(1046),萧韩家奴遵从辽兴宗的诏令,与耶律庶成"酌古准今,制为礼典"⑧。

①　脱脱等:《辽史》卷99《耶律石柳传》,中华书局,1974年,第1424页。

②　向南、张国庆、李宇峰辑注:《辽代石刻文续编·耶律羽之墓志》,辽宁人民出版社,2010年,第4页。

③　脱脱等:《辽史》卷3《太宗本纪上》,中华书局,1974年,第29-30页。

④　脱脱等:《辽史》卷72《宗室传·义宗倍传》,中华书局,1974年,第1210页。

⑤　盖之庸编著:《内蒙古辽代石刻文研究》,内蒙古大学出版社,2002年,第12页。

⑥　脱脱等:《辽史》卷89《耶律庶成传》,中华书局,1974年,第1349页。

⑦　脱脱等:《辽史》卷103《文学传上·萧韩家奴传》,中华书局,1974年,第1449页。

⑧　脱脱等:《辽史》卷103《文学传上·萧韩家奴传》,中华书局,1974年,第1450页。

四、追溯姓氏的本源及家族先达

王善军认为中国历史上各民族政权的早期无不存在着“诸大臣皆世官”的现象。他也指出：“在辽王朝的统治结构中，世家大族具有极为重要的地位，是统治阶级中的核心阶层。世家大族不但在政治上扮演了主要角色，而且在经济上是社会财富的主要占有者，在文化及其他社会生活方面，也具有较大的社会能量和社会影响。”[①]正是由于各族世家大族在辽代社会中占有举足轻重的地位，辽代的谱牒也较为兴盛，现已发现的辽代石刻资料中就有一些墓志提到家牒，而且不只是汉族大族人物墓志中提及家牒，契丹大族人物墓志也有提及，比如《耶律元妻晋国夫人萧氏墓志》[②]、《秦晋国妃墓志》[③]。与辽人重视谱牒相关联，辽人墓志中多见有关姓氏的追本溯源，这也可以视为辽人对姓氏文化的认同。有些姓氏追溯到先秦时期，比如，《许从赟暨妻康氏墓志》提到：“其先炎帝之胤，太岳佐尧而有功，文叔事周而封许，因以命氏焉。”[④]《王仲福墓志》有言：“其先出自姬姓，周灵王子晋以正谏被黜，时人号为王家子孙，因命氏焉。后升仙于缑岭，今琅琊、太原皆其胤也。”[⑤]《韩匡嗣墓志》对于韩姓之源是这样讲的：“周武王封母弟叔虞于唐，叔虞之八叶孙曰晋穆侯，穆侯之孙曰万，万有灭翼之功，赐韩原之地。厥初因而命氏，其后继以兴宗，献子之恩德在人，淮阴之功名盖代。世济其美，史不绝书。”[⑥]

值得注意的是，不仅辽代汉人墓志中多记姓氏来源，契丹人的姓氏也有溯其源于先秦者。《萧阐墓志》记述有：“公讳阐，字蒲打里，姓萧氏，兰陵人也。其先本宋支子，食菜（采）于萧，因以为氏。尔后子孙蕃衍，不一其族。周王建社，独开乐叔之封；高祖论功，复善酂侯之略。迨乎汉侍中彪，始居兰陵，则为兰陵人也。枝分叶布，源

① 王善军：《世家大族与辽代社会》，人民出版社，2008 年，第 1 - 2 页。

② 向南：《辽代石刻文编 · 耶律元妻晋国夫人萧氏墓志》，河北教育出版社，1995 年，第 211 页。

③ 向南：《辽代石刻文编 · 秦晋国妃墓志》，河北教育出版社，1995 年，第 340 页。

④ 向南、张国庆、李宇峰辑注：《辽代石刻文续编 · 许从赟暨妻康氏墓志》，辽宁人民出版社，2010 年，第 19 页

⑤ 向南、张国庆、李宇峰辑注：《辽代石刻文续编 · 王仲福墓志》，辽宁人民出版社，2010 年，第 8 页。

⑥ 向南、张国庆、李宇峰辑注：《辽代石刻文续编 · 韩匡嗣墓志》，辽宁人民出版社，2010 年，第 23 页。

深派长。简策具详,志文可略。会我太祖圣元皇帝之王天下也,立其国舅之族,封以
萧氏之姓。"①这里先叙述了源远流长的萧姓及其郡望为兰陵的缘起,讲明辽太祖建
国后立国舅之族而封以萧姓,称萧阊为兰陵人,将古代萧姓与辽代萧姓联系起来。
关于契丹人萧姓的由来,史书的记载有分歧,主要有两种说法。一种说法是萧姓始
于辽太宗时期的国舅萧翰。比如,《新五代史·四夷附录·契丹》记载:"翰,契丹之
大族,其号阿钵,翰之妹亦嫁德光,而阿钵本无姓氏,契丹呼翰为国舅,及将以为节度
使,李嵩为制姓名曰萧翰,于是始姓萧。"②《资治通鉴》卷286与《契丹国志》卷17《萧
翰传》及《新五代史》记载大体相同,都认为契丹人萧姓始于萧翰,只是没提及是李嵩
为萧翰制姓名。《辽史·外戚表》序采信这种说法并交代了小汉改姓名的原因:"大
同元年,太宗自汴将还,留外戚小汉为汴州节度使,赐姓名曰萧翰,以从中国之俗,
由是拔里、乙室已、述律三族皆为萧姓。"③另一种说法认为契丹人萧姓始于辽太祖
时,主要原因是以汉之国舅之族比之汉的萧何。比如,宋人庞元英《文昌杂录》记
载:"余尝见枢密都承旨张诚一说:昔年使北虏,因问耶律萧姓所起。彼人云:昔天
皇王问大臣云:'自古帝王英武为谁邪?'其大臣对曰:'莫如汉高祖。'又问:'将相
勋臣孰为优?'对以萧何。天皇王遂姓耶律氏,译云刘也。其后亦赐姓萧氏。"④这
里的天皇王是宋人对辽太祖尊号"大圣大明天皇帝"的简称。《辽史·后妃传》与
《文昌杂录》说法大体相同,而且提到耶律俨、陈大任《辽史·后妃传》所记大同小
异⑤。这种说法认为萧姓是辽太祖时君臣仰慕汉代开国君臣的结果。现代学者关
于契丹萧姓的由来也有不同的看法,蔡美彪先生认为:"萧姓的来源自然不会是萧
何或小汉,它其实只是审密一词的新译。辽朝亡后,金元史籍所见契丹萧氏后人,
多译写为'石抹'。石抹为审密之异译,自无疑问。由此可见,孙—审密—萧—石
抹只是不同历史时期采取的不同汉译,契丹语中仍是一词,并无改变。由此也可
见,辽太祖建国后,其实只是以耶律取代遥辇,作为这一集团共同的姓氏,与其通
婚的审密集团则仍沿旧称,并未改动,这自然是简便而易行。"⑥都兴智认为:"辽太

①　向南、张国庆、李宇峰辑注:《辽代石刻文续编·萧阊墓志》,辽宁人民出版社,2010年,第
135页。

②　欧阳修:《新五代史》卷72《四夷附录》,中华书局,1974年,第898页。

③　脱脱等:《辽史》卷67《外戚表》,中华书局,1974年,第1027页。

④　庞文英:《文昌杂录》,丛书集成初编,中华书局,1985年,第55页。

⑤　脱脱等:《辽史》卷71《后妃传》,中华书局,1974年,第1198页。

⑥　蔡美彪:《试说辽耶律氏萧氏之由来》,《历史研究》1993年第5期。

祖建国,始以其妻兄萧敌鲁任北府宰相,终辽之世,后族几乎全部垄断北府宰相预选权,后族即宰相之族,与'比萧相国'的说法相符。"①史风春认为:"太祖时因述律后的先人来自中原隋萧后而赐后族姓萧,后族萧姓自太祖始。太宗时又把前夫之族的萧翰赐为姓萧,由于萧翰的特殊地位,萧姓被更多的人所知晓并逐渐成为整个后族共同的姓氏,太宗时后族始有萧姓的说法是对材料的误解。……实际上是太祖时赐述律氏为萧,太宗时又把二审密也赐为萧姓,由此三族皆为萧。"②可见,关于契丹辽朝萧姓的来源至今还没有达成共识。辽、宋、元人的记述主要反映的是萧姓起源于何时,并把其姓氏的出现归结为辽朝"从中国之俗"或敬慕汉相萧何而赐国舅之族萧姓,现代学者更是从历史的角度多方审视了萧姓的来源。从辽代契丹人保持契丹名又有汉姓名的情况看,在契丹人中推行在中原通行的姓氏是辽朝最高统治者出于求同目的而进行的制度建设之一,它符合辽朝多民族国家发展的要求,是辽朝统治者重视各民族历史文化传统的反映。

在辽人墓志中,除了多言及姓氏之源外,也好提及其家族先达。例如《张俭墓志》有言:"自良为汉丞相,华为晋司空,贤杰间出,锡羡昌大。"③这里关于张姓先达撰者杨佶首推的是汉代的张良,其次是晋代的张华。《董匡信及妻王氏墓志》言董姓先达曰:"自狐称良史,贤登辅相,仲舒为大儒,才杰间出,代不乏人。"④从春秋时的董狐说起,又及汉代的董贤和董仲舒。《王敦裕墓志》提到:"其先太原祁郡人也。原其族系乃唐太宗朝□陈十□,在官享大貌王珪之后耶。"⑤这是追溯其族史至唐太宗时,并指出王敦裕为唐太宗时近臣王珪之后。《耶律羽之墓志》言其宗族历史称:"其先宗分佶首,派出石槐,历汉、魏、隋、唐已来,世为君长。"⑥这里提到的耶律羽之家族的先达有奇首可汗,并指出远祖为檀石槐。诸如此类在史传和墓志中追溯其姓氏历史名人的做法意在彰显其家世的显赫或历史的悠久,往往是没有

① 都兴智:《辽金史研究》,人民出版社,2004 年,第 237 页。

② 史风春:《再论辽朝后族萧姓之由来》,刘宁主编《辽金史论集》第十三辑,中国社会科学出版社,2013 年,第 77 页。

③ 向南:《辽代石刻文编·张俭墓志》,河北教育出版社,1995 年,第 266 页。

④ 向南:《辽代石刻文编·董匡信及妻王氏墓志》,河北教育出版社,1995 年,第 337 页。

⑤ 向南、张国庆、李宇峰辑注:《辽代石刻文续编·王敦裕墓志》,辽宁人民出版社,2010 年,第 361 页。

⑥ 向南、张国庆、李宇峰辑注:《辽代石刻文续编·耶律羽之墓志》,辽宁人民出版社,2010 年,第 3 页。

根据的附会,与历史事实不相干,但它也从一个侧面反映出辽朝各族人的历史文化认同心理,是辽人重视古今关联的具体表现之一。

第二节　辽朝人的民族思想

一、民族分别意识

辽朝是多民族政权,其境内居住有众多民族,包括契丹、汉、奚、渤海、室韦、女真、高丽、回鹘、突厥、吐浑、党项、乌古、阻卜、兀惹等。由于各民族生产活动、语言文化和生活习俗的差异,辽朝人普遍具有民族分别的意识,辽朝不同时期推行的政策法规较为集中地反映了当时民族分别意识的影响。史书及辽朝人的文字资料也多少透露出当时不同身份、不同民族人们的民族思想。

刘浦江认为:"契丹族作为辽朝的统治民族,享有最优先的政治权利。"[1]的确如此,辽朝的契丹族虽在人数上不占绝对的优势,但其贵族在国事的决策方面却居于主导地位。因此,辽朝的契丹贵族尤其具有民族优越感。《辽史·百官志》"大惕隐司"记载:"兴宗重熙二十一年,耶律义先拜惕隐,戒族人曰:'国家三父房最为贵族,凡天下风化之所自出,不孝不义,虽小不可为。'其妻晋国长公主之女,每见中表,必具礼服。义先以身率先,国族化之。"[2]这里,耶律义先对皇族三父房人的高标准要求表明一些契丹皇族有责任意识,有身居高位的担当和自律,所以能够以身作则、率先垂范。奚与契丹,"同源于鲜卑,同为宇文氏别部,同为慕容皝所破,同窜于松漠之间,异种同类,语言相通,可谓难兄难弟矣"[3]。唐代各有居地,辽初耶律阿保机亲率军队"并奚王之众,抚其帐部,拟于国族"[4]。这是辽太祖耶律阿保机统治多民族国家政治智慧的一种体现,对于他领兵灭亡的渤海国,也采取

---

① 刘浦江:《试论辽朝的民族政策》,见刘浦江著《辽金史论》,辽宁大学出版社,1999 年,第 42 – 43 页。

② 脱脱等:《辽史》卷 45《百官志一》,中华书局,1974 年,第 694 页。

③ 李符桐:《奚部族及其与辽朝关系之探讨》(三),见杨家骆主编《辽史汇编》(第九册),鼎文书局,1973 年,第 652 页。

④ 脱脱等:《辽史》卷 45《百官志一》,中华书局,1974 年,第 711 页。

相类似的管理方法,所谓"灭渤海国,存其族帐,亚于遥辇"①,阿保机尽可能给予渤海王族仅次于遥辇氏的地位。其实,在他的心中,契丹、奚、渤海是不同的,他之所以笼络被征服的民族上层,是努力寻求政治上的一体,思想意识上还是基于民族有别的。也正是基于民族区分及历史的原因,辽朝统治集团对于奚、渤海等族也采取了防范的措施,比如辽朝强制迁徙奚、渤海等族。《辽史·太宗本纪》记载:"(天显十二年正月)癸亥,遣国舅安端发奚西部民各还本土"②,奚民本土当指奚人长期居住的奚地,位于老哈河流域一带。这些迁徙回本土的奚西部民是在唐末五代之交南迁妫州(治今河北省怀来县官厅水库北岸)境内的奚人,他们的迁徙显然是因为西奚远离契丹不便控制③。耶律羽之在辽太宗即位之初所上迁徙渤海民的表文中更明确地表达了他对被征服的居于边远地区的渤海民的顾虑,其文为:

> 我大圣天皇始有东土,择贤辅以抚斯民,不以臣愚而任之。国家利害,敢不以闻。渤海昔畏南朝,阻险自卫,居忽汗城。今去上京辽邈,既不为用,又不罢戍,果何为哉? 先帝因彼离心,乘衅而动,故不战而克。天授人与,彼一时也。遗种浸以蕃息,今居远境,恐为后患。梁水之地乃其故乡,地衍土沃,有木铁盐鱼之利。乘其微弱,徙还其民,万世长策也。彼得故乡,又获木铁盐鱼之饶,必安居乐业。然后选徒以翼吾左,突厥、党项、室韦夹辅吾右,可以坐制南邦,混一天下,成圣祖未集之功,贻后世无疆之福。④

耶律羽之的这个上表得到辽太宗的称许,就在他上表的当年,辽太宗"诏徙东丹国民于梁水"。可见,正是出于民族差别的历史和实际,辽朝推行了民族迁徙政策。对于人口数量较多的汉族,辽朝统治者的态度又不同于奚、渤海等族,有学者研究认为:"契丹历代君主在争取汉人为其所用上,采取了不同于奚和渤海,但更为重视其作用的政策。这主要体现在对汉族官僚地主中的有识之士,委以重任,让其参与辽朝大政方针的制定与推行。"⑤除了契丹、奚、渤海、汉人之外,辽朝境内

---

① 脱脱等:《辽史》卷45《百官志一》,中华书局,1974年,第711页。

② 脱脱等:《辽史》卷3《太宗本纪上》,中华书局,1974年,第40页。

③ 吴松弟:《中国移民史·辽宋金元时期》(第四卷),福建人民出版社,1997年,第82页。

④ 脱脱等:《辽史》卷75《耶律觌烈传附弟羽之传》,中华书局,1974年,第1238页。

⑤ 杨保隆:《简论辽朝的民族政策》,《北方文物》1991年第3期。

及缘边地区还有众多的原始部族,如女真、兀惹、乌古、敌烈、室韦、阻卜等,辽朝为了有效地统治这些边区民族,选取了适合民族地区统治特点的管理制度,如乌古(于厥)部地区的属部制度、敌烈地区的属部制度、熟女真地区的属国制度、生女真地区的属部制度、五国部地区的属部制度、阻卜地区的属国、属部制度、室韦国王府等,辽朝对这些民族地区的因俗而治不仅表现为力图建立稳定的政治统治秩序,而且侧重于寻求经济上的现实利益和军队兵力的补充①。辽朝在制度的层面上最明确体现民族分别意识就是实行南北面官制,史载:"至于太宗,兼制中国,官分南、北,以国制治契丹,以汉制待汉人。国制简朴,汉制则沿名之风固存也。辽国官制,分北、南院。北面治宫帐、部族、属国之政,南面治汉人州县、租赋、军马之事。因俗而治,得其宜矣。"②这段记述证实正是基于民族传统和习俗的差异辽朝才有分而治之的国制、汉制。

应该说,辽朝的各族人都具有民族分别意识,因为客观上辽朝境内有着不同的族群,他们的生产方式和生活习俗及文化传统方方面面都有所不同,尽管他们在长期的杂居共处中相互之间有了更多的了解,但民族意识并没有消弭。辽道宗朝耶律重元叛乱时引诱奚人猎夫参与,奚贵族在朝为北院宣徽使的萧韩家奴独自出门劝诫奚人猎夫说:"汝曹去顺效逆,徒取族灭。何若悔过,转祸为福!"③可见,萧韩家奴是站在奚族的立场上考虑奚族的存亡,以此奉劝奚人猎夫不要追随逆党。《辽史·张琳传》对民族差异也有反映:"初,天祚之败于女直也,意谓萧奉先不知兵,乃召琳付以东征事。琳以旧制,凡军国大计,汉人不与,辞之。"④这条记载表明,辽朝的一些官职在选任上是讲究民族区分的,汉族官吏张琳的心中契丹、汉人有别也是很明确的。而且,民族分别意识在辽朝各族中应该是普遍存在的。《金史·卢彦伦传》记载:"辽兵败于出河店,还至临潢,散居民家,令给养之,而军士纵恣侵扰,无所不至,百姓殊厌苦之。留守耶律赤狗儿不能禁戢,乃召军民谕之曰:'契丹、汉人久为一家,今边方有警,国用不足,致使兵士久溷父老间,有侵扰亦当相容。'众皆无敢言者,彦伦独曰:'兵兴以来,民间财力困竭,今复使之养士,以国家多故,义固不敢辞。而此辈恣为强暴,人不能堪。且番、汉之民皆赤子也,夺此与彼,谓何。'"⑤从这条史料看,辽末的兵

---

①　程妮娜:《强力与绥怀:宋辽民族政策比较研究》,《文史哲》2006 年第 3 期。

②　脱脱等:《辽史》卷 45《百官志一》,中华书局,1974 年,第 685 页。

③　脱脱等:《辽史》卷 96《萧韩家奴传》,中华书局,1974 年,第 1399 页。

④　脱脱等:《辽史》卷 102《张琳传》,中华书局,1974 年,第 1441 页。

⑤　脱脱等:《金史》卷 75《卢彦伦传》,中华书局,1975 年,第 1715 – 1716 页。

士战场上没有战斗力,欺压百姓却无所不能,致使兵民关系紧张。而从耶律赤狗儿调解的话语和卢彦伦反驳的言辞可知,当时的兵民矛盾也伴随着民族矛盾,当然,多民族一家、番汉皆为赤子的各民族平等思想也是存在的。所以,无论是耶律赤狗儿求得汉民体谅所说的"契丹、汉人久为一家",还是卢彦伦替汉民抱不平所说的"番、汉皆赤子"都是从政治上多民族一家出发来言相容与平等的问题。

二、多民族关系认识上的同源、一家

《辽史·世表》提到:"耶律俨称辽为轩辕后"[1],《永清公主墓志》也言及:"盖国家系轩辕黄帝之后"[2],这些记述透露出辽代各族在民族源流上的趋同倾向。当然,他们的多民族同源观念也是受到前代史家的影响。《史记·匈奴列传》称:"匈奴,其先祖夏后氏之苗裔也,曰淳维。"[3]《魏书·序纪》讲鲜卑与黄帝之后封于北土者有渊源[4]。《晋书·载记》提及鲜卑慕容氏"其先有熊氏之苗裔"[5]。王师儒奉敕为萧袍鲁所撰墓志有言:"国家以殷子古墟,鲜卑别部,风俗桀骜,镇抚实难,式籍沉谋,俾遏乱略,命公为汤河女直详稳。公绥之以德,董之以威,众畏而怀,罔有不率。"[6]可见,其言论也涉及地缘文化、民族源流。辽朝人多民族同源的思想与他们的文化认同紧密相关,统和十三年(995)辽圣宗下诏:"归化等处守臣修山泽祠宇、先哲庙貌,以时祀之。"遵照诏书,"诸州孔子庙及奉圣(州)黄帝祠、儒州舜祠、大翩山王次仲祠俱为一新"[7]。辽圣宗也曾在诏谕中言及:"朕闻上从轩皇,下逮周发,皆资师保,用福邦家,斯所以累德象贤,亦不敢倚一慢二者也。"[8]这些记载表明至晚在辽圣宗统治时期,黄帝、尧舜、周武王等上古先王已被辽朝人尊奉或祭祀。

辽朝统治者出于缓和民族矛盾的目的,也出于稳定多民族国家的统治意愿,提倡民族间的同源、一家、一国关系。《辽史·耶律曷鲁传》记述辽太祖为迭剌部

① 脱脱等:《辽史》卷63《世表》,中华书局,1974年,第949页。

② 向南、张国庆、李宇峰辑注:《辽代石刻文续编·永清公主墓志》,辽宁人民出版社,2010年,第226页。

③ 司马迁:《史记》卷110《匈奴列传》,中华书局,1959年,第2879页。

④ 魏收:《魏书》卷1《序纪》,中华书局,1974年,第1页。

⑤ 房玄龄等:《晋书》卷108《慕容廆载记》,中华书局,1974年,第2803页。

⑥ 向南:《辽代石刻文编·萧袍鲁墓志》,河北教育出版社,1995年,第424页。

⑦ 厉鹗:《辽史拾遗》卷7,丛书集成初编,中华书局,1985年,第125页。

⑧ 陈述辑校:《全辽文》卷1《赐圆空国师诏》,中华书局,1982年,第15页。

夷离堇时讨奚部，军事进攻难以攻下的时候，就派耶律曷鲁前往劝谕，曷鲁言辞中就提到"契丹与奚言语相通，实一国也"①。耶律曷鲁所讲虽是外交辞令，意欲让奚站在契丹一方共同对付汉人，但是契丹与奚言语相通是事实。所以，他晓以利害的言辞说动了奚长术里，奚部降附，确实实现了"一国"。《辽史·萧挞凛传》记述萧挞凛在辽圣宗统和十五年（997）率领轻骑追逐敌烈部叛者，又讨伐阻卜之未服者，使"诸蕃岁贡方物充于国，自后往来若一家焉"②。这里提到的"一家"就有不同民族为一家的含义。史书也记载当萧挞凛为西北路招讨使时，就西北边守卫问题问计耶律昭，耶律昭的答书中有这样一句"窃闻治得其要，则仇敌为一家；失其术，则部曲为行路"③。耶律昭阐释这句话讲到了解决西北边民戍卒困乏的问题及练兵抗击难制者以威服诸部，同时也要恩结士心等利害得失，其中所言的"一家"也有不同民族为"一家"的意思。《辽史·萧孝忠传》也提到辽兴宗时东京留守萧孝忠为了解除东京击鞠之禁，向皇帝上言有"天子以四海为家，何分彼此"之句④，主要是希望放松对东京渤海遗民击鞠的限制，其中包含有各民族一视同仁的思想。可以肯定，"一家"思想对于促进民族和睦、减少民族对立具有积极的意义。

三、尊重多民族多元文化

与政治上所倡导的多民族"一家"思想相联系，辽朝人对于各民族文化普遍持有包容和尊重的态度，无论是契丹人还是汉人、渤海人、奚人，他们在保持自己民族文化传统的同时都不同程度地接纳了其他民族文化，这使辽朝人具有了兼容并蓄的开明的文化观。

契丹人传统制度、习俗在其建国后仍有较大一部分得以坚守。比如，斡鲁朵制、四时捺钵制、部族制都是具有契丹民族特点的制度。其他民族的制度、习俗等也多被尊重，大部分继续保持。辽初，辽太祖"诏大臣定治契丹及诸夷之法。汉人则断以律令"⑤，辽代礼仪也有"国俗"和"汉仪"的区分。元代史官修史时发现"今

---

① 脱脱等：《辽史》卷73《耶律曷鲁传》，中华书局，1974年，第1220页。
② 脱脱等：《辽史》卷85《萧挞凛传》，中华书局，1974年，第1314页。
③ 脱脱等：《辽史》卷104《文学传下·耶律昭传》，中华书局，1974年，第1454页。
④ 脱脱等：《辽史》卷81《萧孝忠传》，中华书局，1974年，第1285页。
⑤ 脱脱等：《辽史》卷61《刑法志上》，中华书局，1974年，第937页。

国史院有金陈大任《辽礼仪志》，皆其国俗之故，又有《辽朝杂礼》，汉仪为多"①。其时的文献也反映了他们对以往历史上一些制度的遵从。比如，《高丽史》所记成宗丙申十五年（即辽统和十四年，996）辽遣使册封高丽王的册文中就提到："汉重呼韩，位列侯王之上；周尊熊绎，世开土宇之封。朕法古为君，推恩及远，惟东溟之外域，顺北极以来王，岁月屡迁，梯航靡倦，宜举真封之礼，用旌内附之诚。爰采彝章，敬敷宠数。"②辽朝贯彻"因俗而治"的为政理念而推行的这些分而治之的措施，是基于对多民族国家实际的认知，是一种务实的做法。需要说明的是，辽朝因俗而治的为政理念和相应的管理制度、措施也是有所承袭的，宋德金先生认为，《礼记·王制》所讲的"修其教不易其俗，齐其政不易其宜"的统治术及由此发展而来的"因俗而治"方针，在我国历史上被许多朝代的统治者作为处理华夏—汉族同少数民族之间、"中国"同边疆地区之间关系的准则③。只是辽朝在吸收前代处理民族关系的经验后形成了符合其国情的较为系统的管理政策和措施，缓和了民族矛盾，也产生了深远的影响。当然，辽朝自辽太宗朝开始大力倡导"因俗而治"，也是总结当朝治理新占领汉地的经验教训的结果。《辽史·张砺传》记载："会同初，升翰林承旨，兼吏部尚书，从太宗伐晋。入汴，诸将萧翰、耶律郎五、麻答辈肆杀掠，砺奏曰：'今大辽始得中国，宜以中国人治之，不可专用国人及左右近习。苟政令乖失，则人心不服，虽得之亦将失之。'上不听。……顷之，车驾北还，至栾城崩。时砺在恒州，萧翰与麻答以兵围其第。砺方卧病，出见之。翰数之曰：'汝何故于先帝言国人不可为节度使？我以国舅之亲，有征伐功，先帝留我守汴，以为宣武军节度使，汝独以为不可。又潜我与解里好掠人财物子女。今必杀汝！'趣令锁之。砺抗声曰：'此国家大体，安危所系，吾实言之。欲杀即杀，奚以锁为？'麻答以砺大臣，不可专杀，乃救止之。是夕，砺恚愤卒。"④联系辽太宗在离开汴州北还时对侍臣所说的"朕此行有三失：纵兵掠刍粟，一也；括民私财，二也；不遽遣诸节度还镇，三也"⑤，可以明确的是，辽朝决策者对因俗而治的认识与一些识大体顾大局的汉臣的努力争取有关，辽初统治汉地的惨痛教训也使辽朝最高统治者清醒地认识

① 脱脱等：《辽史》卷49《礼志一》，中华书局，1974年，第834页。

② 郑麟趾等：《高丽史》，孙晓等标点校勘本，西南师范大学出版社、人民出版社，2014年，第78－79页。

③ 宋德金：《辽朝的"因俗而治"与中国社会》，《传统文化与现代化》1998年第2期。

④ 脱脱等：《辽史》卷76《张砺传》，中华书局，1974年，第1252页。

⑤ 脱脱等：《辽史》卷4《太宗本纪下》，中华书局，1974年，第60页。

到因俗而治的必要性。

值得重视的是,辽朝基于尊重多民族多元文化的为政理念分而治之的方式,却达到增进各民族了解,减少民族歧视,促进多民族文化自然交融,有利于各民族共同进步的"合"的效果。儒家文化以其广泛的影响依然成为辽朝各族共同尊崇的核心文化。此外,辽人对宗教文化的态度也显示出其文化观的包容性。契丹人原本就是有信仰的民族。他们崇拜天地、日月及山川等自然物,即信奉原始萨满教①。建立多民族的辽政权后,受其他民族尤其是汉族的影响,佛教和道教成为其境内各族较为普遍认可的宗教信仰。日本学者野上俊静认为:"辽朝将崇佛政策作为一代的国是实行了200多年。特别是中期以后的圣宗、兴宗、道宗3位皇帝的崇佛,表现出在中国诸王朝中罕见的强烈程度。佛教文化事业通过这些崇佛皇帝得以连续实行,甚至说辽代的精神文化只限于佛教也不过分。辽代佛教兴隆,大半是由于契丹朝廷贵族的保护政策和尊崇实现的。在这种政策和态度的影响下,众多学僧辈出,佛教风靡于当时的精神界,佛教强烈地映射到社会的各方面,宛然形成一个佛教王国。还应看到,这种事实毕竟是由构成辽国两大要素的契丹人和汉人彼此合作的结果。换句话说,辽代契丹人和汉人通过佛教这条纽带而连接在一起。应当说,辽朝的崇佛政策在对汉人统治方面是取得了意外成果的。"②张国庆先生充分利用石刻资料研究辽代佛教及其与辽代社会之间的关联,他也指出:"辽朝佛教盛行。有辽一代二百余年间,特别是在辽代的中后期,上起帝王后妃,下讫平民百姓,诸阶层中崇佛信教者颇众,遂致佛教文化在契丹辽国的大地上呈现迅速传播及普及之势。"③的确,辽代各族官民对佛教文化的认同达到高度的一致,也使辽朝在传承和发扬佛教文化方面做出了突出的贡献。具体表现为:佛寺在辽朝各地陆续建立。史载:"(唐天复二年)九月,城龙化州于潢河之南,始建开教寺。"④辽太祖六年(912),"是岁,以兵讨两治,以所获僧崇文等五十人归西楼,建天雄寺以居之,以示天助雄武"⑤。《蓟州神山云泉寺记》有言:"噫!佛法西来,天下响应。国王大臣与其力,富商强贾奉其赀,智者献其谋,巧者输其艺,互相为

①　张国庆、朴忠国:《辽代契丹习俗史》,辽宁民族出版社,1997年,第251-281页。

②　野上俊静著,杨曾文译:《辽朝与佛教》,见怡学主编、北京佛教文化研究所编《辽金佛教研究》,金城出版社,2012年,第22页。

③　张国庆:《佛教文化与辽代社会》,辽宁民族出版社,2011年,第1页。

④　脱脱等:《辽史》卷1《太祖本纪上》,中华书局,1974年,第2页。

⑤　脱脱等:《辽史》卷1《太祖本纪上》,中华书局,1974年,第6页。

劝,惟恐居其后也。故今海内塔庙相望,如睹史之化成,似耆阇之涌出。第当形胜,举尽庄严。"①刻于辽道宗大安五年(1079)的《安次县祠堡里寺院内起建堂殿并内藏埤记》提到:"我国家尊居万乘,道贯百王,恒崇三宝之心,大究二宗之理,处处而敕兴佛事,方方而宣创精蓝,盖圆于来果也。"②佛教文化的影响所及相当广泛,辽朝人续刻大藏经实是自觉的文化传承意识驱动下的行为,《云居寺续祕藏石经塔记》③记录了他们成就。另外,为已故亲人造陀罗尼经幢也是佛教文化普及的表现之一,发现于北京良乡琉璃河的《白怀友为亡考妣造陀罗尼经幢记》就反映了这一情况,其记文言:"古者不封不树,后世易之以棺椁,踵其事者,墓而且坟,遂有高卑薄厚之度,贵贱之等级也。而后我教东流,法被幽显,则建幢树刹兴焉。其有孝子顺孙,信而乐福者,虽贫贱殚财募工市石,刻厥密言,表之于祖考之坟垄。冀其尘影之霑庇者,然后追悼之情塞矣。"④可见,佛教文化的传播对丧葬习俗产生了一定的影响。其实,辽朝的最高统治者具有兼收并蓄的文化观念,他们中的很多人也很重视道教,辽太祖耶律阿保机在建国之初就"诏建孔子庙、佛寺、道观"⑤,辽圣宗耶律隆绪"至于道释二教,皆洞其旨"⑥。

多元文化的交融还表现在辽朝推行的政策是既重视振兴儒学,又强调弘扬佛教,还努力保持民族习俗。《兴中府安德州创建灵岩寺碑》就提到:"我国家右文敷治,偃革济时。緜数路以取英翘,振儒风于当代。阐二宗而尚禅定,传佛灯于有生。"⑦《灵感寺释迦佛舍利塔碑铭》有言:"皇朝定天下以武,守天下以文。太平既久,而人心向善,故此教所以盛宏。凡民间建立佛寺,靡弗如意。"⑧在辽代往往会有这样的情况,即一个人既遵循儒家人伦规范又深受佛教的积德行善影响,并且

---

① 向南:《辽代石刻文编·蓟州神山云泉寺记》,河北教育出版社,1995年,第358页。

② 向南:《辽代石刻文编·安次县祠堡里寺院内起建堂殿并内藏埤记》,河北教育出版社,1995年,第418页。

③ 向南:《辽代石刻文编·云居寺续祕藏石经塔记》,河北教育出版社,1995年,第670－673页。

④ 向南:《辽代石刻文编·白怀友为亡考妣造陀罗尼经幢记》,河北教育出版社,1995年,第549页。

⑤ 脱脱等:《辽史》卷1《太祖本纪上》,中华书局,1974年,第13页。

⑥ 叶隆礼:《契丹国志》卷7,贾敬颜、林荣贵点校,上海古籍出版社,1985年,第72页。

⑦ 向南:《辽代石刻文编·兴中府安德州创建灵岩寺碑》,河北教育出版社,1995年,第592页。

⑧ 向南:《辽代石刻文编·灵感寺释迦佛舍利塔碑铭》,河北教育出版社,1995年,第662页。

德行高尚成为世人的典范。比如，耶律羽之"幼勤事业，长负才能。儒、释、庄、老之文，尽穷旨趣；书、算、射、御之艺，无不该通"①。耶律羽之在辽太宗会同四年（941）去世，可知他是辽初兼容习学多元文化的代表。辽圣宗的侄子（耶律隆庆之子）耶律宗教"乐慕儒宗，谛信佛果。戚里推其孝悌，部下仰其宽仁"②。辽兴宗第三子耶律弘世，"尝选名儒以伴学，更择端士以训德。通京氏之易传，善申公之诗义。若衡阳授经而一览便讽，如河南读书而十行俱下。其聪慧也，既如彼。而复蔚有气干，便习彀驭。引弦则贴梅命中，拔橥则应手能去。小曹彰之格猛兽，陋萧续之贯双麚。其勇艺也，又若此。至于通金仙之妙教，究玉偈之灵编，率素任贞，为善最乐。恒以劳谦接士，未或傲贵凌人。袁粲推豫章之弘雅，谢安叹会稽之清淡，况于王则不足尚也"③。耶律弘世学习了儒家的经典，又保有契丹人的勇艺，还通晓佛教，为人谦逊，乐于为善。辽朝人称之为君子者也有兼崇儒佛的，如《张世卿墓志》言及："其能慕道崇儒，敬佛睦族，悟是知非，徇义忘利，不畏豪强，不侮寡弱。天下之善道尽企而行，岂非一代君子乎？"④辽末有佛之徒洙公"生而被诗书礼乐之教，固充饫乎耳目矣。然性介絜，自丱倜然有绝俗高蹈之志。一日，嗜浮图所谓禅者之说，乃属其徒邂林谷以为瓶盂之游。日灼月渍，不数岁，尽得其术。乃卜居丰阳玄心寺，研探六艺子史之学。掇其微眇，随所意得，作为文辞，而缀辑之。积十数岁，不舍铅素，寝然声闻，流于京师。其党闻之，怂其委彼而适我，绳绳而来，扣诸门而诘之曰：'子其服吾徒之服，隶吾徒之业有日矣！然不能专气彻虑，泰然泊乎玄妙之阃，而反愤悱笃思乎儒学，一何累哉！矧吾之为道，其视天地万物蔑如也，又奚以其文为？'公妥然不顾，第以钻仰而为事也"。这个洙公可谓通达之人，他本儒生，研习佛法而入佛门，却又身为佛教徒而研探六艺子史，并卓有成就。他一心二用遭到其他僧人的质疑，但其朋友杨丘文却认为佛教徒有成就者也须得仁智相养之道，洙公的"旁魄四达"是达圣人之域的捷径。⑤ 在辽代，不仅有官员、高僧领悟儒佛思想精髓而谨遵其教化，甚至持家的女子也有达到这样境界的。如

---

①　向南、张国庆、李宇峰辑注：《辽代石刻文续编·耶律羽之墓志》，辽宁人民出版社，2010年，第3页。

②　向南：《辽代石刻文编·耶律宗政墓志》，河北教育出版社，1995年，第308页。

③　向南、张国庆、李宇峰辑注：《辽代石刻文续编·耶律弘世墓志》，辽宁人民出版社，2010年，第192页。

④　向南：《辽代石刻文编·张世卿墓志》，河北教育出版社，1995年，第655页。

⑤　向南：《辽代石刻文编·柳谿玄心寺洙公壁记》，河北教育出版社，1995年，第539－540页。

萧乌卢本娘子,其墓志载:

> 初,娘子为女时,事父母以孝闻。友兄姊,睦弟妹以悌闻。其淑性有如此也。为妇时,尊宗祖,奉翁姑。每及时祭,则终夜不寝。监庖视膳,殷勤亲馈。虽隆暑冱寒,面无怠色,其诚敬有如此也。为母时,常以正辞气诫诸子孙,正颜色训诸女妇。正其上则惟嗃嗃以尚严,治其下则罔嘻嘻而失节。服用中仪,组织有训,其慈教也。娘子正其家计二十年,以顺奉上,以惠逮下。每至月给食,时给衣。皆始自孤弱者,次及疏贱者。亲者悦来,疏者争向;内外六亲,佛为恩地。其仁爱有如此也。娘子自少时心游五教,口讽三乘,恒修戒定,惠深明终,顿圆专用。训诫去除鞭朴,纳下于少过,致家于大和。婢仆终岁不闻怨争,童孺成人罔识笞挞。淑德美行,无所不周。房帐之内熙熙然,谓太古时人也。此者,噫! 昔缇萦之徒,列女也;宗伯梁鸿之妻,哲妇也;文伯孟氏之亲,贤母也。今娘子女贞、妇德、母仪皆如此。三者共美,可谓冠古今矣。①

从上述这段叙述和议论看,萧乌卢本娘子接受了儒家和佛教的教育,在生活中自觉遵守儒家伦理道德行事,懂孝悌,有仁爱,同时佛教慈悲行善的理念也对她有一定的影响,使她成为一个"淑德美行,无所不周"的人,她做到了"致家于大和",其墓志铭有"敬奉五世,协和六亲。正家有范,敬贤若宾"的赞颂之词。

第三节　辽朝人的正统观

一、对夷夏观念的阐释

从《辽史》和辽人的诗、文(包括石刻文)看,辽人也讲究夷夏分别,他们的夷夏观念同样来自于儒家思想。但他们对华、夷的阐释与同时代的宋朝不同。北宋虽然在官方文书上对辽朝表达出足够的尊重,但在文人著述和君臣言论中还是视辽

---

① 向南、张国庆、李宇峰辑注:《辽代石刻文续编·萧乌卢本娘子墓志》,辽宁人民出版社,2010年,第205－206页。

朝为夷狄之邦的,对于契丹人自然也视为夷狄。《新五代史·四夷附录》明确指出:"夷狄,种号多矣。其大者,自以名通中国,其次小远者附见,又其次微不足录者,不可胜数。……五代之际,以名见中国者十七八,而契丹最盛。"①又如宋仁宗庆历三年(1043)二月乙卯,韩琦、范仲淹等就元昊纳和上言中提到:

> 自古四夷在荒服之外,圣帝明王恤其边患,柔而格之,不吝赐与,未有假天王之号者也。何则?与之金帛,可节俭而补也。鸿名大号,天下之神器,岂私假于人哉?惟石晋藉契丹援立之功,又中国逼小,才数十州,偷生一时,无卜世卜年之意,故僭号于彼,坏中国大法,而终不能厌其心,遽为吞噬,遂成亡国,一代君臣,为千古之罪人。②

文中他们很明确地把契丹视为四夷之一。与宋人不同,辽人言论中所称的"夷",多指辽朝周边的民族和部族。《辽史·萧敌烈传》记载:

> 统和二十八年,帝谓群臣曰:"高丽康肇弑其君诵,立诵族兄询而相之,大逆也。宜发兵问其罪。"群臣皆曰可。敌烈谏曰:"国家连年征讨,士卒抗敝。况陛下在谅阴,年谷不登,创痍未复。岛夷小国,城垒完固。胜不为武;万一失利,恐贻后悔。不如遣一介之使,往问其故。彼若伏罪则已;不然,俟服除岁丰,举兵未晚。"③

萧敌烈所说的"岛夷"无疑是指高丽。刘辉在辽道宗大安末年上书建言提到"西边诸番为患"④,其中的"西边诸番"当指西北少数民族和部族。《辽史·后妃传》记"天祚文妃萧氏"有言:"女直乱作,日见侵迫。帝畋游不恤,忠臣多被疏斥。妃作歌讽谏,其词曰:'勿嗟塞上兮暗红尘,勿伤多难兮畏夷人;不如塞奸邪之路兮,选取贤臣。直须卧薪尝胆兮,激壮士之捐身;可以朝清漠北兮,夕枕燕云。'"⑤天祚文妃萧瑟瑟的词中所言"夷人"当指女真。

① 欧阳修:《新五代史》卷72《四夷附录一》,中华书局,1974年,第885页。
② 李焘:《续资治通鉴长编》卷139"仁宗庆历三年",中华书局,2004年,第3349页。
③ 脱脱等:《辽史》卷88《萧敌烈传》,中华书局,1974年,第1339页。
④ 脱脱等:《辽史》卷104《文学传下·刘辉传》,中华书局,1974年,第1455页。
⑤ 脱脱等:《辽史》卷71《后妃传》,中华书局,1974年,第1206页。

值得重视的是,辽人通常情况下所指的"夷"是不包括契丹人的,尤其是辽朝后期。洪皓《松漠纪闻》记载了辽道宗朝有汉人讲《论语》讲到"夷狄之有君,疾读不敢讲",可是辽道宗却不避讳言夷狄,在他的心里契丹虽与汉族有别,但已不属于夷狄之列,他讲:"上世獯鬻、猃狁荡无礼法,故谓之夷。吾修文物彬彬,不异中华,何嫌之有?"①辽道宗关于华夷的区分已摒弃了血缘、地域的差异,更注重的是文化的差别。也是在辽道宗统治时期,针对宋朝欧阳修所编《新五代史》将契丹辽朝历史置于《四夷附录》,刘辉上书说:"宋欧阳修编《五代史》,附我朝于四夷,妄加贬訾。且宋人赖我朝宽大,许通和好,得尽兄弟之礼。今反令臣下妄意作史,恬不经意。臣请以赵氏初起事迹,详附国史。"②可见,刘辉的上言表明辽朝文臣对宋人把契丹辽朝置于四夷之列是十分愤慨的,认为这样对待辽朝是宋人不顾实际妄意作史。应该说,辽道宗君臣所讲的"华"、"夷"问题已不再是民族问题,而是政治正统和文化正统的问题了。长期以来辽朝是相当广大区域内最为强有力的政权,周邻部族和政权多向其称臣纳贡,外交上与宋分庭抗礼,文物典章逐渐完备。因此,到辽朝末期,君臣上下大多数都以正统自居了。

二、对辽朝国家地位的认识

(一)对辽朝各方面成就的肯定与赞扬

辽朝人明确论述正统观念的言论并不多,辽朝人探讨正统问题最典型的一个例子是辽兴宗重熙七年(1038),那年的科举考试出了一个"有传国宝者为正统赋"的题目,表明当时辽朝统治者对正统问题有了特别的关注。辽人对于辽朝统治的合法性主要通过赞美和讴歌本朝的成就来体现的。《耶律宗允墓志》有言:"我国家荷三神之顾谗,乘五运之灵长。锡羡之休,丕承于祖慈;蕃衍之庆,继生于宗杰。"③把辽朝的兴盛归功于天神护佑,宗室兴旺,人才辈出。刻于辽道宗咸雍八年(1072)的《创建静安寺碑铭》有"今太祖天皇帝,总百年之正统,开万世之宝系"④之句,意在赞美辽朝开国皇帝立国之功。张俭奉敕撰写的《圣宗皇帝哀册》讴歌了

---

① 洪皓:《松漠纪闻》,见李澍田主编《长白丛书》,吉林文史出版社,1986 年,第 22 页。

② 脱脱等:《辽史》卷 104《文学传下·刘辉传》,中华书局,1974 年,第 1455 – 1456 页。

③ 向南:《辽代石刻文编·耶律宗允墓志》,河北教育出版社,1995 年,第 319 页。

④ 向南:《辽代石刻文编·创建静安寺碑铭》,河北教育出版社,1995 年,第 360 页。

辽圣宗治国之功,有"洽前代无为而治,见时政不肃而成。四民殷阜,三教兴行。
开拓疆场,廓静寰瀛"①之语。撰写于辽道宗大康七年(1081)的《义丰县卧如院碑
记》提到:"伏维今皇帝璿衡御极,玉斗乘时。程文选入彀之英,恤孤颁省刑之诏。
礼乐交举,车书混同。行大圣之遗风,钟兴宗之正体。东韩西夏,贡土产而输诚;
南宋北辽,交星轺而继好。位符十号,名契千轮。销剑归农,率土有仓箱之咏;囊
弓弃武,边方无烽燧之虞。百代之间,一人而已。"②这是对辽道宗重视睦邻友好及
偃武兴文的肯定。王师儒奉敕撰写的《萧袍鲁墓志》称:"自遥辇建国以还,洎太祖开
国而下。文武奕代,将相盈门。积善之家,庆有余而弥劭;盛德之后,世虽百以犹昌。
辉映策书,此不烦纪。"③这是从辽代文武将相之家的昌盛来显扬辽朝国运的长久。
辽道宗朝文臣王鼎所撰的《法均大师遗行碑铭》则有"惟我巨辽,粤有高行,其来也编
甿受赐,庆法命之延龄;其去也举世无聊,懼佛灯之短焰"④之句,言语间流露出对辽
朝有高行之人的自豪感。沙门志延所撰的《景州陈宫山观鸡寺碑铭》也盛赞了辽朝
的文治武功和尊崇佛教的政策:"我巨辽启运,奄有中土。始武功以勘世乱,力拯乾
纲;中文德以葺王猷,□恢帝业。尚虑前缘未晓,宁分贵贱之殊;后报或迷,安息战伐
之役。繇是诚坚信力,诞布宗乘。遵一音垂嘱之专,固万叶匡维之盛。俾民知信向,
免仁暴以参淆;化助修明,极迩遐而敬畏。"⑤辽道宗朝册封高丽王太子的册文中也言
及正统,曰:"朕荷七圣之丕图,绍百王之正统。"⑥值得重视的是,辽人对于辽朝统治
中原十分自豪,所以如上述"奄有中土",还有"奄有诸夏"⑦、"奄有区夏"⑧常被视为
辽朝的功绩,也是辽人地域认同的一种体现,在某种程度上也有强调正统的意味。辽
朝最后一个皇帝天祚帝在降金的表文中仍不忘陈述辽朝的疆域之广和国祚之久
长,所谓:"伏念臣祖宗开先,顺天人而建业;子孙传嗣,赖功德以守成。奄有大辽,

---

①　向南:《辽代石刻文编·圣宗皇帝哀册》,河北教育出版社,1995 年,第 194 页。

②　向南:《辽代石刻文编·义丰县卧如院碑记》,河北教育出版社,1995 年,第 395 页。

③　向南:《辽代石刻文编·萧袍鲁墓志》,河北教育出版社,1995 年,第 423 页。

④　向南:《辽代石刻文编·法均大师遗行碑铭》,河北教育出版社,1995 年,第 437 页。

⑤　向南:《辽代石刻文编·景州陈宫山观鸡寺碑铭》,河北教育出版社,1995 年,第 452 页。

⑥　郑麟趾等:《高丽史》,孙晓等标点校勘本,西南师范大学出版社、人民出版社,2014 年,第
321 页。

⑦　《萧义墓志》有"我道宗大孝文皇帝,嗣守丕图,奄有诸夏"之句。见向南《辽代石刻文
编》,第 623 页。

⑧　徐梦莘:《三朝北盟会编》卷5"政宣上帙五"提到耶律淳即位于燕时下诏谕有言:"自我烈祖
肇创造之功,至于太祖,恢廓清之业,故得奄有区夏,全付子孙。"上海古籍出版社,2008 年,第 33 页。

权持正统。拓土周数万里,享国逾二百年;从古以来,未之或有。"①

(二)在外交上维护国家形象和国家利益

"澶渊之盟"之后,辽宋之间的使者往来频繁。出使宋朝的辽使者也逐渐讲究礼仪,极力维护国家的形象。《辽史·萧和尚传》记载:"开泰初,补御盏郎君,寻为内史、太医等局都林牙。使宋贺正,将宴,典仪者告,班节度使下。和尚曰:'班次如此,是不以大国之使相礼。且以锦服为贶,如待蕃部。若果如是,吾不预宴。'宋臣不能对,易以紫服,位视执政,使礼始定。"②从表面上看是礼仪的问题,但实际上则是萧和尚在维护辽朝的地位。《续资治通鉴长编》也记载了发生在辽圣宗太平七年(1027)的辽使要求宋朝改变礼仪的事情:"(宋仁宗天圣五年夏四月)辛巳,契丹遣林牙、昭德节度使萧蕴,政事舍人杜防贺乾元节。知制诰程琳为馆伴使,蕴出位图指曰:'中国使者至契丹,坐殿上,位高;今契丹使至中国,位下,请升之。'琳曰:'此真宗皇帝所定,不可易。'防又曰:'大国之卿,当小国之卿,可乎?'琳又曰:'南北朝安有大小之异?'防不能对。上令与宰相议,或曰:'此细事,不足争。'将许之,琳曰:'许其小,必启其大。'固争不可,蕴乃止。"③尽管萧蕴、杜防这次寻求辽宋使者在两国享受对等的位次并没有达到目的,但他们所作的争论表明了他们不逊于宋使的心理。到辽兴宗重熙十一年,即宋仁宗庆历二年(1042),在辽使萧偕的要求下,宋仁宗"诏阁门自今契丹使,不以官高下,并移坐近前"。契丹使所言"北朝坐南使班高,而南朝坐北使位绝下"④的局面自此改变。为了追求辽宋在外交上的对等,辽朝一度曾想两国往来国书去国号而径称南朝、北朝,宋朝君臣商议后并不认同,认为国号很重要,所以没有改变。⑤《续资治通鉴长编》记载辽兴宗重

---

① 《辽主耶律延禧降表》,见《大金吊伐录校补》,金少英校补、李庆善整理本,中华书局,2001年,第508页。

② 脱脱等:《辽史》卷86《萧和尚传》,中华书局,1974年,第1326页。

③ 李焘:《续资治通鉴长编》卷105"仁宗天圣五年",中华书局,2004年,第2439页。

④ 李焘:《续资治通鉴长编》卷138"仁宗庆历二年",中华书局,2004年,第3321页。

⑤ 李焘:《续资治通鉴长编》卷172"仁宗皇祐四年四月"载:"丙戌,契丹国母遣顺义节度使右监门卫上将军萧昌、右谏议大夫刘嗣复,契丹遣彰信节度使萧昱、益州防御使刘士方来贺乾元节。其国书始去国号,而称南、北朝;且言书称大宋、大契丹非兄弟之义。帝召二府议之,参知政事梁适曰:'宋之为宋,受之于天,不可改。契丹亦其国名。自古岂有无名之国。'又下两制、台谏官议,皆以讲和以来,国书有定式,不可辄许。乃诏学士院答契丹书,仍旧称大宋、大契丹。其后契丹复有书,亦称契丹如故。"(第4141页)

熙十一年(1042)辽宋交往中还发生过一件有争议的事情,当时宋夏交兵,辽朝乘机聚兵幽蓟,遣使求关南十县地,宋朝不愿割地,许以金帛,关于宋方岁增金帛的誓书用字上辽兴宗想要用"献"字,宋使富弼不同意,辽兴宗又提议改为"纳"字,富弼也予以拒绝,但最终宋朝廷还是听从晏殊之议,许用"纳"字。[1]《辽史·刘六符传》的记载与《续资治通鉴长编》稍有不同:

> (重熙)十一年,与宣徽使萧特末使宋索十县地;还,为汉人行宫副部署。会宋遣使增岁币以易十县,复与耶律仁先使宋,定"进贡"名,宋难之。六符曰:"本朝兵强将勇,海内共知,人人愿从事于宋。若恣其俘获以饱所欲,与'进贡'字孰多? 况大兵驻燕,万一南进,何以御之! 顾小节,忘大患,悔将何及!"宋乃从之,岁币称"贡"。[2]

无论是"纳"还是"贡",辽朝君臣与宋的誓书用字之争都是其强势心理的反映,都是想以他们强大军事力量争取在外交活动中占据优势,获取更大的利益,包括经济上的金帛和外交上的地位。南宋史学家李焘对宋仁宗庆历二年(1042)辽朝索地及"献"、"纳"之争有较清楚的认识:"时契丹实固惜盟好,特为虚声以动中国,中国方困西兵,宰相吕夷简等持之不坚,许与过厚,遂为无穷之害。敌既岁得金帛五十万,因勒碑纪功,擢刘六符极汉官之贵,子孙重于国中。"[3]也就是说,辽朝君臣在保持南北和好的前提下,在与宋的外交上积极争取主导地位,这也说明他们在文化上也在追求与宋抗衡。辽兴宗是一个有很高文化素养的皇帝,他参与誓书用字的讨论及奖励在外交活动中为国争光的文臣,再联系重熙七年(1038)辽朝科举所出题目("有传国宝者为正统赋"),可以肯定,辽朝后期统治者对于文化正统已有较深入的认识。当然,辽兴宗君臣依仗武力,利用宋代君臣畏惧心理在外交上取得了一定的收获,但也迷惑了自己,以为军事外交上都强于宋朝,变得自大、自负,高估了辽朝的综合实力。

---

[1] 李焘:《续资治通鉴长编》卷 137"仁宗庆历二年",中华书局,2004 年,第 3292 - 3293 页。

[2] 脱脱等:《辽史》卷 86《刘六符传》,中华书局,1974 年,第 1323 页。

[3] 李焘:《续资治通鉴长编》卷 137"仁宗庆历二年",中华书局,2004 年,第 3294 页。

三、对"中国"概念的认同

赵永春先生研究认为:"中国古代的'中国'一词,是一个比较宽泛的概念,既有'中央'、'中央之城'、'都城'、'京师'、'国中'、'王畿'、'一国之中心'、'天下之中心'、'中原及中原政权'、'汉族及汉族政权'等多种涵义,又有'诸侯用夷礼则夷之,夷而进于中国则中国之'等文化涵义。辽人即利用和发挥了历史上比较宽泛的'中国'概念,根据自己的需要,在不同时期取'中国'一词的不同涵义,附会成为自称'中国'的理论根据,形成了自己的'中国'意识和观念。"①大体上看,辽人对"中国"一词使用所指包括以下几个含义。

第一,中原及中原政权。《辽史·后妃传》记载了辽太祖和其皇后述律平的一段对话:

> 吴主李昪献猛火油,以水沃之愈炽。太祖选三万骑以攻幽州。后曰:"岂有试油而攻人国者?"指帐前树曰:"无皮可以生乎?"太祖曰:"不可。"后曰:"幽州之有土有民,亦犹是耳。吾以三千骑掠其四野,不过数年,困而归我矣,何必为此? 万一不胜,为中国笑,吾部落不亦解体乎!"②

辽太祖皇后述律平所说的"中国"显然是指中原政权。《辽史·地理志》"永州"条记载:"兴王寺,有白衣观音像。太宗援石晋主中国,自潞州回,入幽州,幸大悲阁,指此像曰:'我梦神人令送石郎为中国帝,即此也。'因移木叶山,建庙,春秋告赛,尊为家神。"③这里提到辽太宗所说的"中国帝"的"中国"也是指中原政权。《辽史·张砺传》记述他从辽太宗伐汴,曾有建议云:"今大辽始得中国,宜以中国人治之,不可专用国人及左右近习。苟政令乖失,则人心不服,虽得之亦将失之。"④张砺建议中提到的"中国"无疑是指中原。也就是说,辽人所说的"中国"其中一个涵义是沿用了前代仍然指代中原政权。

① 赵永春:《试论辽人的"中国"观》,《文史哲》2010 年第 3 期。
② 脱脱等:《辽史》卷 71《后妃传》,中华书局,1974 年,第 1200 页。
③ 脱脱等:《辽史》卷 37《地理志一》,中华书局,1974 年,第 446 页。
④ 脱脱等:《辽史》卷 76《张砺传》,中华书局,1974 年,第 1252 页。

　　第二,先进的礼仪文化。早在辽初,辽太祖耶律阿保机在"事天敬神"的先后次序上以"佛非中国教"而定"先祭祀孔子"已表明辽代第一代"受命之君"的文化发展定位。从优先崇拜"中国教"(实际指的是儒教)反映出以辽太祖为首的契丹贵族对长期以来产生发展起来的先进文化的认同,其中含有在文化上追求主流和正统的意味。而辽道宗关于契丹人非夷人的解释,更说明了他的文化自信:"吾修文物彬彬,不异中华"①。这种自信表明了辽朝至辽道宗朝自认为文物制度已符合儒家文化规范,跻身于先进行列,达到"不异中华"的程度。

　　第三,"天下之中心"、"中央之国"。辽道宗大安末刘辉曾上书言:"西边诸番为患,士卒远戍,中国之民疲于飞挽,非长久之策。为今之务,莫若城于盐泊,实以汉户,使耕田聚粮,以为西北之费。"②其所言"中国"为辽朝是可以肯定的。洪皓所记有汉人给辽道宗讲《论语》至"北辰居所而众星拱之",辽道宗则问:"吾闻北极之下为中国,此岂其地邪?"③这反映出辽道宗以辽所处之地在北极之下所以辽为中国的心理,是辽在当时的影响力使他产生了辽为"天下之中心"(中国)的理念。辽天祚帝天庆八年(1118)的《鲜演大师墓碑》有言:"由是,高丽外邦,僧统倾心;大辽中国,师徒翘首。"④此句很明确地将"中国"与"外邦"相对应,其意为高丽是外邦,大辽是中国。

　　可见,辽人对"中国"概念的认同前后有别,前期多用以指称中原或中原政权,后期不限于地域,而强调"中国"的文化含义和主导中心地位。这种变化是辽人正统观念加强的反映。因此,辽人对"中国"概念的认同也与其正统观念的发展紧密相关。

　　总体上看,辽人对于历史和现实问题的认识体现了强烈的历史文化认同倾向。他们善于学习,勇于接受各族优秀文化,包容的文化心态使辽人虽有民族分别意识,但也特别强调民族同源、多民族一家和一国理念,同时也推进了中国观的发展。

---

　　①　洪皓:《松漠纪闻》,见李澍田主编《长白丛书》,第22页;叶隆礼:《契丹国志》卷9《道宗天福皇帝》同(第95页)。

　　②　脱脱等:《辽史》卷104《文学下·刘辉传》,中华书局,1974年,第1455页。

　　③　洪皓:《松漠纪闻》,见李澍田主编《长白丛书》,第22页;叶隆礼:《契丹国志》卷9《道宗天福皇帝》大体同(第95页)。

　　④　向南:《辽代石刻文编·鲜演大师墓碑》,河北教育出版社,1995年,第668页。

第三章 金朝人史论关注的问题

金人的著述得以流传下来的比辽人的要多,元朝末期所修的《金史》也记载了金朝君臣有关历史与现实问题的言论,这使我们大体能够了解金人史论关注的问题,以及他们的历史观。

第一节 论国之兴亡与君臣所为

一、探究以往朝代治乱兴亡的原因

《金史》所记金人的言论中就包含论治乱兴亡的内容。金熙宗在皇统元年(1141)三月宴群臣于瑶池殿,适逢完颜宗弼遣使奏捷,侍臣们多进诗道贺,金熙宗看着侍臣们的诗评论说:"太平之世,当尚文物,自古致治,皆由是也。"①从这句评论可见,金熙宗看到了文治在太平之世的重要,同时也领悟到尚文物乃是自古以来致治的途径。金海陵王完颜亮关于国家治乱兴亡更看重人的所为,史载,他在下诏迁都燕京后,"有司图上燕城宫室制度,营建阴阳五姓所宜。海陵曰:'国家吉凶,在德不在地。使桀、纣居之,虽卜善地何益。使尧、舜居之,何用卜为。'"②在那个普遍敬天信命的时代,海陵王属于另类,他在京城宫室建筑方面不信卜,而强调居住者德行的重要。今天看来他有超越时代的思想,当然应该说他更加在意自身的修为与努力在国家发展中的作用。金世宗完颜雍有一些关涉

---

① 脱脱等:《金史》卷4《熙宗本纪》,中华书局,1975 年,第 77 页。
② 脱脱等:《金史》卷5《海陵本纪》,中华书局,1975 年,第 97 页。

成败兴亡的史论,是以史实为依据言历史经验的总结性认识。比如金世宗在大定十九年(1179)三月辛未曾对宰臣说:"奸邪之臣,欲有规求,往往私其党与,不肯明言,托以他事,阳不与而阴为之力。朕观古之奸人,当国家建储之时,恐其聪明不利于己,往往风以阴事,破坏其议,惟择昏懦者立之,冀他日可弄权为功利也。如晋武欲立其弟,而奸臣沮之,竟立惠帝,以致丧乱,此明验也。"①金世宗的这段话表明他对历史上奸邪之臣的行径及他们乱政有较准确的认识。金世宗也说过:"想前代之君,虽享富贵,不知稼穑艰难者甚多,其失天下,皆由此也。辽主闻民间乏食,谓何不食干腊,盖幼失师保之训,及其即位,故不知民间疾苦也。隋炀帝时,杨素专权行事,乃不慎委任之过也。与正人同处,所知必正道,所闻必正言,不可不慎也。"②这是从君主的教养、周围人的正邪与否来探讨国之存亡。他也和宰执们说过:"齐桓中庸主也,得一管仲,遂成霸业。"③这又是在讲人才对于政权发展的重要。

大定年间张建所撰的《华州城隍神济安侯新庙碑》在开篇就讨论了唐代衰亡的原因,他认为:"唐室之衰也,岂一朝一夕而然哉! 其所由来者渐矣。自安史之乱置军节度,而号为方镇,镇之大者,连州十余,小者犹兼三四,故兵骄则□□而自立,帅强则叛上而不朝,魏博镇冀,奋臂而唱于前,淄青泽潞,蹑迹而和于后,皆互相表署,合从连衡,欲效战国,肱髀相依,以土地传子孙,□□税为私有,天子不问,有司不呵,含育贷忍,百有余年,以为后世子孙背胁疽根,此大历贞元所以守邦也。"④可见,张建认为是唐设方镇埋下了致乱的种子而导致了唐朝的衰落,致使唐大历贞元年间唐廷无能为力。

金士巨擘赵秉文以"长于辨析"著称,他的《闲闲老人滏水文集》卷14有史论十篇,比较集中地反映了他对历史上治乱兴亡的认识。其中,《总论》一文以回答"或曰"和"或谓"的形式申明了赵秉文探究历史上治乱兴衰之理的主要目的:

　　　　或曰:子之言世俗之言也。曰:固也。然古之人不求苟异,其于仁

---

① 脱脱等:《金史》卷7《世宗本纪中》,中华书局,1975年,第172页。

② 脱脱等:《金史》卷8《世宗本纪下》,中华书局,1975年,第192页。

③ 脱脱等:《金史》卷8《世宗本纪下》,中华书局,1975年,第193页。

④ 张建:《华州城隍神济安侯新庙碑》,张金吾编纂《金文最》卷74,中华书局,1990年,第1076页。

义申重而已。“六经”载唐虞三代之道，遭秦煨烬，其书不完。汉魏以来，学者讲之详矣。苟为喋喋，吾恐失之凿也。两汉以来，备有《史记》，可覆而考也。文帝有容天下之量，宣帝有君人之术，然而不及三代者，武帝之过也。蜀先主有公天下之心，唐文明二帝有追治古之风，然皆有失，足以为龟鉴矣。或谓前辈之论英雄曰：曹操、刘裕、苻坚，其取天下，或得或失，子曾无一言及之，何耶？曰：所贵乎中天地而应帝王者，谓其为生灵之主也。苟争地以战，杀人盈野，争城以战，杀人盈城，不顾逆顺，是生人之仇也，予尚忍言之哉！①

可以看出，赵秉文论历史上治乱兴衰，不求新奇，但求申明仁义，考订史实，总结君主得失成败的经验教训以为龟鉴，宣扬有道之君，对于不顾逆顺，崇尚杀伐的君主则置之不理。从内容上看，《总论》也是十篇史论的大纲，反映了他关于国之兴衰的总体认识，至于对国家治乱兴衰之理的具体分析则见之于其后的汉、三国、魏晋、唐代几篇史论。

赵秉文在其《西汉论》中对西汉治国经验作了总结：一是汉初的形势与政策；二是汉武帝的功过；三是西汉中后期诸帝的为政得失。对于汉初，他充分肯定了汉高祖取天下的功绩和初入关中，秋毫无犯、约法三章所起的作用；分析了汉惠帝时，吕氏执国柄的局面；评判了汉文帝、汉景帝时期贾谊、晁错的计策，以及汉文帝和贾谊的德才。对于汉武帝，他指出，汉武帝时期的政策有可称述者，如“罢黜百家，表章六经，修郊祀，改正朔，作诗乐，正音律，骎骎乎三代之风”。但是，由于汉武帝不能始终用董仲舒，不能做到“正其义不谋其利，明其道不计其功”，反而乘文景之蓄积，奢侈无度，穷兵黩武，征伐不休，导致了末年之祸，几至亡国。在他看来，以汉武帝的雄才大略，如果继续遵循汉文帝的慈俭，汉朝的国祚将不止四百年。所以，他不同意人们所提出的“武帝开西域以断匈奴右臂，刷高帝平城之耻，洗高后嫚书之辱，矫文帝姑息之弊，算计见效，不亦丕乎”的说法。他说：“帝王之过，莫大乎好杀。”他严厉批评汉武帝说：“自古帝王变乱旧章，果于自用者，自武帝始。其与始皇相去无几，亡不亡之间耳！”他对汉武帝以后的汉代帝王的评论不多，但是非明确。他承认汉宣帝“知民事之艰难，励精为治，有君人之术”，也指出

① 赵秉文：《闲闲老人滏水文集》卷14《总论》，丛书集成初编，中华书局，1985年，第192页。

他在"以严致太平"方面的过举①。至于元、成二帝而下，他认为用人上不值得称道。

赵秉文的《东汉论》，鉴于东汉历史上外戚干政、宦官专权和党锢之祸，并没有像《西汉论》那样以君主为中心来讨论东汉的政治得失，他主要用比较的方法，评价了东汉士大夫的作用。他说："岂谓西汉大臣宽博有谋，可定大事，然不及东汉士大夫之节，故平勃霍光，终成其功；其敝也，养交安禄，而王莽以穿窬之智，坐攘神器。东汉士大夫忠义有守，足镇颓俗，然不及西汉大臣之谋，故李杜诸公以虚名相高，而奸雄不敢觊觎；其敝也，矫激太甚，而身死国亡。要之，图固天下者，岂浅浅丈夫之所为哉！"②这里，赵秉文分析了两汉大臣在历史起伏变化过程中的作为，肯定了东汉士大夫的气节，同时也指出了他们正而寡谋，不能救国于危难。

赵秉文对于三国两晋的历史认识，立足点在于正名，主要是从史书编纂的角度探讨君臣名分、政权更迭，因而其评论体现了以《春秋》之法为准则的正统观念和以仁义忠信为标准的道德原则。在《魏晋正名论》中，他首先评价了曹操、陈长文。他认为曹操是心怀觊觎之心的奸雄，鬼偷狐媚；陈长文，虽然当时人评说中原人物，他位列第一，但实际上，他是魏室的佐命之臣，对汉室来说是所谓的贼。他赞成欧阳修的"魏晋而下，佐命之臣，皆可贬绝"③的说法。他指出，迁、固而下作史者荡而无法，如陈长文之类的人很多，却没有按照《春秋》的笔法处置，达不到使乱臣贼子惧的目的，因此他主张正名。《蜀汉正名论》一文则从儒家道德评判的角度，阐明了他对三国历史的看法。他认为按照《春秋》"诸侯用夷礼则夷之，夷而进于中国，则中国之"，西蜀虽是一个僻陋的国家，但刘备、诸葛亮有公天下之心，应称为"汉"，并解释说："汉者公天下之言也。"他也认为刘备称帝自立是合理的，因为在中原无主的情况下，即尊位，可以系远近之望。但他对刘备不能当仁不让，最终与曹丕、孙权同列表示遗憾。赵秉文对蜀吴夷陵之战的分析，表明了他不以成败论英雄，重在讲是非。他说："人皆知蜀之攻吴之非，不知吴谋羽之亦非也。使吴蜀相持，而刘晔之计得行，吴其殆哉！"当然，他也以儒家的仁义标准，指出刘备

---

① 本段所引均出自赵秉文《闲闲老人滏水文集》卷14《西汉论》，丛书集成初编，中华书局，1985 年，第 193 页。

② 赵秉文：《闲闲老人滏水文集》卷14《东汉论》，丛书集成初编，中华书局，1985 年，第194 页。

③ 赵秉文：《闲闲老人滏水文集》卷14《魏晋正名论》，丛书集成初编，中华书局，1985 年，第195 页。

不以兴复汉室为先帝报仇为重,却以关羽复仇为念,并没有分清先后主次。关于刘备托孤与曹操托孤,赵秉文在文中作了对比,指出刘备命诸葛亮辅佐刘禅之事是值得称扬的:"三代而下,公天下之心者,至此复见,伊汤之德不足道焉。"曹氏父子则以"尔无负我"为嘱托,推诚之意难寻,况且曹操欺孤问鼎,没有一事出于诚心,即使有孔明,也不会为其所用。他进而得出结论说:"夫仁人者,正其义不谋其利,往以义者来以义,往以利者来以利。"①对于如何看待刘备借荆州、逐刘璋、诸葛亮讨孟获七擒七纵等事情,赵秉文指出刘备如果始终出于"扶汉"的目的,也应是兼弱侮亡之道,只是由于他有不忍之心,而成三国鼎立的格局。他赞扬诸葛亮在处理孟获问题上的做法,以为诸葛亮不杀孟获与古帝王正义明道之事同类,诸葛亮的才能足以安上治民,移风易俗。需要强调的是,在赵秉文的正名思想中,儒家传统的道德思想占据主导地位,他以仁、义、忠、诚为正,不完全按照功业之实。赵秉文的《魏晋正名论》和《蜀汉正名论》,从某种意义上看,也可以说是着眼于树立风俗。今天看来,赵秉文以正名而宣扬儒家的道德思想没有多少特别之处,但在女真贵族为主建立起来的金皇朝,倡导儒家的仁义道德,还是具有移风易俗的意义。

赵秉文对唐代有褒扬也有批评。他说:"唐兴,值五代干戈之后,生民憔悴,思乐息肩,幸而贞观之治,同符三代。"他也说:"开元致治,同符贞观。"②这些议论充分肯定了贞观之治和开元盛世。然而,赵秉文对于唐太宗、唐玄宗好大喜功、用非其人等过举也毫不客气。他批评唐太宗说:"然犹好大喜功,辽东之役未已,而武氏已谶在宫中矣。唐之子孙,杀戮殆尽,虽致治之美,有以开三百年之业,然犹不能赎乐杀人之祸也。"他也指责唐玄宗:"然开元之末,一日杀三庶人,则天理灭矣。罢张九龄,相牛李,则猴冠庙堂矣。内则妖姬蛊惑,外则国忠啸凶,则狐穴城社矣。向不任蕃将,讨奚、契丹,屠石堡城,诛南诏使,生灵之血,涂于边草,虽有末年之祸,不如是之酷也。"对于人们将唐朝的衰亡归因于"祸始于妃后,成于宦竖,终于藩镇"③,他是不完全赞同的,他认为唐朝的衰落主要是唐玄宗、唐肃宗、唐代宗的

---

① 赵秉文:《闲闲老人滏水文集》卷14《蜀汉正名论》,丛书集成初编,中华书局,1985年,第197页。

② 赵秉文:《闲闲老人滏水文集》卷14《唐论》,丛书集成初编,中华书局,1985年,第198页。

③ 赵秉文:《闲闲老人滏水文集》卷14《唐论》,丛书集成初编,中华书局,1985年,第198页。

所作所为导致的。他说:"向使明皇无侈大之心,则妃匹宦竖之祸不作。禄山一牧羯奴耳,藩镇之祸何由而兴,终之姑息之政行。祸难繁兴,虽元和平蜀蔡,会昌定晋潞,终不能得山东尺寸之地,而使务胜不休,则为黩武矣!"①在赵秉文看来,唐肃宗、唐代宗时期不用颜真卿,唐德宗时不用陆贽,唐宣宗时不用李德裕等等,都加重了唐的衰落。应该说,赵秉文特别强调君主在国家发展中的作用,他对比三代君王和后世君王所得出的认识进一步反映了他的这种看法。他说:"在昔殷周之贤王,超然如山林学道之士,视声色富贵不足以概其心,故能长保其富贵尊安,六七百岁而不绝;后世之君,贪一饷之乐,遗百年之患,以彼视此,谁得谁失?"②可见,赵秉文对唐朝衰落原因的分析已经触及了导致唐朝治乱兴衰的某些根本问题,也就是君主的好恶所引起的风俗变化和人才、军事政策等的调整改变。值得一提的是,赵秉文的过唐论与前人过唐论有很大的不同。对此,他并不讳言,他说:

> 或曰:前人王令、曾巩论过唐曰:不法三代,子何论之卑也。曰:此书生好大之言也。贞观、开元,以仁义治天下,亦三代之遗意也。子以不封建不足以为三代乎? 藩镇之召乱,不得已也,况得已而封建乎? 子以不井田不足以为三代乎? 宇文融括隐田而天下怨,况夺富以资贫乎? 曰:非此之谓也,谓礼乐法度阙如也。曰:礼乐法度,亦各随时之制。子以为必如周公之制而后可,是后世无复三代矣。房、杜、姚、宋,不能知制作之本,而谓王令、曾巩必能知之乎? 是又一王安石也。曰:然则先王之制治,其终不可见乎? 曰:仁义刑政治天下,略法唐虞三代,参以后王之制,其可矣。如其礼乐,以俟明哲。③

通过三问三答,赵秉文不仅驳斥了王令、曾巩的不法三代之论,而且表达了因时制宜的变革思想。

金代史学家王若虚在其《送彭子升之任冀州序》中也曾笼统地论及一个政权

---

① 赵秉文:《闲闲老人滏水文集》卷14《唐论》,丛书集成初编,中华书局,1985年,第198—199页。

② 赵秉文:《闲闲老人滏水文集》卷14《唐论》,丛书集成初编,中华书局,1985年,第198页。

③ 赵秉文:《闲闲老人滏水文集》卷14《唐论》,丛书集成初编,中华书局,1985年,第199页。

治乱的原因,他说:

> 成王戒卿士以为推贤让能,则庶官和,不和政且乱。而秦穆之誓亦曰:"人必能容而后可以保民。"古之君子,有道相为徒,而其徒相为用,故能有济也。有虞之时,众贤和于其朝,而无乖争之患,垂让于殳斨,伯夷让于夔龙,皋陶之不知者以问诸禹,禹所不知者以质诸益,贤于己而不妒,不贤于己而不侮,师于人而不耻,告于人而不吝,志同气合,不知物我之为二,盖其量诚宏,而其德诚厚,此其能共成一代之极治者欤。①

在王若虚看来,为政者志同气合能成极治,他以有虞之时为例说明了这一点。当然,他也引用了周成王和秦穆公的言论,旨在说明统治集团能和、能容也是治政的原因。王若虚是针对后世士风薄弱提出他的上述见解的。他在其所撰《君事实辨》中论及治乱问题,认为:"治天下者,无道德仁义以相维持,而欲恃区区之法制,以沮奸雄而弭祸乱,盖亦难矣。"②这又表明了他注重德治的主张,认为仅仅依靠法制约束是不能防止祸乱发生的。他也以西晋武帝纵容臣下争侈和贪赃为例说明君主不以"节俭厉俗"是致乱的原因。③

金元时期文史大家元好问亲历了金朝由盛世至衰亡,在其所写的文章中不乏有关兴亡论的内容。比如,他在庚子年(1240)所撰《东平行台严公神道碑》序中就曾论及政权之兴的原因,他说:"窃尝考于前世兴王之迹,盖帝王之兴,天将举全所覆者而畀之,时则有魁伟宏杰之士,为之倡大义、建大事,一六合之同异,定群心之去就,犹之天造草昧,龙见而跃,云雷合势,为之先后,然后腾百川而雨天下者易为力。臣主之感遇,天人之参会,无不然者。"④这里元好问所谓的"天"是朦胧的,关键讲的是人力之功,是那些魁伟宏杰之士为帝王之兴作出了贡献。表面上看他持

---

① 王若虚:《滹南遗老集》卷44《送彭子升之任冀州序》,丛书集成初编,中华书局,1985年,第294页。

② 王若虚:《滹南遗老集》卷26《君事实辨下》,丛书集成初编,中华书局,1985年,第161页。

③ 王若虚:《滹南遗老集》卷26《君事实辨下》,丛书集成初编,中华书局,1985年,第162页。

④ 元好问:《遗山先生文集》卷26《东平行台严公神道碑》,商务印书馆,1937年,第341页。

有的是天命史观,实际上他的这段议论反映的却是他的英雄史观。元好问另外一篇文章《东平行台严公祠堂碑铭》序中则从得有力如严公及山东重地两方面言政权之兴,并以历史上政权的兴起作了类比,他说:"昔淮阴袭历下军,尽有齐地,高祖因之以成帝业;耿弇攻祝阿,窦融合五郡兵,光武因之以集大统。以公方之,尚无愧焉。"①

二、解读君道、臣道、君臣关系

金熙宗曾因阅读《贞观政要》一书发现"其君臣议论,大可规法"而与侍臣从容论及君道、臣道和君臣关系。

> 翰林学士韩昉对曰:"皆由太宗温颜访问,房、杜辈竭忠尽诚。其书虽简,足以为法。"上问:"太宗固一代贤君,明皇何如?"昉曰:"唐自太宗以来,惟明皇、宪宗可数。明皇所谓有始无终者。初以艰危得位,用姚崇、宋璟,惟正是行,故能成开元之治。末年怠于万机,委政李林甫,奸谀是用,以致天宝之乱。苟能慎终如始,则贞观之风不难追矣。"上称善。又曰:"周成王何如主?"昉对曰:"古之贤君。"上曰:"成王虽贤,亦周公辅佐之力。后世疑周公杀其兄,以朕观之,为社稷大计,亦不当非也。"②

可见,在韩昉看来,唐太宗是一代贤君,唐明皇虽成开元之治,但通观其为政有始无终,晚年由于本人怠政,委政非人,导致天宝之乱。金熙宗同意韩昉的看法,他也肯定了周公辅佐周成王之力,对后世人们质疑周公杀其兄他不以为然。天眷元年(1138)所刻《重修唐太宗庙碑》对唐太宗的评价也反映了其时金人对其为君之道的肯定,其文有言:"盖两汉而下,其业绵远者莫如唐,有唐之君,功德昭著者莫如太宗,当隋季不竞,王纲纽解,太宗皇帝以睿文英武受命上天,手提干将,佐佑高祖,诛□遒秽,荡涤僭窃,以一旅而取关中,不十载而有天下。自即大位,乃游观弗事,声色弗迩,独与一、二大臣讲求仁义,阔略法律,哺

---

① 元好问:《遗山先生文集》卷26《东平行台严公祠堂碑铭》,商务印书馆,1937年,第345页。

② 脱脱等:《金史》卷4《熙宗本纪》,中华书局,1975年,第74页。

乳幼稺,补养疮痏,休息疲瘵,数年之间,天下丕变,盗贼为君子,愁叹为讴吟,斗米才三钱,死罪岁止二十九。贞观之际,号称太平,虽汉高文景之主,反出乎其次,而汤武成康,亦可齐驱而并驾也。"①从文中所列的唐太宗的功绩可知,碑文的撰者认为有为之君应当不耽于游乐,而致力于社会秩序的维护,并能够德惠苍生。

金海陵王也有心成为贤明君主,他"与近臣燕语,辄引古昔贤君以自况"②。海陵王于天德三年(1151)所下的诏书对君道、臣道也有所论及:

> 朕临民而为父母,必思安于兆民,继世而为帝王,必思期于万世,是以定国家之计,岂使止于目前。承祖宗之谟,不敢忘于在远,昨因抚绥南服,分置行台,时边防未定,法令未具,本非永设,只是从权。既而人拘道路之遥,事虑岁时之滞,凡天下固无亲疏,彼此无间,各体君上之意,务尽均平,若能于公相之子孙、闾阎之黎庶一体视之,如朕之所喜,无以加焉。朕虽居人上之尊,承万方之统,食不甘味,寝不安席,惟以太平为忧,不敢以位为乐也。自古帝王固有酣醉嗜欲,辍朝废政,穷奢极侈,耽乐是从,虽有忠义之士犯颜逆耳,一谏而有斥逐,再谏而加诛戮,则终杜诤臣之口,无复敢言者。朕非不知,亦非不能,所以然者,重念太祖皇帝艰难以取天下,欲救民于水火之中,非欲自尊,务承先志,兢兢持守,虽跬步不敢忘。凡尔有官君子,待享爵禄于安平之时,其可不念太祖艰难创业之功? 今朕求治之意,交修不逮,以熙庶绩。朕宣布诏令,以告百官:盖有五刑著为常典,小者加之责罚,大者至于诛戮,有罪犯者,必罚无赦。尔或罹于邦宪,实有伤于朕心,故使通闻。庶令天下有守法奉公无赃私之过,朕所闻知,必加进用,自今后凡有罪者无或隐而相容,凡觊望者,必尽狱以取平,庶共底于大宁,以同享于极治。咨尔有众,体予至怀,故兹诏示,想宜知悉。诏书如右,宜令尚书刑部关牒各应行下于合属去处。③

---

① 孙九鼎:《重修唐太宗庙碑》,张金吾编纂《金文最》卷65,中华书局,1990年,第941页。

② 脱脱等:《金史》卷5《海陵本纪》,中华书局,1975年,第117页。

③ 徐梦莘:《三朝北盟会编》卷243"炎兴下帙一百四十三",上海古籍出版社,2008年,第1749页。

从这一诏令看，海陵王对于历史上的君主行为多有了解，他以陈情的语气表达了他作为君主对兆民、国家、祖宗所开创的大业的责任，他提出君主应"思安于兆民"，"思期于万世"，"务尽均平"，对贵族和黎庶"一体视之"。他也以政令的形式布告百官，当"体君上之意"且奉公守法。海陵王的这则诏令实际上也反映了他对君道、臣道的个人见解。

金世宗善于学习历史，他自觉地以史为鉴，他讲过："朕于圣经不能深解，至于史传，开卷辄有所益。"①他对经史典籍有关君臣关系的理解从他与杨伯雄的对话中可见一斑：

> 上谓伯雄曰："龙逄、比干皆以忠谏而死，使遇明君，岂有是哉！"伯雄对曰："魏征愿为良臣，正谓遇明君耳。"因顾谓宰相曰："《书》曰：'汝无面从，退有后言'。朕与卿等共治天下，事有可否，即当面陈。卿等致位卿相，正行道扬名之时，偷安自便，徼幸一时，如后世何？"②

从金世宗引用《尚书》关于官员敷陈的记载来看，他领会到君臣共治的重要，也表明了他对《尚书》所反映的传统政治思想的接纳。史书所记汉、唐等前代君主治国为政的做法对金世宗也产生了较大的影响。比如，他读《汉书》后和宰臣讨论汉代君主行事，他说："高祖英雄大度，驾驭豪杰，起自布衣，数年而成帝业，非光武所及，然及即帝位，犹有布衣粗豪之气，光武所不为也。"③相比较而言，他对唐朝的历史更为熟悉，他曾对宰臣讲："朕观唐史，惟魏征善谏，所言皆国家大事，甚得谏臣之体。近时台谏惟指摘一二细碎事，姑以塞责，未尝有及国家大利害者，岂知而不言欤，无乃亦不知也。"④他也对宰臣们说过这样的话："平时用人，宜尚平直。至于军职，当用权谋，使人不易测，可以集事。唐太宗自少年能用兵，其后虽居帝位，犹不能改，吮疮剪须，皆权谋也。"⑤正因为金世宗从中国传统经史典籍中汲取了政治智慧，使他成为金朝"得为君之道"的皇帝。金世宗君臣共治的治国理念的形成

---

① 脱脱等：《金史》卷8《世宗本纪下》，中华书局，1975年，第195页。

② 脱脱等：《金史》卷105《杨伯雄传》，中华书局，1975年，第2319页。

③ 脱脱等：《金史》卷8《世宗本纪下》，中华书局，1975年，第202－203页。

④ 脱脱等：《金史》卷8《世宗本纪下》，中华书局，1975年，第199页。

⑤ 脱脱等：《金史》卷8《世宗本纪下》，中华书局，1975年，第196页。

源于他对历史上君主理政的反思。这一点从他的言论可以知晓。在他刚做皇帝不久的大定二年(1162)八月的一天,他曾对宰臣说:"百姓上书陈时政,其言犹有所补。卿等位居机要,略无献替,可乎。夫听断狱讼,簿书期会,何人不能。唐、虞之圣,犹务兼览博照,乃能成治。正隆专任独见,故取败亡。朕早夜孜孜,冀闻谠论,卿等宜体朕意。"①从这段话可以看出,他认为宰臣辅政不只是听断狱讼、簿书期会,更要有所献替,要对时政提出自己的看法。他以唐虞为成功的典型,以海陵王为败亡的例证,他对君主为政之道形成了这样的认识:"兼览博照,乃能成治","专任独见",必取败亡。金世宗是一个清醒的政治家,他深知一个人的智慧是有限的,他说过"朕之言行岂能无过"②。他在晚年的时候总结自己的为政经历说:"朕在位二十余年,鉴海陵之失,屡有改作,亦不免有缪戾者,卿等悉心奏之。"③他也曾对宰臣说:"朕治天下,方与卿等共之,事有不可,各当面陈,以辅朕之不逮,慎毋阿顺取容。卿等致位公相,正行道扬名之时,苟或偷安自便,虽为今日之幸,后世以为何如。"④应该说,金世宗对于君臣共治的理解还是比较深刻的,他认识到了听取臣下的意见可以免于"缪戾"之事的出现,也可以纠正自己的过错,君臣共同合作才能达到致治的目的。与唐太宗一样,金世宗把求谏、纳谏看做是君主统治之术。他们的立足点都不是让大臣分享君主的权力,而是使臣下忠诚于君主,帮助君主更好地处理国家大事,至于君主的主断权力,还是牢牢地掌握在自己手中的。金世宗曾因宰臣违规用人而责问他们说:"官爵拟注,虽由卿辈,予夺之权,当出于朕。"⑤可见,金世宗想要的君臣共治是君司主断之权,臣尽辅佐之职,是在维护君主专制体制下的君臣各司其职。需要说明的是,尽管金世宗关于君臣关系的思想承袭多于创新,但对兴起于边区的少数民族所建立的金政权来说,其最高统治者认同中国传统政治文化,遵循其法则,却是有利于社会进步的具有立新意义的行为,表明金朝在金世宗时期其统治思想上已与唐代相类同。

从《金史》所记金世宗的言论看,他也探讨了有关君道和臣道的问题。他从以

---

① 脱脱等:《金史》卷6《世宗本纪上》,中华书局,1975年,第128页。

② 脱脱等:《金史》卷8《世宗本纪下》,中华书局,1975年,第181页。

③ 脱脱等:《金史》卷89《梁肃传》,中华书局,1975年,第1985页。

④ 脱脱等:《金史》卷6《世宗本纪上》,中华书局,1975年,第141页。

⑤ 脱脱等:《金史》卷7《世宗本纪中》,中华书局,1975年,第171页。

往帝王的为君行为而总结出君主应虚心纳谏①，讲求节俭②，以诚实御臣下③，不察问细微④，知人善任⑤，赏罚不滥⑥，有大气度⑦。他所讲的"宰相之职"应该属于臣道的内容。他在大定二年（1162）正月庚午对宰相说："进贤退不肖，宰相之职也。

---

① 他在大定二年正月曾对左丞相晏说："古者帝王虚心受谏，朕常慕之。卿等尽言毋隐。"（《金史》卷73《晏传》，第1673页）

② 他在大定八年正月辛未曾对秘书监移剌子敬等说："昔唐、虞之时，未有华饰，汉惟孝文务为纯俭。朕于宫室惟恐过度，其或兴修，即损宫人岁费以充之，今亦不复营建矣。如宴饮之事，近惟太子生日及岁元尝饮酒，往者亦止上元、中秋饮之，亦未尝至醉。"（《金史》卷6《世宗本纪上》，第141页）

③ 金世宗曾教导皇太子如何为治，如何为君，他说："吾儿在储贰之位，朕为汝措天下，当无复有经营之事。汝惟无忘祖宗纯厚之风，以勤修道德为孝，明信赏罚为治而已。昔唐太宗谓其子高宗曰：'吾伐高丽不克终，汝可继之。'如此之事，朕不以遗汝。如辽之海滨王，以国人爱其子，嫉而杀之，此何理也。子为众爱，愈为美事，所为若此，安有不亡。唐太宗有道之君，而谓其子高宗曰：'尔于李勣无恩。今以事出之，我死，宜即授以仆射，彼必致死力矣。'君人者，焉用伪为。受恩于父，安有忘报于子者乎。朕御臣下，惟以诚实耳。"（《金史》卷6《世宗本纪上》，第150页）

④ 大定二十年十月，金世宗对宰臣说："察问细微，非人君之体，朕亦知之。然以卿等殊不用心，故时或察问。如山后之地，皆为亲王、公主、权势之家所占，转租于民，皆由卿等之不察。卿等当尽心勤事，毋令朕之烦劳也。"（《金史》卷7《世宗本纪中》，第175页）

⑤ 金世宗曾对宰臣说过："岐国（指海陵王）用人，但一言合意便升用之，一言之失便责罚之。凡人言辞，一得一失，贤者不免。自古用人咸试以事，若止以奏对之间，安能知人贤否。朕之取人，众所与者用之，不以独见为是也。"（《金史》卷7《世宗本纪中》，第176页）他也曾说过："朕观自古人君多进用谀谄，其间蒙蔽，为害非细，若汉明帝尚为此辈惑之。朕虽不及古之明君，然近习谀言，未尝入耳。至于宰辅之臣，亦未尝偏用一人私议也。"（《金史》卷8《世宗本纪下》，第180页）可见，金世宗认为君主用人当慎重，要参考众人意见，要观察其做事，而不能只听其言辞。

⑥ 大定二十三年闰月甲午，金世宗对宰臣们说："帝王之政，固以宽慈为德，然如梁武帝专务宽慈，以至纲纪大坏。朕尝思之，赏罚不滥，即是宽政也，余复何为。"（《金史》卷8《世宗本纪下》，第185页）

⑦ 金世宗读史很佩服光武帝的气度，他与宰臣讨论说："朕近读《汉书》，见光武所为，人有所难能者。更始既害其兄伯升，当乱离之际，不思抱怨，事更始如平日，人不见戚容，岂非人所难能乎。此其度量盖将大有为者也，其他庸主岂可及哉。"（《金史》卷8《世宗本纪下》，第202页）他还说："光武闻直言而怒解，可谓贤主矣，令宣谢主，则非也。高祖英雄大度，驾驭豪杰，起自布衣，数年而成帝业，非光武所及，然及即帝位，犹有布衣粗豪之气，光武所不为也。"（《金史》卷8《世宗本纪下》，第202－203页）这里可见金世宗辩证地看待帝王的气度。

有才能高于己者,或惧其分权,往往不肯引置同列,朕甚不取。卿等毋以此为心。"①他在大定四年(1164)八月壬申曾对宰臣说:"卿每奏皆常事,凡治国安民及朝政不便于民者,未尝及也。如此,则宰相之任谁不能之。"②他也曾与秘书监移剌子敬提到:"朕与大臣论议一事,非正不言,卿等不以正对,岂人臣之道也。"③显然,他认为作为人臣要忠正对待君主所问之事。金世宗对大定年间朝臣们的行事并不满意,他认为他们多没有尽职尽责,没有做到为君主举荐人才、上书言事并关涉国政利害。大定十七年(1177)十月辛巳,他对宰臣说:"今在位不闻荐贤何也?昔狄仁杰起自下僚,力扶唐祚,使既危而安,延数百年之永。仁杰虽贤,非娄师德何以自荐乎!"他又对宰臣们说:"近观上封章者,殊无大利害。且古之谏者既忠于国,亦以求名,今之谏者为利而已。如户部尚书曹望之、济南尹梁肃皆上书言事,盖觊觎执政耳,其于国政竟何所补。达官如此,况余人乎。昔海陵南伐,太医使祁宰极谏,至戮于市,此本朝以来一人而已。"④"朕观唐史,惟魏征善谏,所言皆国家大事,甚得谏臣之体。"⑤可能是金世宗有较高的政治追求,他对臣下的要求也是很高的。金世宗所认同的治世时代是上古唐、虞之治和唐代贞观之治,因此金世宗关于为臣之道似乎苛责了一些。

金章宗朝的大臣徒单镒也曾上书论及君臣关系:

> 臣窃观唐、虞之书,其臣之进言于君曰"戒哉","懋哉",曰"吁",曰"都"。既陈其戒,复导其美。君之为治也,必曰"稽于众,舍己从人"。既能听之,又能行之,又从而兴起之。君臣上下之间相与如此。陛下继兴隆之运,抚太平之基,诚宜稽古崇德,留意于此,无因物以好恶喜怒,无以好恶喜怒轻忽小善,不恤人言。夫上下之情有通塞,天地之运有否泰,唐陆贽尝陈隔塞之九弊,上有其六,下有其三。陛下能慎其六,为臣子者敢不慎其三哉。上下之情既通,则大纲举而群目张矣。⑥

① 脱脱等:《金史》卷6《世宗本纪上》,中华书局,1975年,第125页。
② 脱脱等:《金史》卷6《世宗本纪上》,中华书局,1975年,第134页。
③ 脱脱等:《金史》卷6《世宗本纪上》,中华书局,1975年,第143页。
④ 脱脱等:《金史》卷7《世宗本纪中》,中华书局,1975年,第168－169页。
⑤ 脱脱等:《金史》卷8《世宗本纪下》,中华书局,1975年,第199页。
⑥ 脱脱等:《金史》卷99《徒单镒传》,中华书局,1975年,第2186－2187页。

这段话是以史为鉴讲唐虞之时君臣和谐相处,君接纳臣言,臣尽心辅助君主,不仅要提醒君主需要警惕之事,还要引导君主成就伟业,赢得美名。徒单镒也认同唐朝陆贽所陈述的君臣之情不得通的九方面情况,君有六,臣有三,他希望君主谨慎其六,臣下谨慎其三,国家就达到纲举目张的治平局面了。

金末文臣王若虚撰有《君事实辨》和《臣事实辨》,这两篇文章对以往史书中所记君臣的行事作了是非判断。核心的内容包括君主如何为君,臣下如何为臣,以及评价人物的标准问题。比如,他在《君事实辨》中讲:

> 高祖使随何诱黥布去楚,既至,帝方踞床洗足,召使入见,布大怒,悔来,欲自杀,及出就舍,帐御食饮从官如汉王居,布又大喜过望。议者以为始折其气而终收其心,此盖鼓舞英雄之术。以予观之,帐御之具,素所处也,若夫踞洗而见,则平生常态,殆与见郦生无异。彼其傲慢凌侮,每每如是,人皆知之矣,溺冠骑项,靡所不至,而顾独谓此为术乎?使其诚出于是,亦非驾驭之道。吾方须人之力以济其急,遣使说之,使其背主而灭族,及其至也,乃迎辱之,此何理也? 使布乘其悔怒不就舍而就去,是又生一敌也,岂为得计哉! 王者之于人,接之以礼,而待之以诚,然后可以获其用。高祖惟其无礼而不诚,此诸侯所以相踵而叛也。而古今以为美谈,何耶?①

从上述这段文字看,王若虚以汉高祖刘邦召黥布一事为例,从评论"议者"所说的不合理着手,分析了汉高祖刘邦的行事一向无礼,并指出即使他确实是有意为之也绝非驾驭之道,正是因为汉高祖"无礼而不诚"才使诸侯相继叛离。可见王若虚与古今很多议者不同,他不赞赏汉高祖如此待人,他是不以胜败论英雄的,他认同的是"王者之于人,接之以礼,而待之以诚,然后可以获其用"。《君事实辨》所列汉高祖的行事共计有九条,除了四条是针对记述者、建议者或评论者展开的批评之外,其他五条都是对汉高祖行事的批评。王若虚认为,汉高祖不是为君者的

---

① 王若虚:《滹南遗老集》卷25《君事实辨上》,丛书集成初编,中华书局,1985年,第156页。

典范,议者称其"宽仁大度,诚信使人"①是没有依据的。综合两卷《君事实辨》共计三十二条,其中主要是针对汉高祖、汉文帝、汉武帝、汉光武帝、曹操、刘备、晋武帝、南朝宋文帝、隋文帝、唐太宗、唐明皇、唐宪宗、唐文宗、周世宗、宋太祖等帝王的行事所作的评判。从王若虚对这些君主行事所作的评论可以明确的是,他主张的君道是君主应尊天理、重人道。他认为:"君臣之义,非所施于家,而父子之分,无时而可变也。"②这是就皇家处理尊卑而提出的看法,他反对身份高贵的皇帝、皇妃、公主不拜父母反受至亲拜的做法。他从为人角度评价汉高祖,指出:"汉祖之平生可考而知也。委太公于俎机而无营救意;弃孝惠、鲁元于道路而无顾惜心;饰亡赖之非,则夸示其兄;怀辖釜之隙,则怒及其侄;嬖宠如意而几使冢嫡废;踞骂张敖而不以子婿畜;韩信元勋,本无异志,而数施谲诈,畏逼而不终;萧何素契,足谅雅怀,而未免猜嫌,至械系而后已;郑君以不忘故主而逐之,季布、雍齿以旧尝窘己而几杀之。其行事如此,而议者犹谓宽仁大度,诚信使人,吾不知其说也。"③从对汉高祖的批评可知,王若虚认可的君主应重亲情,知礼数,待下真诚,为仁厚长者。他也指出汉武帝以"子少母壮,或至于乱"为由而杀钩弋夫人是"违天理而拂人情",他认为:"匹夫之为其家虑,犹君之为其国虑也,使天下之人皆如武帝之用心,杀人其可胜计,而亲戚之间岂复有恩义哉? 故夫武帝之安其后者,乃所以绝其后,非惟不仁,抑亦不智矣。"④王若虚是一个重视德政的儒者,他反对君主杀人。他对蜀汉先主刘备评价较高,但对于刘备"以私憾杀张裕"⑤也表达了他的批评态度。出于维护社会秩序,他赞同唐明皇对孝子杀人仍绳之以法的做法⑥。对于君主如何统驭臣下,如何教育皇子,他也有针对性地作了论述。前述已提到他认为作为

---

① 王若虚:《滹南遗老集》卷 25《君事实辨上》,丛书集成初编,中华书局,1985 年,第158 页。

② 王若虚:《滹南遗老集》卷 25《君事实辨上》,丛书集成初编,中华书局,1985 年,第157 页。

③ 王若虚:《滹南遗老集》卷 25《君事实辨上》,丛书集成初编,中华书局,1985 年,第158 页。

④ 王若虚:《滹南遗老集》卷 25《君事实辨上》,丛书集成初编,中华书局,1985 年,第159 页。

⑤ 王若虚:《滹南遗老集》卷 26《君事实辨下》,丛书集成初编,中华书局,1985 年,第161 页。

⑥ 王若虚:《滹南遗老集》卷 26《君事实辨下》,丛书集成初编,中华书局,1985 年,第165 页。

君主应"以节俭厉俗",他以唐明皇为例言明君主所为影响巨大,君主应"自克",否则贻害天下①。王若虚也认为君主待臣下有识人之明,也应有"至公"之行为,他认为唐宪宗就不够明智,"每以朋党疑臣下,而不知己为朋党之根"②。他批评了宋太祖待臣下的做法,以宋太祖没有兑现对曹彬平定江南的许诺为例,认为"宋祖非惟失所以使人,而又见其不能知人也"③。至于君主教育皇子,他认为不必如宋文帝和唐明皇那样故意让他们尝尝挨饿的滋味和稼穑的艰难,只要让他们"亲师傅,通古今,义理既明,百行自正"④。尽管王若虚不否认一些君主的过错,但是他主张维护君臣之道,认为:"君父之尊一也,而君复统其父,知有父而不知有君,亦何以立天下?"⑤他因此否定伍子胥鞭尸的行为,对于范蠡功成而退,若弃仇仇者也不赞赏,认为范蠡"才略有余,而仁义不足"⑥。王若虚评判人臣也以"君子"和"小人"来区别优劣,他认为范蠡"以君子忠爱之道律之,殆未满人意也"⑦。他也有言:"古之君子,避世全身,固自有道,其不幸而不免,则命也。何必秽污昏醉,为名教之罪人。"⑧这虽然是王若虚针对晋代阮籍、刘伶等的放荡而言的,但也反映出他推崇的君子是符合社会行为规范的。他评论伍员"既自贼其君,而又贼人之君,员真小人也哉"⑨。他评论齐高帝时的王俭"既阴赞道成以夺宋国,及相齐朝,又为此佞

---

① 王若虚:《滹南遗老集》卷26《君事实辨下》,丛书集成初编,中华书局,1985年,第163页。

② 王若虚:《滹南遗老集》卷26《君事实辨下》,丛书集成初编,中华书局,1985年,第164页。

③ 王若虚:《滹南遗老集》卷26《君事实辨下》,丛书集成初编,中华书局,1985年,第166－167页。

④ 王若虚:《滹南遗老集》卷26《君事实辨下》,丛书集成初编,中华书局,1985年,第162页。

⑤ 王若虚:《滹南遗老集》卷27《臣事实辨上》,丛书集成初编,中华书局,1985年,第169页。

⑥ 王若虚:《滹南遗老集》卷27《臣事实辨上》,丛书集成初编,中华书局,1985年,第170页。

⑦ 王若虚:《滹南遗老集》卷27《臣事实辨上》,丛书集成初编,中华书局,1985年,第170页。

⑧ 王若虚:《滹南遗老集》卷27《臣事实辨上》,丛书集成初编,中华书局,1985年,第174页。

⑨ 王若虚:《滹南遗老集》卷27《臣事实辨上》,丛书集成初编,中华书局,1985年,第169页。

媚之态,非小人孰能尔哉!"①王若虚评论人物是非的标准中还很看重"人情",比如,他讲:"管宁、华歆共锄园菜,见地有金,宁挥锄与瓦石不异,歆捉而掷之,世皆优宁而劣歆。予谓以心术观之,固如世之所论,至其不近人情,不尽物理,则相去亦无几矣。"②王若虚也曾批评苏子由评论史事有"不近人情"③之处。

元好问在金末论及君臣之义赞赏坚守名教。他在《资善大夫武宁军节度使夹谷公神道碑铭》中提到:

> 盖尝论公:君臣之义,于名教为尤重。名教者,天地之大经,而古今之恒典,惟天下之至诚为能守,故人臣之于君者,有天道焉,有父道焉。大分一正,义均同体,吉凶祸福不以回其虑,废兴存亡不以夺其节,任重道远,死而后已,犹之父有罔极之慕,而天无可逃之理。微子之过旧都,包胥之哭秦廷,王蠋布衣义不北面于燕,乐毅终其身不敢谋赵之徒隶。非诚何以当之?是故诚之所在,即名教之所在,有不期合而合焉者。④

可能由于元好问所处的时代正当金朝走向灭亡之时,他有感于世道变化,对于坚守君臣之义的人表达了他的敬意,他肯定微子、申包胥、王蠋、乐毅的忠诚,旨在维护名教宣扬的君臣秩序,也表明了他关于君臣关系的看法。

第二节 论历史变化

一、反思古今政权关系及朝代更迭

耶律履是金代大定年间的贤臣,更是一位颇有影响的史官。他较少有民族隔

---

① 王若虚:《滹南遗老集》卷 28《臣事实辨中》,丛书集成初编,中华书局,1985 年,第 179 页。

② 王若虚:《滹南遗老集》卷 27《臣事实辨上》,丛书集成初编,中华书局,1985 年,第 173 页。

③ 王若虚:《滹南遗老集》卷 28《臣事实辨中》,丛书集成初编,中华书局,1985 年,第 177 页。

④ 元好问:《遗山先生文集》卷 20《资善大夫武宁军节度使夹谷公神道碑铭》,商务印书馆,1937 年,第 285 页。

阈心理,却有积极豁达的为时所用的态度。比如,他六十岁时得子,以对时事的观察和对历史发展大势的认识,为儿子取名楚材,取《左传》之"楚虽有材,而晋实用之"之意。耶律履的儿子耶律楚材后来为父亲受到女真贵族的信任和倚重而骄傲,为其家族长期受荣宠而自豪,他曾有诗《为子铸作诗三十韵》,诗文云:"赫赫东丹王,退位如夷伯。藏书万卷堂,丹青成画癖。四世皆太师,名德超今昔。我祖建四节,功烈光黄阁。先考文献公,弱冠已卓立。学业饱典坟,剧作乙未历。入仕三十年,庙堂为柱石。重义而疏财,后世遗清白。"①《元史·耶律楚材传》所记元太祖和耶律楚材的对话反映了他的家国观念②。可以说耶律履、耶律楚材父子两代对朝代更迭的认识大体是一致的。作为辽朝皇族、金时的大族,他们对待社会变迁与历史变化的态度是积极的。

金代文学家王寂所撰《辽东行部志》主要记述的是他自明昌元年(1190)春二月十二日(丙申)开始至四月初七(庚寅)为止出按辽东之地五十四天(本应五十五天,四月五日缺载)的所见所闻。这部由金代官吏巡按部封而作的行程日志,也包含一些辽朝的历史信息,尽管王寂所记有关辽朝的历史内容比较零散,并不系统,而且有讹误,张博泉先生在其《辽东行部志注释》一书和贾敬颜先生所作《王寂<辽东行部志>疏证稿》③的注释中均有注明,但王寂的一些记述至少反映了金明昌年间的人们关于辽朝的历史记忆。尤其值得重视的是,王寂撰《辽东行部志》对辽朝历史的记述还有思想价值。他承认辽金之间是相承接的关系:无论是讲庆云县、荣安县、归仁县、清安县、铜山县的来历,还是记述闾阳、同昌等地的沿革,都涉及辽金之间行政建置的承袭与变化。对此他的语言表述相当清楚:某某县,本辽之某州,或在辽时为某州,本朝改降为县,或本朝改为某县。作者运用辽、金对比的方式,既凸显了其所记对象的现状,又赋予其著述以浓郁的历史感。王寂的《辽东行部志》开篇记述了辽东之地历史变迁,对于古今关系似乎有"厚今薄古"的倾向,所谓"至于唐季,不能勤远,辽东之地,为渤海大氏所有,传国十余世。当五代时,契丹与渤海血战数十年,竟灭其国,于是

---

①　耶律楚材:《湛然居士文集》卷12,丛书集成初编,中华书局,1985年,第176－177页。

②　宋濂等:《元史·耶律楚材传》:"太祖定燕闻其名,召见之。楚材身长八尺,美髯宏声,帝伟之,曰:辽金世仇,朕为汝雪之。对曰:'臣父祖尝委质事之,既为之臣,敢仇君耶?'"(第3455页)

③　贾敬颜:《五代宋金元人边疆行记十三种疏证稿》,中华书局,2004年,第255－311页。

辽东之地尽入于辽。予因念经行之路,尚隐约有荒墟故垒,皆当时屯兵力战暴骸流血之地,于今为乐国久矣。吊亡怀古,亦诗人不能忘情也,因赋一诗云:'李唐遭百六,边事失经营。大氏十传世,辽人久弄兵。战场春草瘦,戍垒墓烟平。今日归皇化,居民自乐生。'"赞美金朝为"乐国"、"居民自乐生",表明的正是颂扬本朝的态度。而通观全篇,他更是有"吊亡怀古"情怀的人。其实,他对一些州县沿革的记述,充分肯定了辽朝对辽东之地的经略功绩。比如,王寂对辽代显州奉先军、乾州、成州、懿州、韩州等在辽朝建置情况的叙述有表彰辽朝在辽东创建新的行政建置的意味,尤其是韩州始末的记述,让读者感受到辽太祖、辽圣宗时期移民置州为避风沙、水侵两度迁移治所的复杂开拓之路。正是在辽朝置州设县的基础上,金朝更进一步开发建设了辽东之地。王寂对辽朝较少偏见,对于朝代更迭和社会变迁也较少狭隘地忠于一姓皇朝的观念。

金朝处于多政权分立的时代,王若虚对于欧阳修所说的"王者之兴,天下必归于一统,可来者来之,不可者伐之,期于扫荡一平而后已"不以为然,他认为:"天下非一人之所独有也,此疆彼界,容得分据而并立。小事大,大保小,亦各尽其道而已,有罪则伐,无罪则已,自三代以来莫不然,岂有必皆扫荡使归于一统者哉!"①这是审视古今政权关系而得出的认识。王若虚对历史上一些朝代的更迭也提出了自己的看法。比如,他在评判三国时吴国的诸葛靓时就涉及吴的灭国和西晋的统一,他称其时为"君降国灭,天命有归"。他虽然不喜欢荀彧、冯道,但对于诸葛靓危难之时的逃窜,却在"天命有归"之时"乃始仇晋,不向朝廷而坐"②表示不理解,反映出他推崇忠诚于旧朝的大臣。但他认为朝代更迭是不由个人的意志决定的,顺应世变也是明智之举,如诸葛靓的行为属于进退两失。

金哀宗完颜守绪于"国家衰弱之际"③为皇帝,他对国家的灭亡有一些思考。天兴二年(1233)三月,蒲察官奴以忠孝军发动政变,杀死跟随金哀宗到归德来的官吏三百多人,金哀宗被其控制在明碧堂,金哀宗一日悲泣地说:"自古无不亡之国、不死之主,但恨朕不知用人,致为此奴所囚耳。"④天兴二年十二月,蔡城

---

① 王若虚:《滹南遗老集》卷26《君事实辨下》,丛书集成初编,中华书局,1985年,第165—166页。

② 王若虚:《滹南遗老集》卷26《臣事实辨中》,丛书集成初编,中华书局,1985年,第176页。

③ 脱脱等:《金史》卷17《哀宗本纪上》,中华书局,1975年,第377页。

④ 脱脱等:《金史》卷18《哀宗本纪下》,中华书局,1975年,第398页。

即将沦陷时,金哀宗对侍臣说:"古无不亡之国,亡国之君往往为人囚絷,或为俘献,或辱于阶庭,闭之空谷。朕必不至于此。卿等观之,朕志决矣。"①其中,"自古无不亡之国",说明金哀宗对于金朝的灭亡已有思想准备。同时,他反思了自己在用人上的失误,总结历史上亡国之君的处境,有了死于国的决心。天兴二年八月,金哀宗派阿虎带使宋借粮,临行时对阿虎带说:"宋人负朕深矣。朕自即位以来,戒饬边将无犯南界。边臣有自请征讨者,未尝不切责之。向得宋一州,随即付与。近淮阴来归,彼多以金币为赎,朕若受财,是货之也,付之全城,秋毫无犯。清口临阵生获数千人,悉以资粮遣之。今乘我疲敝,据我寿州,诱我邓州,又攻我唐州,彼为谋亦浅矣。大元灭国四十,以及西夏,夏亡及于我,我亡必及于宋。唇亡齿寒,自然之理。若与我连和,所以为我者亦为彼也。卿其以此晓之。"②金哀宗对当时的形势和各政权之间的关系以及未来局势的发展有较为准确的认知,说明他有审时度势的能力,只是金朝如大厦将倾难以挽救了。

二、探讨政策、风俗与环境

金朝统治者有时遇到一些现实问题不知如何应对时往往主动把目光投向过往,或以前代为先例而为当朝政策的推行提供依据。比如,大定十二年(1172)十一月甲戌,金世宗对宰臣说:"宗室中有不任官事者,若不加恩泽,于亲亲之道,有所未弘。朕欲授以散官,量予廪禄,未知前代何如?"尚书省左丞石琚回答说:"陶唐之亲九族,周家之内睦九族,见于《诗》、《书》,皆帝王美事也。"③这是以《诗》和《书》所言陶唐、周朝作为当时优遇宗室的依据。大定二十八年(1188)八月庚辰,金世宗对宰臣说:"近闻乌底改有不顺服之意,若遣使责问,彼或抵捍不逊,则边境之事有不可已者。朕尝思之,招徕远人,于国家殊无所益。彼来则听之,不来则勿强其来,此前世羁縻之长策也。"④可见,金世宗对前代推行的边疆民族政策有所思考。

---

① 脱脱等:《金史》卷18《哀宗本纪下》,中华书局,1975年,第402页。
② 脱脱等:《金史》卷18《哀宗本纪下》,中华书局,1975年,第400页。
③ 脱脱等:《金史》卷7《世宗本纪中》,中华书局,1975年,第157页。
④ 脱脱等:《金史》卷8《世宗本纪下》,中华书局,1975年,第201页。

赵秉文于贞祐初年撰写的《迁都论》《侯守论》是针对当时金朝内忧外患而作①。在《迁都论》中,他申明了与苏轼不同的看法。他说:"东坡有言:周室之坏,未有如东迁之谬者也。仆则以为不然,使平王不迁,亦不能朝诸侯而抚四夷也。"他以历史事实为依据,指出一些政权的迁都是救危防患不得已的举措。他说:"事有缓急,势有强弱。魏武之迁许昌,固不如图羽之易也;东晋之窜蛮越,又不如守建康之旧也。不幸夷狄乱华,外侮内讧,师老而缓急难支,财殚而馈运不继,何恃而不迁哉?"赵秉文把都城与天下的安危、国家的治乱联系起来进行分析,他认为,周都丰镐、周公定鼎于洛邑是存有深意的。其后,或设东西都,或置陪京,虽然是为了备君主巡幸,但也包含有防不虞之患。他也把迁都应该考虑的因素作了总结:"虽然,救之之术,有形,有势,有本。明皇幸蜀,晋迁金陵,恃江山险阻,形也;周之东迁,晋郑焉依,恃诸侯强大,势也;向使无江山险阻,与诸侯之势,则亦固其本矣。"②具体针对金朝的实际,他指出:"上京、中都,国家之根本也。议者或迁河南,或迁陕西,不过恃潼关大河之险耳,而夏人伺吾西,宋人伺吾南,万一蜂虿有毒,窥吾间隙,则关河之险,为不足恃。况大河为限,则举根本之地,似乎弃之,可乎?故愚以为莫若权幸山东,山东富庶甲天下,杜牧所谓'王不得不王,霸不得不霸'。又利建侯,海道可以通辽东,兵运直接上京,开黄河故道,由沧景而入海,则是河南、山东,为一大河险阻共之也。有关河之形,固上京、中都之本,而辅之以建侯之势,一举而三者得,其与迁河南、陕西不侔矣。"③可见,赵秉文的《迁都论》不仅分析了历史上一些政权迁都的形势,总结了迁都的经验,而且陈述了自己对当时迁都的建议。因而,王明荪先生称道:"赵秉文熟读诸史,其历史知识表现于史论之中,并援引之论金朝之时事,堪为学术致用之典型。"④在《侯守论》中,赵秉文认为,建侯置守各有利弊,即"皆是也","皆非也"。他以三代和秦的历史说明了这一点。他说:"三代封建,则守在西夷,而其弊也,有尾大不掉之患;秦罢侯置守,则制在一人,而其衰也,有天

---

① 元好问所撰《墓志铭》说:"宣宗贞祐初,中国仍岁被兵,公言时事可行者三:一迁都,二导河,三封建。"元好问概括其大意与《迁都论》《侯守论》同。

② 赵秉文:《闲闲老人滏水文集》卷14《迁都论》,丛书集成初编,中华书局,1985年,第200页。

③ 赵秉文:《闲闲老人滏水文集》卷14《迁都论》,丛书集成初编,中华书局,1985年,第201页。

④ 王明荪:《金代士人之历史思想》,(台湾)《兴大历史学报》2000年第十一期。

下土崩之势。"①他强调，由于惩其弊端，而否定封侯或置守都是一偏之见，关键要弄清楚如何救弊。他主张封建、郡县要因时制宜。赵秉文深知建侯置守的弊端，所以他主张在统治稳定之时，不应实行封建以免生灵之患，但当社稷处于危难之时则可以实行封建以缓和危机。他认为，唐天宝之乱后，藩镇跋扈，或治或乱，然而唐朝又存在了一百五十年，主要得益于"藩镇相维之力"。所以，他总结说："不得已而封建，其利有三：诸侯世擅其地，则各爱其民，爱其民则军不分，修其城郭，备其器械，则人自为战，人自为战则我众彼寡，夷狄不能交侵，一也；夷狄无外侮，则天下终为我有，二也；虽有强犷之徒，大小相维，足以长世，三也。"②可见，赵秉文认为在无可奈何的情况下行封建，可以使国家免于夷狄交侵，也可以存天下和延长世数。这里，姑且不论其看法是否正确，重要的是他陈述了自己对封建与郡县的见解。赵秉文的《侯守论》观点是明确的，他对历史上分封和郡县的认识是："郡县之制，可以大治，亦可大乱；封建之制，不可大治，亦卒不至大乱。"这说明他还是倾向地认为封建之制有其合理的因素。因此，他主张："罢侯置守，非大乱之后，不可卒变；封建子弟，非罢侯置守之难也。"③赵秉文这篇《侯守论》撰写于金末形势危急之时，是针对时局而提出的建议，旨在存国与延缓金朝的世数，具有很强的目的性。当然，赵秉文的《侯守论》囿于一姓江山的稳固、朝代世数的延长，对于建侯置守的认识其视野并不开阔，远没有明末清初思想家王夫之的见解深刻。王夫之比较郡县制和分封制，已经摆脱了为一姓君主谋划的政治目的，而是站在生民的立场上进行评论的。他说："郡县者，非天子之利也，国祚所以不长也；而为天下计，则害不如封建之滋也多矣。"④相比之下，赵秉文的关于分封与郡县的历史认识还是有其时代局限性的。

在赵秉文所作史论中，人才是属于国之纪纲的组成部分，前述《总论》和对汉唐历史的评论中他反复重申了这种看法。他的《知人论》主要为君主明辨人才而写。其中也包含有人才与国之治乱的思想。他说："天下之患，莫大于有间，小人

---

① 赵秉文：《闲闲老人滏水文集》卷14《侯守论》，丛书集成初编，中华书局，1985年，第201页。

② 赵秉文：《闲闲老人滏水文集》卷14《侯守论》，丛书集成初编，中华书局，1985年，第202页。

③ 赵秉文：《闲闲老人滏水文集》卷14《侯守论》，丛书集成初编，中华书局，1985年，第202页。

④ 王夫之：《读通鉴论》卷1《秦始皇》，中华书局，1975年，第2页。

者,因其间之可入,投巇抵罅,无所不至,其始也,侥幸于一切之利,而不图后患,而其末也,至于国家覆败,而不可支持,未尝不本乎小人之为患也。"①这里,赵秉文指出,小人以图利始而往往以国家覆败终,其患不可不谓大。然而,存在这样一个问题,就是小人为患难知,即使知道其为患也难以去之。为什么呢?他认为主要是小人并不像盗跖、商臣、恶来、栾魇那样让人可以辨明其恶,而是"小慧似智,矫谏似忠",他们很会迎合君主,因此,"其诈足以固人主之宠,其信足以结人主之知"②。他指出汉的张禹、胡广,晋的孙勖,唐的庐李之徒都是这样的。他认为王莽篡权、宦官专权、八王之乱、安史之祸,都是小人以美言惑君、以酒色诱君引发的恶果。因此,他说:"人之适意,常在耳目之前,而遗患常在于数十年之后,求其免于后患也,难矣哉!"③这是对为人君者提出的谏言。对于如何辨别君子和小人,赵秉文指出:"小人不知大体而寡小过,苟得苟合,易进而难退;君子知大体而不免小过,不苟得,不苟合,难进而易退。人主者赦君子之小过,而不怵于小人之寡过,以责其远者大者,其亦庶乎其可也。"④可见,他的《知人论》是针对君主用人而立论的,其目的是希望君主能明辨人才,不惑于小人,免得遗患无穷以致国家覆败。

元好问在其寄给耶律楚材的书信中曾就国家储备人才问题有所论述,他说:

> 自汉、唐以来,言良相者,在汉则萧、曹、丙、魏,在唐则有房、杜、姚、宋。数公者固有致太平之功,而当时百执事之人毗助赞益者,亦不为不多。传记具在,盖可考也。夫天下大器,非一人之力可举。而国家所以成就人材者,亦非一日之事也。从古以来,士之有立于世,必藉学校教育、父兄渊源、师友之讲习,三者备而后可。喻如修明堂总章,必得梗楠豫章、节目碌砢、万牛挽致之材,豫为储蓄数十年之间,乃能备一旦之用。非若起寻丈之屋,樽栌根楔,楹杙萝桷,杂出于榆柳槐柏,可以朝求

---

① 赵秉文:《闲闲老人滏水文集》卷14《知人论》,丛书集成初编,中华书局,1985年,第199页。

② 赵秉文:《闲闲老人滏水文集》卷14《知人论》,丛书集成初编,中华书局,1985年,第199页。

③ 赵秉文:《闲闲老人滏水文集》卷14《知人论》,丛书集成初编,中华书局,1985年,第200页。

④ 赵秉文:《闲闲老人滏水文集》卷14《知人论》,丛书集成初编,中华书局,1985年,第200页。

而暮足也。①

汉、唐在金人眼中是历史上盛大的朝代,也是人才济济的时代。元好问以汉、唐为例,言人才在治国理政方面的重要作用,也言及教育非一日之功,士的养成如修明堂,需要储备数十年材料以"备一旦之用"。他是从人才储备的角度论国家的文治政策的。

金人关于旧有风俗,有坚守,更有移风易俗。很多女真传统习俗继续保持,各族的节庆习俗也多有沿用,当然也强制命令改变了一些不符合礼仪规范的民族习俗。比如,大定十七年(1177)十二月戊辰,"以渤海旧俗男女婚娶多不以礼,必先攘窃以奔,诏禁绝之,犯者以奸论"②。金代各地风俗不同,这一点作为统治者的金代皇帝也有所了解。比如金世宗曾说:"燕人自古忠直者鲜,辽兵至则从辽,宋人至则从宋,本朝至则从本朝,其俗诡随,有自来矣。虽屡经迁变而未尝残破者,凡以此也。南人劲挺,敢言直谏者多,前有一人见杀,后复一人谏之,甚可尚也。"③他所总结的还是有一定道理的,由于长期以来燕地都是多政权交替管辖的区域,所以这一区域的人对于政权的变换已司空见惯,并不会有太强烈的反映,他们适应能力强,往往表现为随遇而安。相比较而言,南方则长期较为稳定,政权更迭往往会使他们的心理产生较大震动,难以适应其变化,因此忠诚于旧政权的人较多。金宣宗也有类似的言论,他说:"江淮之人,号称选懦,然官军攻蔓菁嵎,其众困甚,胁之使降,无一肯从者。我家河朔州郡,一遇北警,往往出降,此何理也?"④应该说他只看到了现象,并不清楚其中原因,也就是说,他还没有把区域民风与人的品行之间的深层次的联系弄清楚,所以他还心存疑惑。至于古今风俗对比,金世宗认为今日风俗不如古,若要复还古风当以文德感化⑤。

赵秉文所作《直论》讨论的是正直与守道的关系。从表面上看,赵秉文主要谈论的是人的价值观念与是非判断。事实上,也是在探讨风俗的问题。他认为,人莫不好直而恶曲,不能做到这样,主要是为物所遮蔽的缘故。贪者怵于利,而怯者

---

① 姚奠中主编、李正民增订:《元好问全集》卷39《寄中书耶律公书》,山西古籍出版社,2004年,第804页。

② 脱脱等:《金史》卷7《世宗本纪中》,中华书局,1975年,第169页。

③ 脱脱等:《金史》卷8《世宗本纪下》,中华书局,1975年,第184页。

④ 脱脱等:《金史》卷15《宣宗本纪中》,中华书局,1975年,第342页。

⑤ 脱脱等:《金史》卷8《世宗本纪下》,中华书局,1975年,第187页。

避其祸。他以论人物、评曲直来分析这一现象。他指出,对人物作出不公正评价大致有两种情况:"应非而是者"与"应是而非者"。"应非而是者,必其亲且厚也,不然,其权势足畏也;应是而非者,必其疏且怨也,不然,其势位足卑也。"其分析是合乎情理的。同时,赵秉文认为正直也有不同的类型:"有直而陷于曲者;有曲以全其直者;有直而过于直者;有直以遂其直者。"他举例说:"其父攘羊而子证之,此直而陷于曲者也;鲁昭公娶于吴,孔子以为知礼,此曲以全其直者也;国武子以尽言见杀,洩冶以谏死,此直而过于直者也;齐鲁之会,孔子历阶而进,齐梁之见,孟子不肯枉尺而直寻,此直以遂其直者。"其区分直的目的,是希望人们可以辨明是非而有所选择。他倡导正直,他说:"君子杀身,直焉可也。"又说:"所贵君子者,动静语嘿,不离其道者也。"①应该承认,赵秉文的《直论》中包含有维护名教、维护封建伦理纲常的成分,不是全部可取的,但他的《直论》的出发点是树立正直的风俗,因而对当时君主治理国家还是有积极意义的。

金末元好问在其所撰文章中对社会环境与人才成长作过较深入的探讨。他说:

> 天下之治乱无常势,故士之立功名、取富贵者不一途。四方承平时,贵有常尊,贱有定卑。出而仕者,非门资乡举、劳选恩授,则无以进。至于流品之所限,阶级之所铨,刺举之所推,殿最之所废,有望一命之爵若登天然者。虽有游、夏之文,韩、白之武,仪、秦之辩,管、乐之智,徘徊蓬藋之下,终老而无所成者多矣。若夫分崩离析之际则不然。事与时并,力与命会,天与人交相胜。布衣之士,披荆棘而顾盼,乘风尘而角逐,所谓侯王将相,为丈夫者自有之。虽世之言阀阅者,率以韦、平之累业,金、张志世胄为夸,亦犹丰沛诸子奋发于刘项之日,炳耀于迁、固之笔,终不以贩缯屠狗、吹箫织席贬之矣。②

元好问这段话是反思历史而得出的具有一定规律性的认识。大致说来,他认

_____

① 赵秉文:《闲闲老人滏水文集》卷14《直论》,丛书集成初编,中华书局,1985年,第202－203页。

② 姚奠中主编、李正民增订:《元好问全集》卷31《齐河刘氏先茔碑记》,山西古籍出版社,2004年,第662－663页。

为就士之仕进而言治世和乱世难易度不同。"四方承平时,贵有常尊,贱有定卑",士之立功名、取富贵受到多重限制,得爵"若登天",因此有才华者终老无所成者多;而"若夫分崩离析之际",士之仕进的机会就多了,布衣之士可以乘时而起,王侯将相也可以取得,他以丰沛诸子奋发于刘项之际证明了他的观点。元好问指出朝代更迭之乱世是造就英雄的时代,奋发有为者多能改变命运。他的立意是积极的,他赞同应变者顺应时势而有所作为。

地理环境与社会历史发展的关系,是中国古代历史理论中的一个基本问题,关注地理环境与社会经济、政治、文化的关系是中国古代史学的优良传统之一。早在司马迁著《史记》时就已经注意到了地理环境与经济发展、风俗习惯的关系,此后这种传统为历代史家、文人所继承。元好问在其撰写的文章中也有所论及,其思想认识也是中国古代有关历史理论的重要组成部分。比如,他提到过:"河朔用武之国,自金朝南驾,文事扫地,后生所习见唯驰逐射猎之事。莅官政者,或不能执笔记名姓,风俗既成,恬不知怪。"①他也讲过:"余行天下四方,惟燕析木之分,风土完厚,有唐三百年雅俗之旧,而不为辽霤之所变迁,是以敦庞耆艾之士视他郡国为尤多,至于子弟秀民,往往以横经问道为事。"②又说:"晋北号称多士。太平文物繁盛时,发策决科者,率十分天下之二,可谓富矣!丧乱以来,僵仆于原野,流离于道路,计其所存,百不能一。"③他在《送秦中诸人引》中提及:"关中风土完厚,人质直而尚义。风声习气,歌谣慷慨,且有秦、汉之旧。"④他认识到区域地理环境与社会发展、文化传统、历史因素之间有相互的影响,并形成了一方文化或风俗。

总之,金朝人关于朝代更迭、统治政策、风俗、环境等变化都有一定的思索,但成果并不丰富,认识也算不上深刻。值得重视的是,他们对于历史变化积极应变是主流。

---

① 姚奠中主编、李正民增订:《元好问全集》卷29《千户赵侯神道碑铭》,山西古籍出版社,2004年,第616页。

② 元好问:《遗山先生文集》卷33《致乐堂记》,商务印书馆,1937年,第448页。

③ 姚奠中主编、李正民增订:《元好问全集》卷37《兴定庚辰太原贡士南京状元楼宴集题名引》,山西古籍出版社,2004年,第776页。

④ 姚奠中主编、李正民增订:《元好问全集》卷37《送秦中诸人引》,山西古籍出版社,2004年,第776页。

第三节　德运与天下一家

一、区夏、中州、中国观念

"区夏"、"中州"、"中国"是地域的观念,也是文化的观念。有关金代"中州观"和"中国观"已有学者作过深入研究①,这里主要审视金人的中州观念、中国观念所体现的他们对中国传统文化的态度。

天会十四年(1136)宗磐等上议祖宗谥号提到:"伏以国家肇造区夏,四征弗庭。"②与此类似的句子还有:"我国家肇造区夏,奄有四海"③;"皇朝混一区夏,方隅底宁"④。金熙宗天会十五年(1137)下行台尚书省的《废刘豫诏》有言:"朕丕席洪休,光宅诸夏。"⑤《大金德运图说》之《省奏》也有提及:"方今并有辽宋,统一区夏,犹未定其所王。"⑥这里的"区夏"与"诸夏"含义一致,显然代表中原地区,是文人润色文字时对传统中心区域用语的沿用。作为地域概念的"中国"在金人文献中也见有使用。比如,金熙宗皇统八年(1148)所刻《宜州厅峪道院复建藏经千人邑碑》提及佛教有"自汉已上,中国未传"⑦。同样,金海陵王的《修汴京大内诏》则表达了欲光宅于"中土"而迁都汴京之意⑧。泰和五年(1205),针对宋朝"渝盟有端",金章宗召集大臣商议对策,左丞相宗浩讲:"宋久败之国,必不敢动。"独吉思

---

① 参见齐春风:《论金人的中州观》,《辽宁师范大学学报》1995 年第 3 期;刘扬忠:《论金代文学中所表现的"中国"意识和华夏正统观念》,《吉林大学社会科学学报》2005 年第 5 期;赵永春:《试论金人的"中国观"》,《中国边疆史地研究》2009 年第 4 期。

② 张玮等:《大金集礼》卷 3《天会十四年奉上祖宗谥号》,中华书局,1985 年,第 37 页。

③ 马师孟:《许州昌武军节度使厅壁题名碑》,张金吾编纂《金文最》卷 66,中华书局,1990 年,第 960 页。

④ 黄久约:《重修中岳庙碑》,张金吾编纂《金文最》卷 72,中华书局,1990 年,第 1061 页。

⑤ 李心传:《建炎以来系年要录》卷 117,中华书局,2013 年,第 2172 页。

⑥ 《大金德运图说》之《省奏》,文渊阁四库全书本。

⑦ 徐卓:《宜州厅峪道院复建藏经千人邑碑》,张金吾编纂《金文最》卷 66,商务印书馆,1937 年,第 954 页。

⑧ 宇文懋昭:《大金国志》卷 14《海陵炀王中》,崔文印校证本,中华书局,1986 年,第 194 页。

忠则说:"宋虽羁栖江表,未尝一日忘中国,但力不足耳。"①这里的"中国"显然是指中原地区,独吉思忠认为南宋虽偏安江表,但一直没忘其丧失的中原土地。同样,张行信在其论德运时也提到:"魏晋以降,刘、石、燕、赵迭据中国"②。这里的"中国"也是指中原地区。应该说,金人在不同时期对于"中州""中夏""中国"等地域概念都是很自然的运用,这与金朝重视传统典籍的学习及借才异代有很大关系。

正是基于以"中国"指代中原,金人也以"中国"代指据有中原的政权。比如,金泰和南征时,宗浩作为都元帅在给南宋知枢密院张岩的复书中提到:"昔江左六朝之时,淮南屡尝属中国矣。"③显然,其中的"中国"是指据有中原之地的北朝政权。在海陵王迁至汴京准备南伐时,海陵王嫡母徒单氏曾与枢密使仆散师恭谈及当时的情况,史官记录的言语中就有:"国家世居上京,既徙中都,又自中都至汴,今又兴兵涉江、淮伐宋,疲弊中国,我尝谏止之,不见听。"④海陵王南伐支持者少,宦者梁珫则很赞同。史载:"议者言珫与宋通谋,劝帝伐宋,征天下兵以疲弊中国。"⑤金大定年间,"北鄙岁警",当时有提议"发民穿深堑以御之",李石和纥石烈良弼反对,他们认为:"古筑长城备北,徒耗民力,无益于事。北俗无定居,出没无常,惟当以德柔之。若徒深堑,必当置戍,而塞北多风沙,曾未期年,堑已平矣。不可疲中国有用之力,为此无益。"⑥这几处都是以"中国"指代金朝。可以肯定,金人据有中原后在其文章中自称诸夏(区夏)、华、中国、中州、中土、中夏等情况多起来。金章宗泰和八年(1208)戒谕尚书省的诏书提到的"朝廷者百官之本,京师者诸夏之仪"⑦的"诸夏"显然是指代国家,也就是金朝。赵秉文撰写的《宣宗哀册》其词有:"大金受命,传休累圣,薄海内外,罔不禀令。大安失御,不厌蠲政,戎马南牧,华风不竞。"⑧其中的"华"也是指代金朝。杨云翼在其《言简卒理财疏》中提

① 脱脱等:《金史》卷93《独吉思忠传》,中华书局,1975年,第2064页。

② 《大金德运图说》,文渊阁四库全书本。

③ 脱脱等:《金史》卷93《宗浩传》,中华书局,1975年,第2078页。

④ 脱脱等:《金史》卷63《后妃传上》,中华书局,1975年,第1506页。

⑤ 脱脱等:《金史》卷131《宦者传》,中华书局,1975年,第2808页。

⑥ 脱脱等:《金史》卷86《李石传》,中华书局,1975年,第1915页。

⑦ 脱脱等:《金史》卷12《章宗本纪四》,中华书局,1975年,第285页。

⑧ 赵秉文:《闲闲老人滏水文集》卷18《宣宗哀册》,丛书集成初编,中华书局,1985年,第223页。

到:"若夫边方攻守之策、兵家奇正之术,固非愚臣所能识也。虽然,臣窃料宋人为此无名之举者,上无奇谋秘策可以摇动中国者,特以过听逋逃之言,以为彼军朝发则我民夕应矣。"①元好问所撰《资善大夫吏部尚书张公神道碑铭》曾有言:"大夫士仕于中国全盛时,立功立事,易于取称,故大定明昌间多名臣。"②元好问所撰《拟贺登宝位表》有言:"中国之有至仁,无思不服;圣人之得大宝,咸与维新。"③元好问在其所作《赵闲闲真赞二首》中称赞赵秉文说:"人知为五朝之老臣,不知其为中国百年之元气。"④金天兴元年(1232)有人对尚书左丞李蹊说:"中国百余年,唯养得一陈和尚耳!"⑤显然,这几处"中国"都是指金朝。在金人的文章中,"中土"、"中夏"、"中州"与"中国"同。比如,"自大安失驭,中夏版荡,民居官寺,毁为焦土"⑥;"天兵南下,经略中土,岁甲戌秋,师次燕西"⑦;"贞祐初,中夏被兵"⑧;"贞祐甲戌,车驾迁南都,武元立国,至是百年矣。自中州被兵,朝廷大政虽以战守为急,而大纲小纪典则具在,武备文事,不容偏废"⑨;"中州文明百年,有经学,有《史》、《汉》之学、《通典》之学,而《通鉴》则不能如江左之盛"⑩;"迄今论天下士,至之纯与雷御史希颜,则以中州豪杰数之"⑪。金人自称"中国",以"中土"、"中州"等指代金朝,除了传承长期以来以中原为"中国"的基本概念之外,多少包含着政治与文化正统的意味。

除了以中原为"中国"的观念之外,在金代中后期金人也依据《春秋》来阐释中

---

① 王恽:《玉堂嘉话》卷1《杨恕谈其父正大间奏议》,中华书局,2006年,第49页。

② 元好问:《遗山先生文集》卷20《资善大夫吏部尚书张公神道碑铭》,商务印书馆,1937年,第279页。

③ 元好问:《遗山先生文集》卷15《拟贺登宝位表》,商务印书馆,1937年,第217页。

④ 元好问:《遗山先生文集》卷38《赵闲闲真赞二首》,商务印书馆,1937年,第519页。

⑤ 元好问:《遗山先生文集》卷27《赠镇南军节度使良佐碑》,商务印书馆,1937年,第362页。

⑥ 元好问:《遗山先生文集》卷32《寿阳县学记》,商务印书馆,1937年,第428页。

⑦ 元好问:《遗山先生文集》卷28《大丞相刘氏先茔神道碑》,商务印书馆,1937年,第369页。

⑧ 元好问:《遗山先生文集》卷28《广威将军郭君墓表》,商务印书馆,1937年,第377页。

⑨ 元好问:《遗山先生文集》卷18《通奉大夫礼部尚书赵公神道碑》,商务印书馆,1937年,第256页。

⑩ 元好问:《遗山先生文集》卷36《陆氏通鉴详节序》,商务印书馆,1937年,第485页。

⑪ 元好问编:《中州集》丁集第四《屏山李先生纯甫》,中华书局,1959年,第220页。

国观念。赵秉文认同《春秋》："诸侯用夷礼，则夷之；夷而进于中国，则中国之。"这说明当时金人关于"中国"的观念不仅仅以地域为说，又有赞同《春秋》而以礼为标准的解说。具体针对同时存在的分治政权，赵秉文以三国为例，指出："西蜀，僻陋之国，先主、武侯，有公天下之心，宜称曰汉。汉者，公天下之言也。"①也就是说，只要是遵循中国礼仪制度，不限华夷都可视为中国，只要有"公天下之心"，无论地域是偏僻还是居中，都可认为是正统政权的传承者。赋予"中国"以文化的概念是孔子、韩愈等开明大儒的卓识②，但金人认同以文化为主导言及"中国"同样具有进步的意义。

值得注意的是，明昌三年(1192)十一月丙子，金章宗"诏臣庶名犯古帝王而姓复同者禁之，周公、孔子之名亦令回避"③。泰和四年(1204)三月，"尚书省奏：'三皇、五帝、四王，已行三年一祭之礼。若夏太康、殷太甲、太戊、武丁，周成王、康王、宣王，汉高祖、文、景、武、宣、光武、明帝、章帝，唐高祖、文皇一十七君致祭为宜。'从之"④。这在一定程度上表现了金章宗朝君臣从政治上和文化上的"中国"认同。

二、正统观与德运之议

女真族为最高统治者的金朝有别于历史上以汉族和其他民族为最高统治者的皇朝，对于历史上的华夷观、正统观，他们有所继承也有所发展。从金代史学家王若虚对三国人物的评价看，他对历史上的正统观念是有所继承的，王若虚曾评论说："荀彧之徒，党附曹贼，以取天下，皆汉室之罪人。"⑤田特秀所撰《重建显烈庙碑》碑文也讲："曹操以奸雄之资挟天子以令四方，执太阿以用其颖，以司天下之命，窥图神器，坐观西伯，虽名汉相，其实汉贼。先主以汉之宗裔，禀宽厚之资，负英雄之气，下将解黔首之倒悬，上则惧高光之不血食也，屈体待士，绍复旧物。"⑥

---

① 赵秉文：《闲闲老人滏水文集》卷14《蜀汉正名论》，丛书集成初编，中华书局，1985 年，第 196 页。

② 赵永春：《试论金人的"中国观"》，《中国边疆史地研究》2009 年第 4 期。

③ 脱脱等：《金史》卷9《章宗本纪一》，中华书局，1975 年，第 225 页。

④ 脱脱等：《金史》卷12《章宗本纪四》，中华书局，1975 年，第 267 – 268 页。

⑤ 王若虚：《滹南遗老集》卷27《臣事实辨上》，丛书集成初编，中华书局，1985 年，第 172 页。

⑥ 田特秀：《重建显烈庙碑》，张金吾编纂《金文最》卷83，中华书局，1990 年，第 1213 页。

《金史》少见金人关于夷夏之辨的言论,在金人的史论中虽然承袭了以往有关华夷的观念,但金人不自视为"夷",而称其周围的族群为"夷",倒是宋人在行文中会指称女真为"夷"①。比如,金章宗明昌二年(1191)六月癸巳,"禁称本朝人及本朝言语为'蕃',违者杖之"②。赵秉文在其所撰《书曹忠敏公碑后》中评论说:"儒者不言利,然《周礼·天官冢宰》制国用、理财者半之,有利物之利,有货财之利。顾所用如何耳? 善乎忠敏公之言曰:'丰财之道,非求财而益之也,去事之害财而已。'故公之总利权也,号能称职。求其所以致之之术,税不及什一,两税之外,一无横敛。不数年间,仓库充实,民物殷富,四夷宾服,以致大定三十年之太平。"③这段评论中提到的"四夷"显然是指金朝周边少数民族。从金人谈论正统的言论看,毫无疑问历史上的正统思想对金人产生一定的影响。早在天会四年(1126)金回宋三省枢密院的劄子就提及"今皇帝正统天下"④。海陵王关于正统的言论有:"自古帝王混一天下,然后可为正统"⑤;"天下一家,然后可以为正统"⑥。他也有诗云:"万里车书盍混同,江南岂有别疆封? 提兵百万西湖上,立马吴山第一峰。"⑦金世宗讲究正统,他说:"我国家绌辽、宋主,据天下之正,郊祀之礼岂可不行。"⑧为了从礼乐制度上和理论上阐释金朝是"据天下之正",金世宗和金章宗统治时期,进一步完善了礼仪制度。又在金章宗时期和金宣宗贞祐二年(1214)展开了关于"德运"的讨论,即"德运之议"。

从贞祐二年金代尚书省官员所作《省判》看,金代章宗朝的德运之议起于明昌四年(1193),终于泰和二年(1202),前后十年,参与者先是省台寺监七品以上官员,后有朝官十余员,又有汉进士知典故官员,以及省官四十余员集议,"议论既多,不能归一"⑨。他们的讨论大致有三种意见:金德、木德、土德。他们论述自己

---

① 吴凤霞:《辽金元史学研究》,中国社会科学出版社,2009 年,第 215 - 217 页。

② 脱脱等:《金史》卷9《章宗本纪一》,中华书局,1975 年,第 218 页。

③ 赵秉文:《闲闲老人滏水文集》卷20《书曹忠敏公碑后》,丛书集成初编,中华书局,1985 年,第 238 页。

④ 《大金吊伐录校补》,金少英校补,李庆善整理,中华书局,2001 年,第 117 页。

⑤ 脱脱等:《金史》卷84《耨盌温敦思忠传》,中华书局,1975 年,第 1883 页。

⑥ 脱脱等:《金史》卷129《李通传》,中华书局,1975 年,第 2783 页。

⑦ 岳珂:《桯史》卷8《逆亮辞怪》,吴企明点校本,中华书局,1981 年,第 95 页。

⑧ 脱脱等:《金史》卷28《礼志一》,中华书局,1975 年,第 694 页。

⑨ 《大金德运图说》之《省判》,文渊阁四库全书本。

的观点时涉及对唐、五代、宋政权历史地位的看法，以及对金朝与前朝之间关系的认识。具体说来，刑部尚书李愈和翰林学士承旨党怀英虽然所论依据不同，但他们都对金朝立国及金太祖创建之功予以肯定，并珍视祖训。李愈认为金朝自金太祖就以金为国号，八十年来又以丑为腊，所以为金德"合天心、合天道、合祖训"。党怀英依据苏轼书传之说，以为金自太祖兴举义兵，"剪辽平宋，奄有中土，与殷以兵王而尚白理同"。同时，他认为金朝以金为德也是"遵太祖之圣训，有自然之符应"。其实，李愈和党怀英都没有遵循五行相生之次，反映了他们对以往五行相生之说并不是很认可，他们更重视的是祖训。但同是持有金德意见的户部尚书孙铎、侍读学士张行简、太常卿杨庭筠等是按照五德终始说的体系进行推衍的，他们对唐、五代、宋政权持有不同的态度，他们认为唐朝为土德，此后的朱梁、后唐都不能附于唐，而石晋、刘汉、郭周都是"乘时攘窃，其祚促短"，不足以论德运，北宋却可以继承唐统，它自定继后周为火德，所以不可为正统而应处于闰位。应该说他们肯定唐朝而否定五代政权，进而认为宋朝居位不正，且依据"越恶承善越近承远之说"倡言金朝继承唐统。同时，他们又考虑到金太祖圣训及载于国史的纯白鸟兽瑞应而主张为金德，干脆忽略辽朝而不提。而秘书郎吕贞干、校书郎赵沁以为辽朝是在金朝之前成就帝业的，辽以水为德，水生木，金应承辽运而为木德。至于太常丞孙人杰以宋运已绝，主张金朝继承宋运而为土德，大理卿完颜萨喇、直学士温特赫、大兴应奉完颜恩楚、弘文校理珠嘉珠敦等也都主张金朝应承宋而为土德。到金章宗泰和二年尚书省将讨论的结果汇总并奏告章宗皇帝称："辽据一偏，宋有中原，是正统在宋，其辽无可继，张邦昌、刘豫皆本朝取宋以后命立之，使守河南、山东、陕西之地，即本朝之臣耳，吕贞干何得言楚、齐更霸不可强继宋孽？李愈所论太祖圣训即是分别白黑之姓非关五行之叙。皇朝灭宋俘其二主火行已绝，我乘其后，赵构假息江表与晋司马睿何异？若准完颜萨喇、孙人杰等所议，本朝合继火德已绝汴梁之宋，以为土德是为相应。"金章宗准奏[1]。可见，金章宗朝的尚书省主事者对于辽与北宋谁为正统所持的标准是据中原为正统，而楚、齐虽处中原却是金朝所立，其统治者为金朝之臣，南宋赵构也是偏安一隅，因此他们采纳了继北宋而为土德。

金宣宗贞祐二年，金朝尚书省礼部再次奉圣旨主持商议本朝德运。当时所选官员关于本朝德运的看法主要有二：一种是主张金朝为金德，如应奉翰林文

---

① 《大金德运图说》之《省判》，文渊阁四库全书本。

字黄裳、翰林修撰舒穆噜世勣、刑部员外郎吕子羽、右谏议大夫兼吏部侍郎张行信、朝请大夫应奉兼编修穆颜乌登、少中大夫吏部员外郎纳塔谋嘉、中大夫濮王府尉阿里哈希卜苏、中议大夫刑部郎中富察伊尔必斯、通奉大夫越王傅完颜伊尔必斯、中奉大夫吏部尚书完颜伯特、右拾遗田庭芳等官员都持金德说；另一种主张是土德，如翰林待制兼侍御史完颜乌楚、承直郎国史院编修官王仲元、应奉崔伯祥、翰林直学士中大夫赵秉文，他们坚持认为金朝应为土德。其实，章宗朝和宣宗贞祐二年的德运之议都不是官员们自发发起的，而是以政令的形式强制推行的讨论活动。但官员们所上的德运之议主要反映了他们对多政权分治背景下金朝所居地位的思考和认识，是他们政治观的体现，也是他们历史观的表露。可以肯定，当时以金朝女真族皇帝为首的统治集团秉持的正统观念是与以往朝代有承袭关系的。无论是遵照汉以来五德终始相生之说，还是依据苏轼书传之说，或认同欧阳修正统论所讲的"君子大居正，王者大一统"①，都是对从前有关政权合法性理论的继承。当然，在金人的议论中，确实有不顾任何理论，只讲金朝祖训或主要基于本朝历史文化而言德运问题的，而且即使采用前代理论者多数也在意金朝的祖训。这表明金人并不完全照搬前代相关的理论，而是有所遵循、有所变革，旨在对金朝的历史地位作出合乎情理的解读。在金代关于德运的议论中，也关涉到当时文化选择的问题。应该说，到金章宗朝女真族的汉化使以金章宗为首的统治集团中的大部分人其文化立场发生较大转变，与金世宗朝倡导保持民族文化传统大不相同了，可能由于金章宗本人带有较明确的倾向性缘故②，木德之说受到打压，土德之说占据优势。当然，其时仍有一部分人还是重视女真文化传统，因此，宣宗朝德运之议再起。总的来看，金朝的德运之议主要反映的是金朝上层统治者思想文化取向的争议，商议并没有真正达成共识，分歧的存在说明金代各族官员的正统观和历史观是有差异的，他们的讨论是思想层面上的争议，对当时的经济社会发展没有直接的影响。今天看来，金朝德运之议的倡导者从文化思想上已认同金朝为"中国"了。

从金人言正统的依据看，其前期简单而务实，认为灭辽举宋或"混一天下"即为正统了，但金代中后期，开始寻求理论的支持，走向复杂而务虚了。很多官员参

---

① 《大金德运图说》之《承直郎国史院编修官王仲元议》，文渊阁四库全书本。

② 据元好问言："(吕贞干)在史馆论正统，独异众人，谓国家止当承辽，大忤章庙旨，谪西京运幕。"见《中州集》卷8《吕陈州子羽小传》，中华书局，1959年，第416页。

与讨论，清代四库馆臣就疑《大金德运图说》"尚有所脱佚"①。据赵秉文的《尚书左丞张公神道碑》所记，张行简、张行信的父亲清献张公（张暐）的奏议中有"明德运之非古，辨正统之无定"②，可见金章宗朝"最明古今礼学"③的张暐也是参与议论的。

三、天下一家思想

金人关于"天下一家"的言论内涵较为丰富。金太祖天辅七年（1123）的一个诏令较早提到"天下一家"，其文为："顷因兵事未息，诸路关津绝其往来。今天下一家，若仍禁之，非所以便民也。自今显、咸、东京等路往来，听从其便。其间被虏及鬻身者，并许自赎为良。"④这里所说的"天下一家"显然指政治隶属关系上的各地区为同一政权的意思。同样的意思在金海陵王议迁都的诏令和迁都燕京改元诏都有反映。他的议都燕京诏书有言："勿惮暂时之艰，以就得中之制。所贵两京一体，保宗社于万年；四海一家，安黎元于九府。"⑤海陵王所下迁都燕京改元诏提到："朕以天下为家，固无远迩之异；生民为子，岂有亲疏之殊？眷惟旧京，邈在东土，四方之政，不能周知，百姓之冤，艰于赴愬。况观风俗之美恶，察官吏之惰勤，必宅所居，庶便于治。"⑥刻于金世宗大定十一年（1171）的《创建宝坻县碑》的碑文也提到："皇朝奄有天下，混一四海，天德间建议，令兹尽以辽宋故地合为一家，会宁兴王之地，朝廷在焉，而尤近东偏，凡在经略之内，地则远近不一，事则繁简不同，乃诏建都于燕京。"⑦再有由党怀英撰写的刻于明昌二年的《曲阜重修至圣文宣王庙碑》所讲的"皇朝诞膺天命，累圣相继，平辽举

① 永瑢、纪昀主编：《四库全书总目提要》卷82《大金德运图说》提要，海南出版社，1999年，第433页。

② 赵秉文：《闲闲老人滏水文集》卷12《尚书左丞张公神道碑》，丛书集成初编，中华书局，1985年，第169页。

③ 脱脱等：《金史》卷106《张暐传》，中华书局，1975年，第2329页。

④ 脱脱等：《金史》卷2《太祖本纪》，中华书局，1975年，第40页。

⑤ 李心传：《建炎以来系年要录》卷162，胡坤点校本，中华书局，2013年，第3087页。

⑥ 李心传：《建炎以来系年要录》卷164，胡坤点校本，中华书局，2013年，第3122页。

⑦ 刘晞颜：《创建宝坻县碑》，张金吾编纂《金文最》卷69，中华书局，1990年，第1002页。

宋,合天下为一家"①中的"一家",明昌四年(1193)金章宗诛杀郑王的诏书所说的"天下一家,讵可窥于神器?"②的"一家",以及贞祐二年(1214)金宣宗罪己诏所提到的"朕念先皇之兴起,尚合南北于一家"③中的"一家",都是指政治隶属关系上的同一。

金朝同辽朝一样是一个以少数民族为最高统治者的多民族北方政权,当时的金代社会存在着民族不平等和民族压迫,但仍有一些统治者基于国家发展的考虑,推扬天下一家思想,在某些方面主张对各民族一视同仁。比如,皇统八年(1148)十一月乙未,左丞相宗贤、左丞禀等言,州郡长吏当并用本国人。金熙宗则说:"四海之内,皆朕臣子,若分别待之,岂能致一。谚不云乎,'疑人勿使,使人勿疑'。自今本国及诸色人,量才通用之。"④这是给予其他民族的官员与女真官员同等的主管地方州县的权力。

在金代,"一家"也用于外交国书中。比如,天辅七年(1123),金太祖与宋徽宗国书中的白劄子就提到:"虽贵朝不经夹攻,而念两朝通和,实同一家,必务交欢,笃于往日,……"⑤金天会四年宗望(斡离不)与宋皇帝的书信中有"缘念义同一家"之语⑥,而宋皇帝的回书中也言及"近闻大兵已到太原,攻围未下。和好之后,义同一家,愿速约拦人兵,以全一城生灵之命"⑦。天会四年宗望复宋钦宗书信中也讲:"惟愿两朝久惇信义,世固和成,下顺人情,上协天意。今既事同一家,仍虑百姓有妨农务;所索牛一万头,乞行罢去,伏乞照察。"⑧金宣宗《答夏国告和书》也有言:"矧惟大夏,时我宝邻,盟誓暨百年于兹,恩好若一家之旧。"⑨这些"一家"都

---

① 党怀英:《曲阜重修至圣文宣王庙碑》,张金吾编纂《金文最》卷70,中华书局,1990年,第1025页。

② 宇文懋昭:《大金国志》卷19《章宗皇帝上》,崔文印校证,中华书局,1986年,第259页。

③ 宇文懋昭:《大金国志》卷19《章宗皇帝上》,崔文印校证,中华书局,1986年,第333页。

④ 脱脱等:《金史》卷4《熙宗本纪》,中华书局,1975年,第84－85页。

⑤ 《大金吊伐录校补》,金少英校补,李庆善整理,中华书局,2001年,第60页。

⑥ 《大金吊伐录校补》,金少英校补,李庆善整理,中华书局,2001年,第142页。

⑦ 《大金吊伐录校补》,金少英校补,李庆善整理,中华书局,2001年,第144页。

⑧ 《大金吊伐录校补》,金少英校补,李庆善整理,中华书局,2001年,第157页。

⑨ 赵秉文:《闲闲老人滏水文集》卷10《答夏国告和书》,丛书集成初编,中华书局,1985年,第141页。

是出于两国和好的目的而言的,也是基于求同的心理所讲,是"天下一家""四海一家"思想在多政权时期的延展。

综上,金人的史论关注的问题有国家的治乱兴亡、君道、臣道、君臣关系、古今联系、朝代更迭、政策、风俗、环境,也有中国、一家、正统。显然,他们热衷于讨论政治统治的问题,他们所论突出的一个特点是着眼于现实。换句话说,他们带着很明确的现实目的反思历史,是现实的需要、现实的兴趣使他们讨论历史。从这个层面上看,20世纪初期意大利史学家克罗齐所提出"一切真历史都是当代史"的命题是有意义的。

第四章　元朝人史论的成就

相比较而言,元朝人流传后世的文字资料远远超过辽金两朝。元朝大统一的实现,民族与区域差异的存在,元人对于历史的认识复杂而丰富,取得了十分可观的成就。

第一节　金元之际文人史论的独特视角

一、杨奂的正统论

杨奂(1186－1255),字焕然,自号紫阳,《元史》有传。在金元之际,杨奂以其"声闻赫奕,耸动一世"而被称为"关西夫子"①。同时代的儒者赵复称赞杨奂说:"晚居洛阳,著书数十万言,沉浸庄、骚,出入迁、固,然后折衷于吾孔孟之六经。其言精约粹莹,而条理肤敏。"②杨奂所著《正统书》共六十卷,"自唐、虞至于五代,一年一月一日各有所书事,三代以上存而不议,秦、汉而后附之以论"③。饶宗颐先生认为,其书"俨然一新《通鉴纲目》,惜乎不传"④。所幸他的《正统八例总序》流传至今,今人尚可窥见其正统论的主要思想及立论的目的。

---

① 元好问:《遗山先生文集》卷23《故河南路课税所长官兼廉访使杨君神道之碑》,商务印书馆,1937年,第313－314页。

② 赵复:《杨紫阳文集序》,苏天爵编《元文类》卷32,商务印书馆,1958年,第422页。

③ 苏天爵辑撰:《元朝名臣事略》,姚景安点校,中华书局,1996年,第259页。

④ 饶宗颐:《中国史学上之正统论》,上海远东出版社,1996年,第52页。

杨奂之所以作《正统书》，主要是他认为天下后世的正统之说没有经过孔孟大儒的笔削，"滋蔓弥漫，而不知剪遏"①。他质疑古今正统之论，"既不以逆取为嫌，而又以世系、土地为之重，其正乎？"②他剖析了后世逆取而不惮，以及以世系、土地为之重者的伤仁害义，同时他也申明了自己的主张，所谓"王道之所在，正统之所在也"。他指出若不以王道为标准，则"使创者不顺其始，守者不慎其终，抑有以济夫人主好大喜功之欲，必至糜烂其民而后已，其为祸可胜计耶！"杨奂"矫诸儒之曲说，惩历代之行事"所总结的正统八例为：得、传、衰、复、与、陷、绝、归③。这八例是根据历史上各类政权君位传承的复杂情况而划分的。具体如何区分，杨奂予以举例说明，比如关于"得"和"传"：

　　　孰为得？若帝挚而后，陶唐氏得之，夏、殷绝而汤、武得之，是也。以秦、隋而始年，必书曰得，何也？庶几乎令其后也，未见其甚而绝之，私也；见其甚而不绝，亦私也。一世而得，再世而传，固也。武德、贞观之事，既书高祖曰得，继之曰太宗得之，何也？原其心也。其心如之何？谓我之功也。功著矣，夺嫡之罪，其能掩乎？而曰传者，诞也。悲夫！虔化之兵未洗，灵武之号又建，启之不正，习乱宜然，是故君子惜之。此变例之一也。

　　　孰为传？曰尧而舜，舜而禹，禹而启，周之成、康之类，是也。④

　　可见，"得"或为改朝换代，或同一朝代改变继承秩序，或非上下授受而自立，情况较为复杂；而"传"，其情况则容易理解，一个政权的君位依照一定秩序顺利传承。至于"衰"和"绝"，其情况也较为明确，杨奂仅作说明："曰衰者何？

　　① 杨奂：《正统八例总序》，见李修生主编《全元文》（第 1 册），江苏古籍出版社，1999年，第 127 页。
　　② 杨奂：《正统八例总序》，见李修生主编《全元文》（第 1 册），江苏古籍出版社，1999年，第 128 页。
　　③ 杨奂：《正统八例总序》，见李修生主编《全元文》（第 1 册），江苏古籍出版社，1999年，第 128 页。
　　④ 杨奂：《正统八例总序》，见李修生主编《全元文》（第 1 册），江苏古籍出版社，1999 年，第 128 页。

如周道衰于幽、厉,汉政衰于元、成之类,是也"①,"曰绝者,自绝之也,桀、纣、胡亥之类,是也"②。而"复""与""陷""归"包含了较复杂的内容,杨奂或作进一步的解释,或作了辨析。比如"与":

> 曰与者何?存之之谓也。有必当与者,有不得不与者。昭烈帝室之胄,卒续汉祀,必当与者也。晋之武帝、元魏之孝文,不得不与者也。昭烈进,魏其黜乎?曰莽、操之恶均,却莽而纳操,诚何心哉?党魏媚晋,陈寿不足责也。而曰不取于汉,取于群盗之手,其奖篡乎?魏、晋而下,讫于梁、陈,狃于篡弑,若有成约。今日为公为相,明日进爵而王矣。今日求九锡,明日加天子冕旒,称警跸矣。今日僭皇帝位,降其君为王为公,明日害之,而临于朝堂矣。吁,出乎尔者反乎尔,其亦弗思矣乎!史则书之受禅,先儒则目曰正统,训也哉!曰晋不以为得者何?斥其攘魏也。斥而与之,何也?顺生顺,逆生逆,天也。天之所假,能废之哉?曰后乎此者不得与,斯何也?恶之也。何恶之?恶其长乱也。不然,乱臣贼子何时而已乎!《公羊》曰:"录内而略外。"舍刘宋,取元魏,何也?痛诸夏之无主也。大明之日,荒淫残忍,亦甚矣。中国而用夷礼,则夷之;夷而进于中国,则中国之也。且肃宗扫清巨盗,回轸京阙,不曰复,而曰与,何也?暴其自立也。五代而与明宗、柴、郭,何也?贤明宗之有王者之言也,愿天早生圣人是也。周祖以其厚民而约己也,世宗不死,礼乐庶几可兴。奈何不假之年,而使格天之业,陨于垂成也?③

从这一段可知,杨奂对于中国历史上三国鼎立时期、南北朝时期以及五代诸政权的正统判断有不同的标准。他于三国而取昭烈(刘备),基于其为帝室之胄,魏为篡夺,开启恶端,其做法违背儒家所讲的政治伦理。因此,对于陈寿以魏为正统称其为"党魏媚晋"。对于三国之后的西晋,他不把它归属于"得"之列,而是归

---

① 杨奂:《正统八例总序》,见李修生主编《全元文》(第1册),江苏古籍出版社,1999年,第128页。

② 杨奂:《正统八例总序》,见李修生主编《全元文》(第1册),江苏古籍出版社,1999年,第130页。

③ 杨奂:《正统八例总序》,见李修生主编《全元文》(第1册),江苏古籍出版社,1999年,第129页。

入"与"之列,同时又言晋之后再出现类似者不得入"与"之列。也就是说,根据历史的实际,晋与秦、隋一样可为"得",但因为其"攘魏"而将其排除在"得"之列,考虑到"天之所假"又不得不承认它,从道义上又厌恶它"长乱",为警戒乱臣贼子,又强调了下不为例。至于南北朝时期的政权,杨奂选择正统在元魏可以说具有进步意义,他并没有遵循《公羊传》的夷夏之辨,而是以"中国而用夷礼,则夷之;夷而进于中国,则中国之也"为准绳,承认北魏传承中国礼仪文化的贡献。五代诸政权,杨奂认可的君王有后唐明宗、后周太祖、后周世宗,他看重后唐明宗的"愿天早生圣人"的言论所体现的贤明,他佩服后周太祖的"厚民而约己"的行为,他感叹"世宗不死,礼乐庶几可兴"。

在杨奂看来,"陷"例中也有特殊的情况,比如,"始皇十年而从陷例","景帝即位之初、明帝之永平八年而书陷",杨奂也以问答的形式作了解释,要义在于揭示辅相的重要、反对灭天性、乱天常。他认为即便是"承平之令主,而不正其失,何以严后世之戒"①。另外,关于"归"的特例,他指出:"商、周之交,纣德尔耳,悠悠上天,不忍孤民之望,亟求所以安之,而其意常在乎文王之所,以潜德言也。曰归或附之以陷,何也? 示无二君也。"②这也是在维护君臣的关系。

应该说,杨奂的正统八例,不单纯从理论上矫正以往的正统论,更有政治目的,他要继承圣人笔削之业,其断限的说明即表达了这一层意思。他讲:"敢问唐、虞之禅,夏后、殷周之继,存而不论,何也? 曰圣人笔削之矣。起于周敬王之癸亥,何也? 曰痛圣人既殁,微言之不闻也。"③杨奂的《正统书》采用的是编年体,通载了"二帝三王致治之成法,桀、纣、幽、厉致乱之已事",也通议了"秦、汉、六朝、隋、唐、五季所以兴亡之实迹"。他要通过"通载""通议"使过往的历史发展给当今和后世以鉴戒,他明确申明其书所论为著"得失"、分"善恶"、明"劝戒"。他寄托希望于"愿治之君","苟察斯言,而不以人废,日思所以敦道义之本,塞功利之源,则

---

① 杨奂:《正统八例总序》,见李修生主编《全元文》(第1册),江苏古籍出版社,1999年,第129-130页。

② 杨奂:《正统八例总序》,见李修生主编《全元文》(第1册),江苏古籍出版社,1999年,第130页。

③ 杨奂:《正统八例总序》,见李修生主编《全元文》(第1册),江苏古籍出版社,1999年,第130页。

国家安宁长久之福,可坐而致。其为元元之幸,不厚矣乎!"①可见,杨奂作书的根本目的在于贯彻王者之道,他的正统论积极弘扬的是儒家的政治文化。

二、刘祁《归潜志》论士与国之兴亡

刘祁(1203 – 1250)是金元之际的文人,据前人考证,他撰著《归潜志》的时间大致在 1235 – 1238 年②。《归潜志》是一部反思金代兴亡之作。其史论部分主要集中在第十二、十三卷和第七卷。其中,"辩亡"一篇,是论辩金亡的专文,集中反映了刘祁对金代兴亡的看法。文章以设问的形式开篇:"或问:金国之所以亡何哉? 末帝非有桀纣之恶,害不及民,疆土虽削,士马尚强,而遽至不救,亦必有说。"在刘祁看来,金朝的立国规模超过了北魏、后唐、后晋、辽,但却不能长久,主要在于根本不立。根本是什么? 他没有明确解释,但字里行间已经透露出来。他说:"大抵金国之政,杂辽、宋非全用本国法,所以支持百年。然其分别蕃汉人,且不变家政,不得士大夫心,此所以不能长久。向使大定后宣孝得位,尽行中国法,明昌、承安间复知保守整顿以防后患,南渡之后能内修政令,以恢复为志,则其国祚亦未必遽绝也。"③这是刘祁对金亡原因的重要概括。他把金朝的存在发展与国法、用人政策联系起来,反映出他所指的立国根本主要是"行中国礼乐",重用士大夫。他对金世宗子宣孝太子(《金史》中显宗完颜允恭)的早逝表示遗憾,也表达了这种思想。他说:"宣孝太子最高明绝人,读书喜文,欲变夷狄风俗,行中国礼乐如魏孝文。天不祚金,不即大位早世。"④也就是说,刘祁在政治上主张变夷狄风俗,如北魏孝文帝那样推行汉化。基于这样的认识,他在"辩亡"篇中深入分析了金朝不同时期政策的得失,探讨了金朝盛衰变化的原因。大致说来,刘祁主要从统治政策的层面,特别是从文治措施方面,探讨了金朝百余年来国势的盛衰变化,其分析大体上是切实的,且带有浓厚的批判色彩。值得一提的是,他考察金代历史发展趋势采用的是联系的观点。如上述他对金世宗大定年间政策的评价是"此所以基明

---

① 杨奂:《正统八例总序》,见李修生主编《全元文》(第 1 册),江苏古籍出版社,1999 年,第 130 页。

② 参见陶晋生:《刘祁与 < 归潜志 >》,《宋史研究集》(第五辑),中华丛书编审委员会印行,1970 年,第 210 页;陈学霖:《刘祁 < 归潜志 > 与 < 金史 >》,《金宋史论丛》,香港中文大学出版社,2003 年,第 255 页。

③ 刘祁:《归潜志》卷 12"辩亡",中华书局,1983 年,第 135 – 137 页。

④ 刘祁:《归潜志》卷 12"辩亡",中华书局,1983 年,第 136 页。

昌、承安之盛也";他强调金章宗时期的一些不合适的做法是"所以启大安、贞祐之弱";他也指出金宣宗时期的君臣所为是"所以启天兴之亡",等等,这从方法论上说是可取的。同时,刘祁特别关注的是统治者对士大夫的政策,这显示了他审视金朝统治政策的独特视角。

刘祁的史论中也有结论性认识:"窃尝考自古士风之变,系国家长短存亡。"①他对汉、唐、宋这些享国较长久的皇朝的士风演变十分关注。他认为,两汉士风随着国势起伏而呈现出阶段性的变化:汉初,与战国、秦时相比,士风稍变,"多厚重长者,然其权谋法律者犹相杂";至汉武帝,天下混同,士风一变,"以学问为上,故争尚经术文章,一时如公孙弘、董仲舒、二司马、枚乘之徒出,文物大备";到元、成以后,经术之弊显现出来,士人"皆尚虚文,而无事业可观,浮沈委靡,以苟容居位,匡衡、贡禹、孔光之流重以谄谀,故权臣肆志,国随以绝";至东汉初,君主惩权臣之祸,以法令督责群臣,群臣惟知守职奉法无过失;及桓、灵之世,面对乱世,士风激厉,所以当时"以敢为敢言相尚,故争树名节",国势虽亡,而公议具存,犹能使乱臣贼子有所畏忌;待到诸豪割据,出现了士大夫各欲择主立功名,"争以智能自效"②的局面。通过这样的分析,他将两汉的士风变化与国势消长之间存在的相对应关系揭示出来,反映了他对两汉历史的重视和对汉代文治的称许。同样,刘祁给予唐朝的士风很高的评价,他指出,唐朝士大夫复以事业功名为上,贞观诸人有两汉风,其权谋、经术、文章、名节者错出间立,所以唐代人才最多,国势因而达到三百年。及其乱亡,死节之士相望。他甚至对宋代士风也予以肯定,认为宋代士大夫经术、文章不减汉唐,名节之士继踵而出。

与汉唐宋时期不同,朝代更迭频繁的两晋南北朝和五代时期的政权多数国祚短促,对这些政权的士风,刘祁的评论多有贬词。比如,他评论晋的士风说:"晋初,天下既一,士无所事,惟以谈论相高,故争尚玄虚,王弼、何晏倡于前,王衍、王澄和于后。希高名而无实用,以至误天下国家。南渡之后,非有王导、谢安辈稍务事业功名,其颓靡亦不可救矣。"③至于宋、齐、梁、陈,他认为,当时惟以文华相尚、门第相夸,更不足观,所以国祚也不能长久。他也声言:"五代之间亦无可取。"④

---

① 刘祁:《归潜志》卷13,中华书局,1983年,第143页。
② 刘祁:《归潜志》卷13,中华书局,1983年,第143-144页。
③ 刘祁:《归潜志》卷13,中华书局,1983年,第144页。
④ 刘祁:《归潜志》卷13,中华书局,1983年,第144页。

在系统考察了金以前各主要政权的士风变化之后，刘祁得出了这样的认识："大抵天下乱，则士大夫多尚权谋、智术，以功业为先。天下治，则士大夫多尚经术、文章、学问，以名节为上。国家存亡长短随之，亦其势然也。"①也就是说，天下的治乱影响着士风，士风也关涉着国家的存亡长短。

旨在反思金代兴亡之故的《归潜志》史论，对金代士风变化也作了较深入的探讨。对比金代章宗时期和金末的士风变化，刘祁提出"士气不可不素养"。他认为由于金章宗时期推行崇文养士的政策，所以明昌、泰和年间，一时士大夫争以敢言、敢为相尚。到大安中，北兵入境时，士大夫往往死节，如王晦、高子杓、梁询谊都有名。更有侯挚、李瑛、田琢等皆由下位自奋于兵间，功业虽不成，其志气可嘉②。应该说，刘祁肯定了金章宗时期养士政策对士风的积极影响。但对于金代此后士风的变化，刘祁多持否定态度。他说："南渡后，宣宗奖用胥吏，抑士大夫，凡有敢为、敢言者，多被斥逐。故一时在位者多委靡，惟求免罪，罟苟容。迨天兴之变，士大夫无一人死节者，岂非有以致之欤？"③刘祁认为金朝后期士风出现如此大的变化主要是权臣术虎高琪和金宣宗造成的，他们排斥儒士，好用胥吏。由于士大夫正直有能力者多不为时所容，无能者多与当权者同流合污，直接导致了政风与士风的重大变化。刘祁指出，金南渡后的大臣往往怯惧畏懦不敢有为，主要是"恐人疑己"；更有甚者，为了升迁，断案不问是非曲直，只为博取众誉；还有在门上榜有"无亲戚故旧""不见宾客""不接士人"等以示无私，甚至有的士人一登仕籍，就视布衣诸生为两途④。在刘祁看来，更令人感到痛心的是"风俗之移人"。由于南渡后，吏权大盛。士大夫家有子弟读书，往往辍学，改试台部令史。甚至与进士为仇，趋进举止，全学吏曹，至有舞文纳赂甚于吏辈者⑤。应该说，刘祁对金末士风甚薄的种种表现的列举与分析，是对金末政治的批判，同时也是为后世提出的警戒。可以断定，刘祁在《归潜志》史论中重点探讨文治的得失、士风变化的影响，是存有一定的政治希冀的，他希望新的皇朝能够以金亡为戒，尚文治，重用士大夫，使士大夫的治国才能得以施展。从这个意义上看，《归潜志》史论实际上寄寓了作者的政治期望。

---

① 刘祁：《归潜志》卷13，中华书局，1983年，第144页。
② 刘祁：《归潜志》卷7，中华书局，1983年，第73页。
③ 刘祁：《归潜志》卷7，中华书局，1983年，第73页。
④ 刘祁：《归潜志》卷7，中华书局，1983年，第74－76页。
⑤ 刘祁：《归潜志》卷7，中华书局，1983年，第72页。

三、郝经史论的政治寓意

郝经(1223－1275),字伯常,泽州陵川(今山西省陵川)人。他亲历了金元之际的社会动荡,他有政治追求,思"大益于世"①。对于以往的历史,郝经最为关注的是汉和三国,他曾经改编《三国志》为《续后汉书》(90卷中间各分子卷实为130卷),在其《陵川集》中还有《汉义勇武安王庙碑》、《涿郡汉昭烈皇帝庙碑》、《汉丞相诸葛忠武侯庙碑》、《汉高士管幼安碑》、《汉义士田畴碑》、《新野光武皇帝庙碑》、《丰县汉祖庙碑》和《留城留侯庙碑》等专门文章。他评论汉代人物、制度和文化,大概与他宣扬道统以正统体的思想有直接的关系。郝经在其所作的《续后汉书·序》中明确表示,他改作陈寿《三国志》的目的就是"正统体","以昭烈纂承汉统,魏、吴为僭伪"。其意旨是:"奋昭烈之幽光,揭孔明之盛心,祛操、丕之鬼蜮,破懿、昭之城府,明道术,辟异端,辨奸邪,表风节,甄义烈,核正伪,曲折隐奥,传之义理,征之典则,而原于道德,推本《六经》之初,苴补三史之后,千载之蔽,一旦廓然矣。"②

在《涿郡汉昭烈皇帝庙碑》中,郝经也提出了"统体存亡"取决于"人心之去就"的看法。他说:

> 王统系于天命,天命系于人心。人心之去就,即天命之绝续,统体存亡于是乎在。观汉氏之三起三灭,民到于今称之,庙食血祀于兴王之地,越千岁而不忘者,可见也。夫有仁民之诚心,上通于天而下固结于民,虽欲舍之而去,天与民弗舍焉。不笃于仁,不诚其心,一以暴戾诡伪驱民而力争之,自以其民为己有,而民视之为己仇,纵一时或得,则必失之。③

---

① 苟宗道《故翰林侍读学士国信使郝公行状》记载:"(中统元年)四月,(上)遣使召公,欲令使宋。公适自江上回,有劝公称疾勿行。公曰:'吾读书学道三十余年,竟无大益于世。斗天下困弊已极,幸而天诱其衷,主上有意息兵,是社稷之福也。傥乘几挈会,得解两国之斗,活亿万生灵,吾学为有用矣。'"见秦鸿昌:《郝经传》附录二,山西古籍出版社,2001年,第274页。

② 郝经:《续后汉书·序》,丛书集成初编,中华书局,1985年,第4页。

③ 郝经:《涿郡汉昭烈皇帝庙碑》,见李修生主编《全元文》卷133(第4册),江苏古籍出版社,1999年,第391－392页。

　　这里他指出了对于统治者来说有"仁民之诚心"的重要,惟有得人心,才能影响深远。需要说明的是,郝经不以功业之实而论"统体",他承认昭烈"中兴"之功不及光武,孔明也不能汛扫中原,讨魏黜吴,翦操虏懿[1],但他肯定刘备"其出师诛仇,篡承高帝之志,揭示汉家神灵,震竦奸伪"[2],表彰孔明"方杂耕固垒,敦信明义,张汉天声"[3]。实际上,郝经关于"统体"的判定标准,主要在于统治者是否合理取得统治天下之权和是否有"仁民之诚心"。从政治思想上说,"仁民"思想是儒家道统论的核心。研究中国传统政治思维的张分田先生是这样解释"道统"的:"道统,即道的传承统续。所谓'道',实质就是王道、君道。王道论也好、道统论也好,其主旨都是依据王道(道、君道)规范帝王的行为,评判帝王的功过,辨析王与道的离合,讲究道的传承统续。"[4]如何理解中国古代政治思维中的正统论,张分田认为:"正统论是专门讨论王朝和王者的合法性及其历史地位的。正统的基本含义是:'得天下之正,合天下于一'。能正能一谓之正统,即获得君位的手段正当,治理国家的方略合理,实现了天下一统。凡是具备这三条者,皆可以纳入正统。"[5]至于道统和正统的关系,按照杨奂的理解,"王道之所在,正统之所在也"。郝经的历史评论中所反映出的"统体"思想,也是与其道统思想有密切关系的。他的《思治论》主要根据历史上取天下与治天下的实际,把历史上政权的政治发展划分为三个类型:一种是无意于取,而有意于治者,如殷、周;一种是有意于取,有意于治者,如汉、唐;一种是有意于取,有意于治而不知所以取与治者,如晋、隋。并总结历史上政权统治的经验说:"取之以道,治之以道,其统一以远;取不以道,治之以道者次之;取与治皆不以道者,随得而随失也。"[6]显然,

---

　　① 郝经:《汉丞相诸葛忠武侯庙碑》,见李修生主编《全元文》卷133(第4册),江苏古籍出版社,1999年,第395页。

　　② 郝经:《涿郡汉昭烈皇帝庙碑》,见李修生主编《全元文》卷133(第4册),江苏古籍出版社,1999年,第393页。

　　③ 郝经:《汉丞相诸葛忠武侯庙碑》,见李修生主编《全元文》卷133(第4册),江苏古籍出版社,1999年,第395页。

　　④ 刘泽华主编:《中国传统政治哲学与社会整合》,中国社会科学出版社,2000年,第356-357页。

　　⑤ 刘泽华主编:《中国传统政治哲学与社会整合》,中国社会科学出版社,2000年,第350页。

　　⑥ 郝经:《思治论》,见李修生主编《全元文》卷127(第4册),江苏古籍出版社,1999年,第245页。

郝经所讲的政治是属于王道政治,他所注重的是一个政权取天下与治天下是否合乎道统,而且他认为取之以道,并治之以道者,才可以长久。

在《新野光武皇帝庙碑》一文中,郝经从对治道的影响上颂扬了汉高祖、光武帝。他说:"继秦以楚,而无高帝,则中国不能复;继莽以操,而无光武,则汉统不能纂承三代。天下后世,不知用儒为学之有益治道而德于斯民,残陋芜秽,荼毒宛转,不复见先王风化之美矣。"同时,他充分肯定了光武帝在"保全功臣""讲论经理""不勤远略""躬幸太学""修明礼乐""缉熙文、武、成、康帝王之学"等方面的功绩有大于汉高祖之处。

郝经对北魏、金代的历史也多有论及,他说:

> 昔元魏始有代地,便参用汉法。至孝文迁都洛阳,一以汉法为政,典章文物粲然与前代比隆,天下至今称为贤君。王通修《元经》,即与为正统,是可以为监也。金源氏起东北小夷,部曲数百人,渡鸭绿,取黄龙,便建位号,一用辽、宋制度,取二国名士置之近要,使藻饰王化,号'十学士'。至世宗,与宋定盟,内外无事,天下晏然,法制修明,风俗完厚。真德秀谓'金源氏典章法度在元魏右',天下亦至今称为贤君。燕都故老语及先皇者,必为流涕,其德泽在人之深如此,是又可以为监也。①

郝经承认他们为正统,赞扬北魏孝文帝和金世宗为贤君,称颂这两个朝代的典章制度可以与前代比隆,并希望忽必烈借鉴他们的成功经验。可见,郝经对于能行汉法的少数民族贵族为主建立的皇朝统治的合法性是认可的。在这一点上,他与他敬仰的前贤朱熹的看法不完全相同。朱熹以晋为正统,而视十六国政权为僭国②。朱熹讲正统,强调夷夏之分,郝经则主张对待夷夏要一视同仁。他的君主观念就反映了他这方面的思想。比如,他说:

> 窃惟王者王有天下,必以天下为度,恢弘正大,不限中表,而有偏驳

---

① 郝经:《立政议》,见李修生主编《全元文》卷121(第4册),江苏古籍出版社,1999年,第88页。

② 参见朱熹《御批资治通鉴纲目·凡例·统系》,同文书局,清光绪十三年(1887)。

之意也;建极垂统,不颇不挠,心乎生民,不心乎夷夏,而有彼我之私也;故能奄有四海,长世隆平,包并遍覆,如天之大,使天下后世推其圣而归其仁。故孔子赞尧曰'大哉,民无能名',赞禹曰'吾无间然',言其君人之度如此,其道其德乃如此也。"①

作为以"道济天下为己任"的儒者,他认为君主要有开阔的胸襟,即"以天下为度",不限于地域,不在乎夷夏的分别,兴仁政,爱生民。应该说,郝经希望通过君主的作为达到用夏变夷的目的。

郝经从文明进步的角度,特别肯定了金代。在其《删注刑统赋序》中,他指出:

> 宋真尚书德秀云:'金国有天下,典章法度,文物声名,在元魏右。'经尝以是为不刊之论。盖金有天下,席辽、宋之盛,用夏变夷,拥八州而征南海。威既外振,政亦内修,立国安疆,徙都定鼎。至大定间,南北盟誓既定,好聘往来,甲兵不试,四鄙不警,天下晏然,大礼盛典,于是具举。泰和中,律书始成,凡在官者,一以新法从事,国无弊政,亦无冤民。粲粲一代之典,与唐、汉比隆,讵元魏、高齐之得侧其列也。②

结合前面郝经对于元魏、金代的赞扬,不难看出,郝经肯定金代的文明与他所宣扬的"用夏变夷"主张是一致的。郝经对于北魏和金代所采用的统治方法的探讨,想要达到的目的是使蒙古政权"虽不能便如汉、唐",但可"为元魏、金源之治"③。他希望忽必烈"以国朝之成法,援唐、宋之故典,参辽、金之遗制,设官分职,立政安民,成一王法"④。郝经的"用夏变夷"的思想,最为集中地反映在他适时提

---

① 郝经:《上宋主请区处书》,见李修生主编《全元文》卷122(第4册),江苏古籍出版社,1999年,第108–109页。

② 郝经:《删注刑统赋序》,见李修生主编《全元文》卷124(第4册),江苏古籍出版社,1999年,第186页。

③ 郝经:《立政议》,见李修生主编《全元文》卷121(第4册),江苏古籍出版社,1999年,第88页。

④ 郝经:《立政议》,见李修生主编《全元文》卷121(第4册),江苏古籍出版社,1999年,第88页。

出了"能用士,行中国之道,则为中国之主"①的政治主张。对此,学者们给予充分的肯定②。应该说,在郝经所生活的时代,传统的夷夏观念与地域的界限依然影响着当时南北方士人,而政治形势却与以往的时代不同了,人们的心中普遍存在着一种迷惘和矛盾。因此,郝经以他对儒家思想的深刻理解,对当时局势和历史发展大势的分析,适时提出了关于"中国之主"的新认识。他关于"中国之主"的标准强调了"能用士"和"能行中国之道"。在他看来,当时符合这个标准的君主就是忽必烈,因为忽必烈开邸以待天下士,征车络绎,访以治道,期于汤、武。可以肯定,郝经关于"中国之主"的这个见解是因时变通的结果。

第二节 元人史论的丰富内涵

一、元代君臣以史论政

中统元年(1260),元世祖忽必烈开启了蒙元政权的新时代,《建元中统诏》提到:"法《春秋》之正始,体大《易》之乾元"③,表明当时的君臣已经意识到汲取历史智慧的重要。后来的《建国号曰大元诏》更指出大元国号为"取《易经》'乾元'之义"④。元世祖忽必烈也确实下过这样的圣旨:"自尧、舜、孔子以下,经史所载嘉言、善政,明白直言奏得来者。"⑤他也命令臣下寻访如魏征般之人,至元六年(1269)正月六日魏初因此上奏章言政。其文提及:

---

① 郝经:《与宋国两淮制置使书》,见李修生主编《全元文》卷122(第4册),江苏古籍出版社,1999年,第102–106页。
② 白钢认为,当正统观念与现实政治需要发生矛盾时,郝经就对他的正统观念进行修正。承认少数民族之善德者可以入主中原。参见白钢:《论郝经的政治倾向》,《中国史研究》1985年第4期。周少川认为,"行中国之道则中国之主"的原则关键在于冲破了狭隘民族观"严夷夏之大防"的藩篱,解决了中国之主不一定非得是汉族的问题。参见周少川:《元代史学思想研究》,社会科学文献出版社,2001年,第74页。
③ 宋濂等:《元史》卷4《世祖本纪一》,中华书局,1976年,第65页。
④ 宋濂等:《元史》卷7《世祖本纪四》,中华书局,1976年,第138页。
⑤ 魏初:《奏章》一,见李修生主编《全元文》卷263(第8册),江苏古籍出版社,1998年,第415页。

臣愚窃谓天下未尝乏才,顾人君用之者如何耳。如魏征者,陛下必欲得之,亦非难事。且征之所以为征,以太宗之能听受也。若太宗不听,征虽有经国之才,抗直不屈,将何所施?今陛下将与尧、舜比隆,太宗之事,臣知其优为之也。诚能霁至尊至大之威,收至聪至明之辨,曲屈情意,勉强以制礼仪,使臣下尽言不讳,魏征将自至,尚何竢于寻哉?一生杀予夺之权,人主所司,不可使少移于臣下。一有所移于臣下,欺弄祸患可立至。此非臣之私言也。①

可见,魏初所讲主要是针对君主的作为展开的,一方面他强调君主要善于用人才,网罗人才同时使臣下尽言不讳,否则即使有魏征也不能发挥其作用;另一方面他主张君主要掌握生杀予夺之权,他认为生杀予夺的大权若有所移于臣下,"欺弄祸患可立至"。他还引经据典证明了所言不是他个人见解而是自古以来的经验。他列举了历史上君主权力失控而导致的动乱:鲁三桓专权、唐藩镇之乱等,他也指出君主防禁也要得其道,对朝廷而言要用正人,同时"用之则当其材而不过";对军队而言要分其势,兵权不可久在一人之手;对地方诸侯而言,所辖地不可太大,管理的百姓不可太多,而且要依迁转之格调动;对于民众而言,不可使其处于穷困境地,也不可使其太豪富,前者容易使他们"为盗",后者则易"骄乱"。魏初认为皇帝想要知道人情奸伪,就要从上述防禁做起,不要使人互相告讦,那样的风俗形成不利于统治的稳定。可以说魏初所言很具体,他对于当时权臣主政,官僚相互倾轧的危害很担忧,因此委婉尽言,希望元世祖明察。魏初另一奏章为建议置太子官署而提及周成王幼冲时的辅翼之人,所谓:"出则有周公、召公、太公、史佚为之训谕匡直之;入则有太颠、闳夭、南宫适、散宜生之徒为之辅翼周旋之,故能制礼作乐,兴建太平,为周家八百年之基。"②这也是以周代政治史比照现实而提出建议。

忽必烈潜邸旧侣之一刘秉忠也曾上书陈治要,开篇就讲历史上的治乱之道:"典章、礼乐、法度、三纲五常之教,备于尧、舜,三王因之,五霸败之。汉兴以来,至

---

① 魏初:《奏章》二,见李修生主编《全元文》卷263(第8册),江苏古籍出版社,1998年,第415-416页。

② 魏初:《奏章》三三,见李修生主编《全元文》卷264(第8册),江苏古籍出版社,1998年,第435页。

于五代,一千三百余年,由此道者,汉文、景、光武、唐太宗、玄宗五君,而玄宗不无疵也。然治乱之道,系乎天而由乎人。"他进而以古比今说:"愚闻之曰:'以马上取天下,不可以马上治。'昔武王,兄也;周公,弟也。周公思天下善事,夜以继日,每得一事,坐以待旦,以匡周室,以保周天下八百余年,周公之力也。君上,兄也;大王,弟也。思周公之故事而行之,在乎今日。千载一时,不可失也。"①刘秉忠是以历史上的周公辅政的故事引导忽必烈承担起匡时救世的责任而有所作为。

元世祖至元十一年(1274),元军大举伐宋,伯颜受命负责其事,元世祖晓谕伯颜说:"昔曹彬以不嗜杀平江南,汝其体朕心,为吾曹彬可也。"②元世祖的话语简单明了,以北宋大将曹彬平江南之事表明了他的愿望。至元十二年(1275)十二月,攻宋的军事统帅伯颜在拒绝宋使进奉修好的要求时也很好地运用了历史知识,他说:"主上即位之初,奉国书修好,汝国执我行人一十六年,所以兴师问罪。去岁,又无故杀害廉奉使等,谁之过欤? 如欲我师不进,将效钱王纳土乎? 李主出降乎? 尔宋昔得天下于小儿之手,今亦失于小儿之手,盖天道也,不必多言。"③这里所讲的钱王纳土、李主出降和宋之得国于后周都是与宋朝之兴相关联的历史事件。

蒙元初期的胡祗遹善于针砭时弊,王恽称他"诚经济之良材,时务之俊杰也"④。他在其所作文章中常常以古讽今,比如他论三代至五季的兴亡,指出:"其兴也,祖考之圣明,文武之谋臣策士、熊虎将帅之同心协力。其亡也,先自承宗庙、守大器者庸暗懦弱,荒淫无度,溺近奸邪,故女子蛊惑于床笫,宦官谄谀于朝廷,聚敛兴事之小人投隙而入,逢迎谀媚,成恶敛怨,蠹政失众,以至于丧亡。或以女色,或以宦官,或以权臣,或以外戚,或以藩镇,或以子孙封国强大,或以孤立干弱枝强,不出于是数者。"其实,他意在劝导为君者引以为戒,要以德服人。他以三代、汉、唐为例具体分析了以德、以力的不同后果,并总结说:"吁! 以力服人者,非心服也,力不赡也。然而报怨之心,曷尝少忘于心哉? 一旦力衰,则共起而毙之矣。观往古,嬴秦是也。故曰'恃德者昌,恃力者亡',又曰'兵犹火也,弗戢,将自焚

---

① 宋濂等:《元史》卷157《刘秉忠传》,中华书局,1976年,第3688页。
② 宋濂等:《元史》卷127《伯颜传》,中华书局,1976年,第3100页。
③ 宋濂等:《元史》卷127《伯颜传》,中华书局,1976年,第3108页。
④ 王恽:《举明宣慰胡祗遹事状》,《胡祗遹集》附录一《传记资料》,魏崇武、周思成校点,吉林文史出版社,2008年,第606页。

也',故曰'君以此始,亦以此终',又曰'好战则亡'。"①可以肯定,胡祗遹所论重在强调历史的启示,即为政不可以力服人。他在《论时事》一文中也以苻坚失败为例言及慎兵之意。他所撰《军政》为申明整肃军政的主张而探讨了西周、秦汉的做法:

> 武克商,归马放牛,乱宁而与民休息。好杀无道莫过于秦,六国既平,犹销锋镝。汉之灭秦,约法清静,与民宁一。一乱一治,不得不尔。古人有言曰:"贵为一人,富有四海。"疆理天下,至于四海,则至矣极矣尽矣,无以加矣。海不可越,犹天之不可阶而升。洪海之内,虽有一二岛夷,鸟言兽形,得之不可以为臣妾,服食器皿皆不足用,山川土地不能立斥堠而城郭之,不能牧牛马而田猎之,不惟不可取,抑亦不足取。今南方已定,六合混一,天意人心皆以太平安堵为可乐。天下虽安,兵不可忘,内立诸卫,外于要害设置折冲府三五十府。冗员乱卒俱合省并,三时务农,一时讲武,毋使军官憔悴而苦虐之。凡困穷老弱不堪服力者,一切放罢为农,十去三四,亦不为少。苟能休养生息,十年之内,力可数倍。舍此不务,纵恣贪暴好生事之小人,略不知止,非所以为宗庙社稷之福。②

这里胡祗遹以西周、秦汉为例言明六合混一后要与民休息,在不废兵备的前提下,要让更多的人从事生产,而不应把征伐岛夷之事视为要务。胡祗遹熟悉中国古代政治史,他所论大臣之道更是反映了他以史论政的思想。他倡导为政简静,他认为:"前代大臣事业,有看似平易而后人不能企及者,萧规曹随是也。"这是对西汉初萧何、曹参所推行休养生息政策的肯定。胡祗遹认为:"若萧、曹者,可谓知先务矣。起身刀笔吏,而智识有守也如是,兹盖天姿高远,不为学术风俗所夺者也。后世为臣者,喜于有为而昧于用静,一秉国钧,而求智名勇功,是以纷纷扰扰,求治而愈乱,求利而生害,上无定政,而下无宁心,直至于乱亡而后已。若夫萧、曹

---

① 胡祗遹:《兴亡论》,《胡祗遹集》第13卷,魏崇武、周思成校点,吉林文史出版社,2008年,第309-310页。

② 胡祗遹:《军政》,《胡祗遹集》第22卷,魏崇武、周思成校点,吉林文史出版社,2008年,第476页。

之法,不惟宜施之秦亡汉兴之初,虽万世守之可也。大凡自古败家之子弟、亡国之君臣,皆非靳靳无能之愚人,而悉坏于才俊骛驰之辈,兹可见矣。"①胡祇遹所言有辩证的思想。的确,历史上导致乱亡的君臣多智力超群,但他们多不顾形势、民情,好大喜功,因而为政急苛,最终乱亡。胡祇遹之所以推扬萧何、曹参,就是因为蒙元时期的为政者求取于民的太多,过于追求功利,令他深感不安。

王恽在其所撰《上世祖皇帝论政事书》中也不时提及前代历史人物及其处理政务的言论、事迹。比如他建议要"节浮费以丰财用",便说道:"古之善为国者,君不必富,富藏于民,故用虽多而取不竭。孔子曰:'百姓足,君孰与不足?'此之谓也。且财非天来,皆自民出。竭泽焚林,其孰御之?但力屈财殚,非所以养民而强国也。昔亡金世宗,诸王有以不给而请告者,世宗曰:'汝辈何骇!殊不知府库之财,乃百姓之财耳。我但总而主之,安敢妄费!'迄今称说,以为君人至言,可不鉴哉!"他希望"议廉司以励庶官",他还讲:"昔亡金大定间,尚书省奏顺州军判崔伯时受赃不枉法,准制当削官停职。世宗曰:'受财不至枉法,以习知法律故也。所为奸狡,习与性成,后复任用,岂能自悛? 虽所犯止于追官,非奉特旨无复录用。'以致犯禁者鲜,此先事之明验也。"②应该说王恽比较熟悉曾经的故国金政权的政治史,因此他以金世宗理政的言论及其效果作为典型的例证来劝勉元世祖,其意图很明确,就是亡金的皇帝尚且能够做到,希望元世祖做得更好。

南宋遗民荣肇,元成宗时曾为学官,他所撰的一些文章涉及历史上一些政权的君主用人得失。比如,在《任人论》中,他讲:

> 昔汉宣帝知任丙、魏,而成中兴;及成帝任王氏,竟移汉祚。唐明皇任姚、宋诸贤,而致开元之治;任杨、李,而召天宝之乱。自汉唐而下,凡天下之治乱兴废,未有不在于任人得失之间。③

这里荣肇以汉宣帝、汉成帝、唐明皇为例说明了君主用人对错关乎治乱。在

---

① 胡祇遹:《论臣道》,《胡祇遹集》第 21 卷,魏崇武、周思成校点,吉林文史出版社,2008年,第 443 页。

② 王恽:《上世祖皇帝论政事书》,见李修生主编《全元文》卷 168(第 6 册),江苏古籍出版社,1998 年,第 18 页、第 19 页。

③ 荣肇:《任人论》,见李修生主编《全元文》卷 145(第 5 册),江苏古籍出版社,1999 年,第 199 页。

《论调停君子小人》一文中,他列举了宋代用"君子""小人"所引起的治乱的起伏变化。在其《论朋党》一文中,他探讨了东汉之季、唐之中晚、宋代王安石立新法之后的所谓"朋党"问题,劝诫君子善为自保。他说:"君子当否塞之会,小人横行之秋,正宜藏器于身,静处以待时,又何事过为激烈,而尝小人之锋,俾诬陷党籍,祸中于己身,而害并及于国家也。"①

曾任过临江书院山长的刘将孙撰有《中兴志能之士如何论》,他的观点很明确:"盖世之功不立,未必皆无才之过也。有其志而无其能,固不足以经济天下。有其能而无其时,则亦终于泯没无闻而已矣!此英雄豪杰之所以不多见,而中兴大功之所以鲜立也。"他认为:"古今中兴,称人才之盛者,惟曰二十八将,然亦适逢其时耳。如不遇光武,虽具志能,复何道以展用哉?"他具体分析了邓禹的志向、能力,更突出强调了光武帝刘秀"毅然而任之","一则曰禹,二则曰禹,惟恐其能之不用也,惟恐其用之不尽也",②正是光武帝成就了邓禹的功名,其他二十七将多类邓禹,其实刘将孙表达了当时志能之士的愿望,即希望君主唯才是用。

元世祖、成宗时,还有东平人赵天麟以布衣上书言事,他所上策论大多采用以史论政的形式。比如,他建议重视官吏的选拔而讲到:"君子达上,则思进贤;小人乘时,焉能汲善。君子之人,君子朋之,小人之人,小人党之。同声相应,同气相求,德不孤,决有邻,自然之理也。夫贤者知有国,而不知有其身;尝喻义,而未尝喻于利。是以内举不避亲,外举不避仇,公举而不恐妨其位。古之君子有行之者,若祁奚举祁午于晋侯,而以为中军之尉;萧何举曹参于汉祖,而以嗣相国之位。以至子皮荐子产于郑,而民谓之母,国赖其贤;鲍叔达管仲于齐,而九合诸侯,一匡天下者,皆是也。"③赵天麟通过举春秋时期和汉朝的例子来说明君子举荐贤才是很好的取士之路,是值得汲取的历史经验。针对元朝官吏队伍的庞大,他也撰有《削冗员》一文,文中有言:"唐虞稽古,建官惟百。夏商官倍,亦克用义。周卿分职,各率其属。厥后职员愈多,而治愈不及古矣。是以汉光

---

① 荣肇:《论朋党》,见李修生主编《全元文》卷145(第5册),江苏古籍出版社,1999年,第205页。

② 刘将孙:《中兴志能之士如何论》,见李修生主编《全元文》卷634(第20册),江苏古籍出版社,2000年,第350—351页。

③ 赵天麟:《推公举》,见李修生主编《全元文》卷910(第28册),凤凰出版社,2004年,第142—143页。

废四百县,而下民业定,隋文废五百部,而天下政行。皆以官不用多,而在乎得贤;政不在烦,而贵乎省事也。"①他认为,从上古到汉隋精简官吏队伍都取得了良好的效果。赵天麟在其《广屯田》一文中更是开篇即讲历史的经验教训,从神农之教到唐代府兵制,希望当朝者能在现有屯田的基础上进一步扩大屯田。赵天麟不仅仅是在这几篇策论中言及历史上相关经验,他的《薄差税》《禁奢侈》《察风谣》等多篇文章中都或多或少地提及前代的做法以启迪当政者。

宋文瓒所写《国家安危丞相得失论》观点特别明确,他讲:"国之安危在乎论相。昔唐玄宗前用姚崇、宋璟则治,后用李林甫、杨国忠则乱。盖林甫、国忠妒害忠良,布置邪党,奸惑蒙蔽,保禄养祸,几致亡国。虽赖郭子仪诸人竭力克复,自是藩镇纵横,而纪纲亦不复振矣。"②他以唐玄宗前后用相的不同所导致的治乱差异为立论依据,进而抨击了前宰相铁木迭儿败国乱政的罪恶以及在任大臣的不法行径,也是以历史的经验教训启示君上要警惕奸人弄政,对于专权不法之臣要予以肃清,以防纲纪不振。

被宋濂称为元代中世的"文章巨公"的杨维桢所撰的《驭将论》《人心论》《总制论》《求才论》《守城论》,也是以史论政的典范文章。他主要是围绕军事攻守立论的,他以汉高祖、周世宗为例说明为君者驭将的重要性,同时指出:"高祖之劳于智术,不如世宗之逸于威令。"③他也以汉、唐的历史证明人心关涉国脉。他讲:"善用兵者,必先有以收天下之人心,又有以固天下之要害。"④他也以古者伍乘之制、周乱臣与晋三帅之事讲明总制要"一众心以制敌",而不仅仅是"一号令、一服色、一旗帜、一金鼓、七投虎龙、八陈之法"⑤。他以历史上刘备、苻坚、周亚夫、萧宝夤、李密求取奇才的急缓而结果不同来提示当政者求奇才而用

---

① 赵天麟:《削冗员》,见李修生主编《全元文》卷 911(第 28 册),凤凰出版社,2004 年,第 151 页。

② 宋文瓒:《国家安危丞相得失论》,见李修生主编《全元文》卷 1124(第 35 册),凤凰出版社,2004 年,第 303 页。

③ 杨维桢:《驭将论》,见李修生主编《全元文》卷 1320(第 42 册),凤凰出版社,2004 年,第 130 页。

④ 杨维桢:《人心论》,见李修生主编《全元文》卷 1320(第 42 册),凤凰出版社,2004 年,第 131 页。

⑤ 杨维桢:《总制论》,见李修生主编《全元文》卷 1320(第 42 册),凤凰出版社,2004 年,第 132 页。

之得其所①。他还讲:"昔齐王任檀子者守南城,而楚人不敢弯弓而南下;任眆子者守高唐,而赵人不敢渔于河。是二子为国长城,不啻金山铁壁之固者,不优于一百二十里之雉堞也耶?"②他进而劝谏当政者守土不要恃城,要知恃民与恃守将。

元后期儒学之士梁寅以《史记》所述夏商周之政"忠""敬""文"有感而发,他说:

> 夫天下之道,万世之所同。而王者之政,随时而各异。其所同者,天地之常经,所异者,古今之通义。然圣人岂好为更张,而求异于前代乎? 亦世变使然,有不容不异耳。夏之尚忠,即质之近似也。殷之尚敬,则忠之稍变,而文之渐矣。周之尚文,则与忠遂相远矣。夫《易》穷则变,变则通,通则久。当周之文极,此变通之时也。秦人为苛法,非惟去周之文,乃并夏、商之忠与敬而皆去之。是不知天地之常经,而不善于变者也。然其法如尊君卑臣、父子异宫之类,则常经,终不可以废也。吾夫子尝告颜子以四代礼乐,是则得文质之中,而万世常行之法也。善于变通者,其惟圣人乎? 惜哉! 其道之不行于当世也。虽然,后之人由此而推之,则王道之行也易矣!③

从这段议论可见,梁寅以三代之政为例申明王政之变化是因世变使然,夏尚忠,而商尚敬,是对忠之稍变,周尚文,是对敬的渐变,而与忠就远了。其实他是说明三代之政,王朝与王朝之间有承袭也有变化,其中的变化是渐进的。他又评论秦政,他认为秦人摒弃三代之政,是不知道天地之常经,也不善于变通,然而其法中仍然有一些不可以废弃的常经在。他认为得变通之法的是孔子,但可惜圣人之道不行于当世。显然,他是通过历史上正反两方面例子来提醒当朝统治者要遵循圣人之道进行变革。

---

① 杨维桢:《求才论》,见李修生主编《全元文》卷1320(第42册),凤凰出版社,2004年,第134页。

② 杨维桢:《守城论》,见李修生主编《全元文》卷1320(第42册),凤凰出版社,2004年,第135页。

③ 梁寅:《三代》,见李修生主编《全元文》卷1512(第49册),凤凰出版社,2004年,第472—473页。

二、思想家论古今社会风俗

元代出现很多思想家,他们大多关注社会风俗,对于风俗的形成及其影响有较深入的思考。

熊禾是潜心朱熹理学的思想者,他有几篇史论是探讨社会秩序和风俗人心的。在《帝尧万世之功论》一文中,他讴歌了帝尧成天道、平地道、立人道有万世之功,实际上充分肯定了帝尧创历法、治洪水、建制度的功勋。他在《商有三仁两义士论》中提出:"天下之治乱系风俗,风俗之美恶系人心。"他认为:"三代固皆有道之长也,而商之一代风俗为最美。"①他之所以认为商代风俗最美,主要基于商代三仁两义士的言行及商之臣民大多有不肯臣周之心,他宣扬的是忠诚与至死不贰的品德。在《商鞅徙木立信论》一文中,他对商鞅徙木立信有不同的看法,他不赞同司马光(温公)称其信以蓄民,更批评了王安石(荆公)赞其令之必行。他认为圣人之治世,"因其自然之理,当行之路,而立教养之法尔",不带有"私意于其间"。商鞅之立信是以利诱和威逼的方式,所谓"行不测之赏,诱之于先;用不测之刑,驱之于后",其推行的是"小人狙诈之术",后果是:"移其耳目,夺其心志,于是驱之力本,则务农矣;驱之战斗,则死敌矣;驱之弑父,则子不敢违矣;驱之弑君,则臣不敢违矣。行之十年,路不拾遗,厥后扶苏闻诏赐死,不敢自白;赵高指鹿为马,廷无闲言。皆徙木所致也"。其实,熊禾也承认商鞅立信,"非无一时捷效","而其溃肠刻骨之祸,盖有不旋踵者"。他是从如何取信于民立论的,他对商鞅立法的否定,实际上也是为了申明立法对风俗的影响。最后他所说"而温公议论如此,吾以是知功利之移人,有不可言者"②,更表明了他反对以功利诱人而贻害风俗的立场。

胡祗遹的多篇文章都关涉社会问题,他多以古今对比来阐述他的看法。表面上看他论古非今,实际上,他是以古代处理相关问题的合理做法来启发当代人。他在《论治道》一文中明确指出当今从政者存在的问题是:"不师古,不度理,不慎微,致远而虑不及远,不正其身,而以督逼急切责人,以必不能行,肆口从欲而行,不图其成败。其于前人所谓'功不百,不变法。利不百,不易业',功利之效尚不信

①　熊禾:《商有三仁两义士论》,见李修生主编《全元文》卷588(第18册),江苏古籍出版社,2000年,第552页。

②　熊禾:《商鞅徙木立信论》,见李修生主编《全元文》卷588(第18册),江苏古籍出版社,2000年,第554页。

从,尚不加意,其于正义明道,无所望矣!"他赞赏西汉初的无为而治,针对当时政务繁苛,他最推崇的是三代之治,他认为汉武帝对后世为政有不好的示范作用。他说:"武帝之罪,甚于秦始皇。始皇之未尝行者,武帝创行之。后习熟见闻,以为当然,不以为虐,踵踵不废,有增无损,若之何民不贫且病也?若之何政不紊且乱也?官冗则事繁,欲多则财伤,政紊则民病,吏不循良则祸速。"①作为文人,胡祗遹对于当时士道、士风十分关注,他的《士辨》《悲士风》集中表达了他的忧虑。他认为古时的士有引领斯民的自觉,不惟有志向,还有操守,而今为士者,"志在富贵声色而已耳","权势所在,奔走趋向,阿媚迎合,取容求悦,胁肩谄笑,不以为耻"②。胡祗遹认为士本来是一个优秀的群体,"士之自待也不浅,非徒高自标置,虚立崖岸,使人不可攀跻而已也。盖为此身所系,不独上以光祖考,下以成子孙,居乡里则化,居州郡则为民具瞻,处朝廷则福泽天下以及后世而垂无穷。圣人所谓'任重而道远'者,正在此耳。"但这个群体在其所处的时代风气变坏了,他讲:"今之士大夫,居闲处独,怨天尤人,曰'不吾知'也。及其居高位,食厚禄,怙宠患失,依阿缄默。荷眷顾,蒙宠渥,始终二十余年之久,而未尝建白一言、开陈一事、树立一政。皇皇汲汲,日夜营办者,广田宅,多妻妾,殖货财,美车马,聚玩好,媚权贵,援私党,来贿赂。衮职有阙而弗补,纲纪坏弊而弗救,人民涂炭而弗恤,方且偃然自得,以为通方达变。轻煖肥甘,夭淫艳质,自娱之外,而又欺世盗名:翻经阅史,鼓琴焚香,吟诗写字,以为高雅,以示闲暇,使一时后学无执守者,钦仰踵效而恨不能及,唇吻攘夺者得以为谤讪沮毁名教之口实,洁身特立之士语塞而不敢辨。吁,真万世之罪人也!人殃鬼诛,不在其身,不在子孙,吾不信也!"③显然,他认为一些士大夫寡廉鲜耻带坏了士风,尤其是居高位食厚禄者,不着眼于政务,"衮职有阙而弗补,纲纪坏弊而弗救,人民涂炭而弗恤",为保全自己而阿谀逢迎,追求个人利益,所谓"广田宅,多妻妾,殖货财,美车马,聚玩好,媚权贵,援私党,来贿赂"。他们也翻经阅史,也鼓琴焚香,也吟诗写字,胡祗遹认为他们以为高雅的这些做法是欺世盗名,他们所造成的危害不仅是误导了后学无执守者,而且影响了士的声誉。胡

---

① 胡祗遹:《论治道》,《胡祗遹集》第21卷,魏崇武、周思成校点,吉林文史出版社,2008年,第437页、第439页。

② 胡祗遹:《士辨》,《胡祗遹集》第20卷,魏崇武、周思成校点,吉林文史出版社,2008年,第430－431页。

③ 胡祗遹:《悲士风》,《胡祗遹集》第20卷,魏崇武、周思成校点,吉林文史出版社,2008年,第434－435页。

祇遹甚至以诅咒的方式表达他对这些所谓的"士"的痛恨。

吴莱有《俭解》一文也关乎民生、民风问题，他主要围绕周高祖倡导节俭、下衣服禁令论起，他认为周高祖想法是好的，"欲以一俭率先天下，使凡奢侈过度者皆有厉禁，则国家之经费、民庶之藏蓄可以日趋于富盛而无有不足"。但他又认为周高祖是不知俭和不知禁，因为他"未得其本"。他指出："天下郡县之间，选廉绌贪，平法薄赋，且将以是为抑横政、修农事之本焉。是谓知本，是即孟子所谓无仁政不能平治天下者也，是即吾所谓王者之政也。"①也就是说，他并不赞同周高祖的做法，他认为周高祖作节俭的表率，对庶民以上衣被的种类有约束并不能达到预期的利国利民的目的，真正为国为民着想就要选廉吏绌贪官，减轻民众的赋役负担，抑制横政而重视农事。他认为周高祖所行为墨子之道，路径不对，所以难以达到理想的效果。显然，吴莱是以他所遵循的儒家仁政理念来解读民风的养成。

三、史官修前代史体现的史鉴思想

元人编纂前代史目的明确，即力图找寻元朝"得天下辽、金、宋三国之由"②。元末欧阳玄代右丞相脱脱所撰《进辽史表》有言：

> 辽自唐季，基于朔方。造邦本席于干戈，致治能资于黼黻。敬天尊祖，而出入必祭；亲仁善邻，而和战以宜。南府治民，北府治兵。春狩省耕，秋狩省敛。吏课每严于刍牧，岁饥屡赐乎田租。至若观市赦罪，则吻合六典之规；临轩策士，则恪遵三岁之制。君慕汉高之为帝，托耶律于刘宗；相拟酂侯之为臣，更述律以萧姓。享国二百一十有九载，政刑日举，品式备具，盖有足尚者焉。迨夫子孙失御，上下离心。骄盈盛而衅隙生，残贼兴而根本蹷。变强为弱，易于反掌。吁！可畏哉！③

---

① 吴莱：《俭解》，见李修生主编《全元文》卷1370（第44册），凤凰出版社，2004年，第140－141页。

② 《修三史诏》明确表示："这三国为圣朝所取制度、典章、治乱、兴亡之由，恐因岁久散失，合遴选文臣，分史置局，纂修成书，以见祖宗盛德得天下辽、金、宋三国之由，垂鉴后世，做一代盛典。"见《辽史·附录》，中华书局，1974年，第1554页。

③ 欧阳玄：《进辽史表》，见《欧阳玄全集》，汤锐校点整理，四川大学出版社，2010年，第355页。

从这段总结性的认识可知,纂修《辽史》的诸史臣既对辽朝的"致治"之道持肯定的态度,也对辽朝的变强为弱之易表达了惊惧之意,尤其是其中的"造邦本席于干戈,致治能资于黼黻"可视为元朝史官对辽朝之所以"享国二百一十有九载"的总体认识。在他们看来,辽朝建国依靠的是武力,致治则有赖于"黼黻"之功,这里的"黼黻"似可理解为文治,即后面提到的"敬天尊祖"、"亲仁善邻"、治民、治兵各有分工、重视生产、赈灾济困、遵循六典之规等。

《辽史》论赞对辽朝文治武功在立国、治国方面的作用有更具体的阐释。编纂《辽史》的史官认为契丹之兴有一个长期的过程。《辽史·太祖本纪》"赞曰"论及契丹先世从奇首可汗徙潢河(今西拉木伦河)之滨说起,历数雅里、毗牒、颏领、肃祖(耨里思)、懿祖(萨剌德)、玄祖(匀德实)、德祖(撒剌的)、德祖弟述澜的历史贡献,并且指出辽朝"信威万里,历年二百"的基础"岂一日之故哉!"①《辽史·营卫志》"部族上"小序叙述了契丹部族自奇首八部以来屡遭强敌侵掠、多次散而复聚的坎坷发展历程。《辽史·兵卫志》序用了几个数字②说明了契丹部族自隋代至辽太宗会同初年兵力不断壮大以至于"莫之能御"的崛起过程。《辽史·地理志》序则从控驭地域的角度记述了契丹兴盛之路:当元魏时,"有地数百里";至唐,"大贺氏蚕食扶余、室韦、奚、靺鞨之区,地方二千余里";迨于五代,"辟地东西三千里";至辽盛时,"幅员万里"。③ 可见,编纂《辽史》的史官对契丹以武兴国的历史轨迹有较清楚的把握。

值得重视的是,元代史官理清契丹辽朝以武立国的历程,只是言明契丹"造邦本席于干戈",他们并没有崇尚或迷信武力的倾向。相反,作为文臣的他们特别强调文治的重要作用,他们在论述契丹军事实力逐渐增强的过程中,始终不忘"黼黻"之功。因此,有关契丹部族与辽政权的制度建设、有效管理的历史作用在很多序、论、赞中都有述及,而且所占的比重甚至超过对武功的记述。比如,《太祖本纪》后赞对辽之先世的追述,言及雅里"始立制度,置官属,刻木为契,穴地为牢"、

---

① 脱脱等:《辽史》卷2《太祖本纪下》后赞,中华书局,1974 年,第 24 页。

② 脱脱等:《辽史·兵卫志》序大致用了这样几个数字来说明契丹的崛起:隋世十部,"兵多者三千,少者千余";至唐,"大贺氏胜兵四万三千人";太祖会李克用于云中,"以兵三十万";遥辇耶澜可汗十一年,太祖"总兵四十万伐代北";天显元年,"兵数十万";会同初,"民众兵强"。(第 395 – 396 页)

③ 脱脱等:《辽史》卷 37《地理志一》,中华书局,1974 年,第 438 页。

玄祖匀德实"始教民稼穑,善畜牧,国以殷富"①等;《太宗本纪》后赞称颂辽太宗"威德兼弘,英略间见"②;《圣宗本纪》后赞对辽圣宗的武功是分两部分讲的,先提到:"及宋人二道来攻,亲御甲胄,一举而复燕、云,破信、彬,再举而躏河、朔,不亦伟欤!"然后又讲:"既而侈心一启,佳兵不祥,东有茶、陀之败,西有甘州之丧,此狃于常胜之过也。"显然,这则后赞的撰者对辽圣宗统治时期的军事行动并不是一概而论的,肯定辽朝抵抗北宋的进攻,而对此后辽圣宗时进行的东征西讨则持否定的态度,认为是辽圣宗好大喜功的表现。但对辽圣宗"理冤滞,举才行,察贪残,抑奢侈,录死事之子孙,振诸部之贫乏,责迎合不忠之罪,却高丽女乐之归"等表现出来的治国能力和崇尚忠信、反对奢靡的做法是赞赏的,所谓"辽之诸帝,在位长久,令名无穷,其唯圣宗乎!"③《辽史》一些志的序更是从多方面表达了辽朝文治有益于国家兴盛的观点。比如,关于官制,在《辽史》撰者看来,契丹有优良的传统,即"契丹旧俗,事简职专,官制朴实,不以名乱之,其兴也勃焉"④,而且他们认为辽代朝官之设就切实贯彻了其"旧俗"的精神,"北枢密视兵部、南枢密视吏部,北、南二王视户部,……朝廷之上,事简职专,此辽所以兴也"⑤。应该说元代史官对辽朝官职有些已经茫然不知其具体情形了,不免主观臆测,但他们关于辽朝最初官职之设能够奉行"事简职专"以有益于国家发展的看法确有一定的合理性。不仅如此,元代史官认为:"辽宫帐、部族、京州、属国,各自为军,体统相承,分数秩然。雄长二百余年,凡以此也。"⑥可见,他们认为辽朝军队管理的井然有序更是辽朝存国长达二百余年的重要原因。至于辽朝"尽致周、秦、两汉、隋、唐文物之遗余而居有之。路车法物以隆等威,金符玉玺以布号令",《辽史》撰者更是以一句"岂独以兵革之利,士马之强哉"⑦表明了他们的看法。《辽史·能吏传》序也简要概括了人才对社会治理的重要:"辽自太祖创业,太宗抚有燕、蓟,任贤使能之道亦略备矣。然惟朝廷参置国官,吏州县者多遵唐制。历世既久,选举益严。时又分遣重臣巡

---

① 脱脱等:《辽史》卷2《太祖本纪下》后赞,中华书局,1974年,第24页。
② 脱脱等:《辽史》卷4《太宗本纪下》后赞,中华书局,1974年,第60页。
③ 脱脱等:《辽史》卷17《圣宗本纪八》后赞,中华书局,1974年,第206–207页。
④ 脱脱等:《辽史》卷45《百官志一》序,中华书局,1974年,第685页。
⑤ 脱脱等:《辽史》卷45《百官志一》序,中华书局,1974年,第686页。
⑥ 脱脱等:《辽史》卷46《百官志二》"北面军官"小序,中华书局,1974年,第735页。
⑦ 脱脱等:《辽史》卷55《仪卫志》序,中华书局,1974年,第899页。

行境内,察贤否而进退之。是以治民、理财、决狱、弭盗,各有其人。"①《辽史·百官志》"南面军官"小序更是表彰了辽朝能够楚才晋用,是"计之善者"②。另外,辽朝对于属国、属部的管理,"命其酋长与契丹人区别而用",也被元朝史官视为"恩威兼制,得柔远之道"③。这些论述都是基于史鉴的意义上探寻辽朝"雄长二百余年"的原因。

10 至 12 世纪,是我国历史上多政权分治的重要时期,在持续二百年的时间里,与辽朝相邻而居的政权有很多,而辽朝最强盛。《辽史·百官志》"北面边防官"小序对此作了分析:"辽境东接高丽,南与梁、唐、晋、汉、周、宋六代为劲敌,北邻阻卜、术不姑,大国以十数;西制西夏、党项、吐浑、回鹘等,强国以百数。居四战之区,虎踞其间,莫敢与撄,制之有术故尔。"④综合《辽史》一些序、论、赞的片言只语,关于辽朝的"制之有术"元代史官认为主要在于:辽朝利用自己的军事力量通过战争使"强朝弱附",同时辽朝重视控驭所统辖的地区,善于防范周邻的强敌。在《辽史》撰者看来,由于辽朝的兵甲之盛,加之军队管理有方,得制胜之道⑤,才使辽朝周邻强国"莫敢与撄"。元代史官在《百官志》"北面边防官"下排列的辽朝北面边防官体系也许并不完全正确,但他们关于北面边防官的分类及其设置的目的的推测却可能接近事实,诸如"上京路诸司,控制诸奚"⑥、"辽阳路诸司,控扼高丽"⑦、"长春路诸司,控制东北诸国"⑧、"南京诸司,并隶元帅府,备御宋国"⑨、"西京诸司,控制西夏"⑩,等等。

《辽史·兵卫志》后论关于辽朝的军力有一个说明:"二帐、十二宫一府、五京,有兵一百六十四万二千八百。宫丁、大首领、诸部族,中京、头下等州,属国之众,

---

① 脱脱等:《辽史》卷 105《能吏传》序,中华书局,1974 年,第 1459 页。

② 脱脱等:《辽史》卷 48《百官志四》"南面军官"小序,中华书局,1974 年,第 824 页。

③ 脱脱等:《辽史》卷 46《百官志二》"北面属国官"小序,中华书局,1974 年,第 754 页。

④ 脱脱等:《辽史》卷 46《百官志二》"北面边防官"小序,中华书局,1974 年,第 742 页。

⑤ 脱脱等:《辽史·百官志二》"北面行军官"条序:"辽行军官,枢密、都统、部署之司,上下相维,先锋、两翼严重,中军于远探侦候为尤谨,临阵委重于监战。司存有常,秩然整暇,所以为制胜之道也。"(第 752 页)

⑥ 脱脱等:《辽史》卷 46《百官志二》,中华书局,1974 年,第 743 页。

⑦ 脱脱等:《辽史》卷 46《百官志二》,中华书局,1974 年,第 745 页。

⑧ 脱脱等:《辽史》卷 46《百官志二》,中华书局,1974 年,第 745 页。

⑨ 脱脱等:《辽史》卷 46《百官志二》,中华书局,1974 年,第 747 页。

⑩ 脱脱等:《辽史》卷 46《百官志二》,中华书局,1974 年,第 748 页。

皆不与焉。"①这里《辽史》撰者所说的辽"有兵一百六十四万二千八百"并不是一个全面的统计数据,但他们很明确表达的是辽朝军力强大。引人深思的是,元代史官讲明了辽朝拥有强大军力的同时,他们又特别强调"不轻用之,所以长世"②。也就是说,他们认为辽朝国祚久长的真正原因恰恰是不轻易使用武力。仔细审视《辽史》论赞,这简单的八个字却寓有深意。一方面,《辽史》撰者确实认为辽朝用兵较为审慎。尽管《辽史》论赞中有多处针对辽朝采用征伐手段震慑属国、邻国的人和事的批评③,但却未见有如《金史》论赞中提到的"金以兵始,亦以兵终。呜呼!用兵之始,可不慎欤,可不慎欤"④的警示话语。考察《辽史》论赞关于辽朝灭亡的原因,主要从辽之内难⑤和辽末柄国之臣误国⑥两方面讲的。也就是说,元代史官认为辽亡与金亡不同,辽朝灭亡与辽朝统治集团内部的矛盾及辽末天祚帝和掌握实权的一些大臣误国有直接关系,与用兵关涉不大。《辽史》论赞中对辽朝与属国、属部、邻国关系处理中主张和好的人和事予以赞美,可视为对辽朝不轻用兵

---

① 脱脱等:《辽史》卷36《兵卫志下》,"属国军"后论,中华书局,1974年,第433页。

② 脱脱等:《辽史》卷36《兵卫志下》,"属国军"后论,中华书局,1974年,第433页。

③ 比如,《辽史·世宗本纪》后赞批评辽世宗说:"世宗,中才之主也,入继大统,曾未三年,纳唐丸书,即议南伐,既乏持重,宜乖周防,盖有致祸之道矣。"(第66页)《景宗本纪下》后赞言:"以景宗之资,任人不疑,信赏必罚,若可与有为也。而竭国之力以助河东,破军杀将,无救灭亡。虽一取偿于宋,得不偿失。"(第105页)

④ 脱脱等:《金史》卷94《夹谷清臣、内族襄等传》后赞,第2096页;《金史·国用安、时青传》后赞说法大同小异:"兵,凶器也。金以兵得国,亦以兵失国,可不慎哉,可不慎哉。"(第2568页)

⑤ 脱脱等:《辽史·刑法志》后论提到:"辽二百余年,骨肉屡相残灭。天祚荒暴尤甚,遂至于亡。"(第947页)《辽史·宗室传》"章肃皇帝李胡等传"后论有言:"李胡而下,宗王反侧,无代无之,辽之内难,与国始终。厥後嗣君,虽严法以绳之,卒不可止。乌乎,创业垂统之主,所以贻厥孙谋者,可不审欤!"(第1215页)《辽史·外戚表》有序:"汉外戚有新室之患,晋宗室有八王之难。辽史耶律、萧氏十居八九,宗室、外戚,势分力敌,相为唇齿,以翰邦家,是或一道。然以是而兴,亦以是而亡,又其法之弊也。"(第1027页)

⑥ 脱脱等:《辽史》卷102《萧奉先、李楚温等传》后论:"论曰:辽之亡也,虽孽降自天,亦柄国之臣有以误之也。当天庆而后,政归后族。奉先沮天祚防微之计,陷晋王非罪之诛,夹山之祸已见于此矣。处温逼魏王以僭号,结宋将以卖国,迹其奸佞,如出一轨。呜呼!天祚之所倚毗者若此,国欲不亡,得乎?张琳娓娓守位,余睹反覆自困,则又何足议哉!"(第1443页)《辽史·逆臣传》后论:"论曰:辽之秉国钧,握兵柄,节制诸部帐,非宗室外戚不使,岂不以为帝王久长万世之计哉。及夫肆叛逆,致乱亡,皆是人也。有国家者,可不深戒矣乎!"(第1517页)

的诠释。比如,《天祚皇帝本纪》后赞有这样的评语:"圣宗以来,内修政治,外拓疆宇。既而申固邻好,四境乂安。维持二百余年之基,有自来矣。"①《百官志》"南面边防官"序称:"宋以文胜,然辽之边防犹重于南面,直以其地大民众故耳。卒之亲仁善邻,桴鼓不鸣几二百年。此辽之所以为美也欤。"②可见,论者推扬"亲仁善邻"的意图十分明确,也把辽朝与周邻政权的和平相处与"长世"紧密地联系起来。但另一方面,辽朝不轻用兵,所以"长世"的论断一定程度也寄寓了元代史官的政治主张,这从他们所讲的"史臣虽述前代之设施,大意有助时君之鉴戒"③的修史宗旨可以证明。

元人本着"国可灭,史不可灭;善吾师,恶亦吾师"的原则④,《金史》论赞更着力于探求金有天下百余年盛衰兴亡的原因。

金朝兴起的原因在《金史》本纪、志、表、列传的论赞中都有所涉及,概括说来,元代史官认为在金朝兴起的过程中有如下两方面的原因起了主导作用。

其一,金有天下得之于人谋。尽管我们也能看到金朝受命于天的言论,但是比较天命与人事所占的比重,可以明确元朝史官虽没有完全摆脱天命观的影响,但重视人谋在历史发展中的作用却是毋庸置疑的。《金史·世纪》后赞中讲:"始祖娶六十之妇而生二男一女,岂非天耶。景祖不受辽籍辽印,取雅达'国相'以与其子。世祖既破桓赧、散达,辽政日衰,而以太祖属之穆宗。其思虑岂不深远矣夫。"⑤这段评论中提到三位金朝建国之前女真族的领袖人物:始祖、景祖、世祖。始祖娶六十之妇而生子之事在今天看来都是奇异的事情,使人怀疑史书记载有误,元人对此解释不明白之事托之于天命。他们能够理解景祖不接受辽朝的控制及宁可牺牲经济利益而为儿子求取"国相"职位,也清楚世祖的"以太祖属之穆宗"的人事安排所反映的政治追求,并肯定他们"思虑岂不深远矣"。值得重视的是,不仅《世纪》后赞承认"人谋"在女真崛起过程中发挥了决定性的作用,《太祖本纪》也强调了"世祖阴有取辽之志,是以兄弟相授,传及康宗,遂及太祖。临终以太

---

① 脱脱等:《辽史》卷30《天祚皇帝本纪四》后赞,中华书局,1974 年,第 359 页。

② 脱脱等:《辽史》卷48,《百官志四》"南面边防官"序,中华书局,1974 年,第 828 页。

③ 欧阳玄:《进辽史表》,见《欧阳玄全集》,汤锐校点整理,四川大学出版社,2010 年,第354 - 355 页。

④ 欧阳玄:《进金史表》,见《欧阳玄全集》,汤锐校点整理,四川大学出版社,2010 年,第359 页。

⑤ 脱脱等:《金史》卷1《世纪》,中华书局,1975 年,第 17 页。

祖属穆宗,其素志盖如是也"①。同时,也指出太祖"底定大业"是"数年之间算无遗策,兵无留行"奠定的基础。《金史》卷67《石显、桓赧等传》后赞也讲:"金之兴也,有自来矣。"并列举世祖、景祖、穆宗等与辽朝的周旋,指出其时他们并不是真正臣服于辽人,是在努力寻求摆脱辽人控制的崛起之路,而辽人或是"不察"或是"不悟""终不悟"。实际上,从元代史官所举的例子看,金的兴起是几代女真人经营的结果,但他们却对辽人的"不悟"无法作出合理的解释,所以最后也发出"岂兴亡有数,盖天夺其魄欤"②的感叹。元代史官在《金史》的一些传赞中对于人谋在金朝立国过程中所起的作用有更直接的评论。比如,前述《撒改传》赞曰讲了金的立国与撒改的深谋远略是有关系的,所以他被称为"一代宗臣"。《金史》卷七十八后赞言:"太祖入燕,始用辽南、北面官僚制度。是故刘彦宗、时立爱规为施设,不见于朝廷之上。军旅之暇,治官政,庀民事,务农积谷,内供京师,外给转饷,此其功也。韩企先入相两朝,几二十年,成功著业,世宗称其贤焉。"③可见,金太祖、太宗朝,女真族人士之外,原辽朝官吏也为金政权统治制度的制定和秩序的稳定奉献了才智。

其二,金以兵得国。这是元代史官在《金史·兵志》序提到的一个认识,并且强调指出:"金兴,用兵如神,战胜功取,无敌当世,曾未十年遂定大业。"至于为什么金朝能够这样"成功之速",元代史官认为女真人长期以来多良将和锐兵,以及地理环境等因素使然,即"俗本鸷劲,人多沉雄,兄弟子姓才皆良将,部落保伍技皆锐兵。加之地狭产薄,无事苦耕可给衣食,有事苦战可致俘获,劳其筋骨以能寒暑,征发调遣事同一家",所以"将勇而志一,兵精而力齐",奋起最有力,最能"变弱为强,以寡制众"④。《金史·交聘表》序也谈及:"金人日寻干戈,抚制诸郡,保其疆围,以求逞志于辽也,岂一日哉。"⑤金初武略兼备者甚多,《太祖诸子传》有赞曰:"太祖躬擐甲胄,以定国家,举无遗策,而诸子勇略材识,足以遂父之志。"⑥《金史·世纪补》也称:"太祖征伐四方,诸子皆总戎旅。"⑦金太祖有十六子,虽不能说

---

①　脱脱等:《金史》卷2《太祖本纪》,中华书局,1975年,第42页。

②　脱脱等:《金史》卷67《石显、桓赧等传》后赞,中华书局,1975年,第1586 – 1587页。

③　脱脱等:《金史》卷78《时立爱、韩企先等传》后赞,中华书局,1975年,第1779页。

④　脱脱等:《金史》卷44《兵志》序,中华书局,1975年,第991页。

⑤　脱脱等:《金史》卷60《交聘表上》序,中华书局,1975年,第1385页。

⑥　脱脱等:《金史》卷69《太祖诸子传》,中华书局,1975年,第1611页。

⑦　脱脱等:《金史》卷19《世纪补》,中华书局,1975年,第408页。

个个英武,但能独当一面的大有人在,宗峻、宗辅、宗幹、宗望、宗弼尤为突出,加上幹鲁、宗翰、希尹等英勇善战的诸位将领的辅助,金朝骤然兴起于北方。需要指出的是,元代史官得出"金以兵兴"的结论并不是崇尚或迷信武力,相反他们主张用兵当慎其始,他们认为:"金以兵始,亦以兵终。呜呼!用兵之始,可不慎欤,可不慎欤!"这是《金史》卷九十四后赞的观点。《国用安、时青传》后赞也强调了这一观点。其文是:"兵,凶器也。金以兵得国,亦以兵失国,可不慎哉,可不慎哉。"《金史·叛臣传》后赞也讲:"正隆佳兵,契丹作难,《传》曰:'夫兵犹火也,弗戢将自焚。'可不戒哉。"①显然,元代史官不仅论述了金代用兵与其兴的关系,还讲到了金代灭亡与"兵"也有直接的关系,并且表达了他们纵论兴亡的出发点,即以史为鉴,他们希望当朝统治者能够有所借鉴,用兵要慎重。

至于金朝灭亡的原因,《金史》论赞也多处讲到了"兵"的因素。在元代史官看来,兵无常胜,金初用兵和金末用兵,其"势"是不同的,金初"势"胜,金末"势"屈,他们认为"兵"与"势"之间存在一种关系,即"势制兵者强,兵制势者亡"②。金末"势"屈而"兵"胜,兴兵反而不能强国却加速了金朝的灭亡。这里的"势"似乎可以当作"形势""时势"来解。在金朝"势"屈的情况下,却有主政的大臣高琪"好兵而厌静,沮迁轧之议,破和宋之谋"③,又有"君臣相率而为虚声"④,加之军队乱了,"军士欲代其偏裨,偏裨欲代其主将,即群起而债之,无复忌惮"⑤。将元代史官对金末的局势分析联系起来看,说"金以兵得国,亦以兵失国"确实是有一定道理的。当然,他们讲这句话不是说金朝的兴亡完全是由于"兵"的因素,正如前面提及的元代史官认为金兴除了"兵"还有"人谋"的因素一样,其实他们也注意到导致金朝衰亡的"兵"之外的其他因素。比如,"金失政刑"被认为是金朝后期乱亡的一个重要表现,也是一个重要原因⑥。《金史·食货志》序中也从食货政策的角度论述了导致金亡的经济原因。

---

① 脱脱等:《金史》卷 133《叛臣传》,中华书局,1975 年,第 2860 页。
② 脱脱等:《金史》卷 94《夹谷清臣、内族襄等传》后赞,中华书局,1975 年,第 2096 页。
③ 脱脱等:《金史》卷 106《术虎高琪、移剌塔不也传》后论,中华书局,1975 年,第 2347 页。
④ 脱脱等:《金史》卷 112《完颜合达、移剌蒲阿传》后赞,中华书局,1975 年,第 2475 页。
⑤ 脱脱等:《金史》卷 117《徒单益都、粘哥荆山等传》后论,中华书局,1975 年,第 2561 页。
⑥ 脱脱等:《金史·粘葛奴申、完颜娄室传》"赞曰"讲到了"金失政刑"在用人、奖罚上的表现。(第 2603 页)《金史·逆臣传》有"论曰"涉及金对逆谋者的处理有悖常理,是把金亡与"金失政刑"联系起来考虑的。(第 2839 页)

考察有金一代盛衰转变的轨迹也是元代史官编纂《金史》的一个重要目的。在他们看来,金代的"明昌、承安盛极衰始"①,主要是:"宇内阜安,民物小康"②、"典章文物粲然成一代治规"③的局势逐渐发生变化了,转变为"弥文煽兴,边费亦广"④,"向之所谓维持巩固于久远者,徒为文具,而不得为后世子孙一日之用"⑤。这后一句道出了论者对章宗时期浮华尚文而不务实的做法的否定。而金宣宗南渡则被认为是金朝衰亡的标志。元代史官认为金宣宗迁都本身就是一个严重的失误,是"弃厥本根"⑥的行为。他们指出:"大抵宣宗既迁,则中都必不能守,中都不守,则土崩之势决矣。"⑦《金史》论赞也指出,金宣宗迁都后出现了一些衰乱的表现,概括说来就是吏治紊乱⑧,用非其人了⑨,举措失当了,这后者主要体现在奖罚不明和"南开宋衅,西启夏侮"两个方面。元人认为金宣宗与金世宗所为一切相反:"大定讲和,南北称治,贞祐用兵,生民涂炭。石琚为相,君臣之间务行宽厚。高琪秉政,恶儒喜吏,上下苛察。"⑩元代史官的分析还是比较深刻的,抓住了导致金朝衰落的主要原因。

四、元人对以往史事、人物的杂评

清理元代人的史论资料可以发现,有一类史论类似于读史札记,是人们读史时有感而作,内容上可以说五花八门,主题思想也不是很集中,零散、随性。大致说来,有的关乎历史的解释,具有释疑解惑的性质,有的关乎历史的想象,追求合理的推演,还有的试图澄清一些历史事实,具有考证的意味。

① 脱脱等:《金史》卷 18《哀宗本纪下》后赞,中华书局,1975 年,第 403 页。
② 脱脱等:《金史》卷 28《礼志一》序,中华书局,1975 年,第 692 页。
③ 脱脱等:《金史》卷 12《章宗本纪四》后赞,中华书局,1975 年,第 285 页。
④ 脱脱等:《金史》卷 46《食货志一》序,中华书局,1975 年,1028 页。
⑤ 脱脱等:《金史》卷 12《章宗本纪四》后赞,中华书局,1975 年,第 286 页。
⑥ 脱脱等:《金史》卷 18《哀宗本纪下》后赞,中华书局,1975 年,第 403 页。
⑦ 脱脱等:《金史》卷 101《承晖、耿端义等传》后赞,中华书局,1975 年,第 2239 页。
⑧ 脱脱等:《金史·选举志一》序有言:"仕进之歧既广,侥幸之俗益炽,军伍劳效,杂置令禄,门荫右职,迭居朝著,科举取士亦复泛滥。"(第 1130 页)
⑨ 脱脱等:《金史·石抹仲温、乌古论礼等传》后赞言:"泰和、贞祐,其间相去五年耳,故将遗老往往在焉。高琪得君,宿将皆斥外矣。高汝砺任职,旧臣皆守藩矣。假以重任,其实疏之。故石抹仲温以下,以见当时之将校焉。"(第 2283 页)
⑩ 脱脱等:《金史》卷 109《完颜素兰、陈规等传》后赞,中华书局,1975 年,第 2418 页。

（一）释疑解惑性质的史论

杨维桢所作《或问唐雎》，篇幅很短，开篇就提出问题："或问：唐雎，刺劫士也，先生以为鲁仲连之流何欤？"文中以"曰"的形式作了解答，讲明唐雎不是刺劫士而是有道之士的三点理由：一是"观其劝信陵君之忘赵德也，何其言之过厚而近道哉"；二是"雎为宗国求救于秦时，齿已九十矣，至是岁殆喻百，耄期而称道不乱，知其为有道之士也"；三是"其挺剑秦庭，假沫义以解秦三伏尸之怒，仁者时出之勇也，岂刺劫者哉"①。杨维桢的《王翦论》对王翦攻楚"非六十万不可"作了解释，他认为那是王翦作为智将的过人高明的体现，他说："秦兵之强，带兵六十万，翦使王空其国以委我而后行，是翦以重而驭王之轻也，王之骄已杀矣，而必疑焉，故又阳请美田宅为子孙后计，有以解其疑，此翦之所以为智而非信辈之所知也。"②在杨维桢的《奇祸言》一文中，他主要阐述了这样一个论断："志天下之奇贪者，必中天下之奇祸。"③他用楚之春申君和秦之文信侯被杀来证明他所作出的这个论断。对于有人疑惑韩信是否可称为国士，杨维桢不仅为韩信受胯下之辱及寄食漂母辩解，还肯定韩信对项羽的认识及对当时形势的分析是"国士之伟论""国士之宏略"④。针对有人认为郦寄出卖朋友，杨维桢也为之申辩，他认为汉代真正卖友的是鄜侯（萧何）、户牖侯（陈平），与他们两人相比，郦寄不算卖友⑤。杨维桢的《或问董仲舒》一文就"汉称董子为纯儒，而董子不入儒林传"的解答颇具功力，他首先指出董仲舒不是纯儒，董仲舒的言论异于孔孟，其学术渊源于《公羊春秋》，且沉溺于灾异。同时，他也承认董仲舒的学术地位："当秦灭学之后，独能下帷发愤，以著书为事，其博物洽闻、通达古今，言亦有

---

① 杨维桢：《或问唐雎》，见李修生主编《全元文》卷1332（第42册），凤凰出版社，2004年，第375页。

② 杨维桢：《王翦论》，见李修生主编《全元文》卷1332（第42册），凤凰出版社，2004年，第389页。

③ 杨维桢：《奇祸言》，见李修生主编《全元文》卷1332（第42册），凤凰出版社，2004年，第386页。

④ 杨维桢：《或问韩信》，见李修生主编《全元文》卷1332（第42册），凤凰出版社，2004年，第397页。

⑤ 杨维桢：《或问郦寄卖友》，见李修生主编《全元文》卷1332（第42册），凤凰出版社，2004年，第404页。

补于世矣。"他认为："其学类刘向",是刘歆"许仲舒为群儒首",在他看来汉的儒首应该是贾谊。[①]

元代后期"勤于教"的徽州人郑玉善写文章,其文"不事雕刻锻炼"[②],他的《狄梁公论》是针对有人批评狄仁杰事女主所作的辩驳,他认为当武曌南面称制之时,唐人并不知晓"男女内外之定位,君臣上下之大伦",他指出"不有梁公,心在王室,志复我唐,知识足以破其奸谋,至诚足以折其诈伪,忠言谠论足以沮其邪心,婉辞曲意足以兴其善念,卒还中宗。又荐张柬之等,诛除奸恶,以成反正之功。"也就是说,郑玉认为事女主不是狄仁杰个人应负的责任,而最终还政唐中宗、"成反正之功"则与狄仁杰的努力分不开。当然,他也认为狄仁杰的行为也有令人感到遗憾的,即"迁延犹豫"。而之所以狄仁杰不能果敢行事,他理解可能是"当时教化不明,纲常沦废,不知武曌之为贼,而失诛讨之义"[③]。郑玉深受宋代理学影响,是儒家纲常伦理的维护者,因此以他的价值观审视唐人的行事。他认为唐人的教化不明,纲常之分未晓,他也以此来解释武曌之所以能以女主临朝。今天看来,他的解惑是基于观念出发的,其是非是有时代局限的,但他的分析也不是毫无价值,至少我们感受到了唐人与元人观念的差异。

吕溥对于典籍有关孔子弟子的记述及孔庙所列孔子弟子奉祀的秩序都有疑惑,所以他撰有《孔子弟子》一文以讲明自己的看法。他尤其强调蘧伯玉和公伯寮"虽君子小人之不同,非特不当居七十二贤之列,而实不在三千人之中矣"[④]。

(二)是非褒贬的评判

此类史论旨在探讨历史人物行为与思想的是非优劣。

杨维桢所作《水德论》就探讨了邹衍之说的是非问题,认为："衍一时谬谈,而诸儒千载之袭其谬者,可鄙也。"他认为邹衍之说影响了秦,所谓"衍以刚毅戾深,事皆决于法,刻削毋仁恩和义,为合于五德之数,于是秦法益急,是衍之论非

---

① 杨维桢：《或问董仲舒》,见李修生主编《全元文》卷1333(第42册),凤凰出版社,2004年,第411页。

② 宋濂等：《元史》卷196《忠义列传四·郑玉传》,中华书局,1976年,第4432页。

③ 郑玉：《狄梁公论》,见李修生主编《全元文》卷1430(第46册),凤凰出版社,2004年,第341–343页。

④ 吕溥：《孔子弟子》,见李修生主编《全元文》卷1834(第60册),凤凰出版社,2004年,第220页。

取胜之道,趣灭之道耳"①。他甚至把秦的灭亡归咎于邹衍。杨维桢的《李斯论》认为赵高矫制之事,李斯明知道其有亡国的危害却惑于其"不得怀通侯之印返乡里"而参与其中。因此,杨维桢认为杀扶苏和蒙恬的人是李斯,他认为当时李斯是可以扭转局势的,等到他日事情皆决于赵高才上书言赵高的罪过为时已晚,他进而得出了这样的认识:"秦愚天下而受其愚者,李斯也;斯愚秦君臣而受其愚者,赵高也。"②杨维桢所作史论诸如此类的论断有很多,他批评项羽"嗜杀如嗜食",他肯定韩信对项羽的评价是确论,所谓"籍之勇,匹夫之勇耳,籍之仁,妇人之仁耳"③。他赞扬王陵之母在楚汉之间能果断作出取舍,为成全儿子"仗剑以死"的刚烈④。

吴莱的《读唐太宗帝范》评定了唐太宗的功过,他说:"予观太宗之志,尝欲法三代,欲行《周礼》,遂绌封德彝之说,而专用魏征之仁义。贞观之治,夫岂近世所可遽及? 使其当时立法之际,而其身之所行者一本于正,无复可议,则虽三代圣人,创基垂统,立经陈纪之道,何异于是? 然而太宗终以不能企及者,是亦贪胜好名之一过也,讵不信夫?"⑤吴莱虽然认为唐太宗是自汉以来古今欲治不世出之主,但也指出其最终没能比肩三代圣人主要过错为"贪胜好名"。

郑玉所撰《汉高祖索羹论》,对于"吾身"、"吾亲"与"天下"的轻重作了比较,他的观点是:"以吾身而视天下,则天下为重;以吾亲而视天下,则天下为轻。"以此为标准,他对汉高祖索羹之言论十分愤慨,他认为如果项羽真杀了太公,分羹高祖,高祖"此身且将无所容于天地之间,又安能与之争天下哉!"他认为正是由于项羽有妇人之仁,又惑于"为天下者不顾其家"之言,使太公幸而获免,天下之人就以高祖得计,索羹成为了名言,那是"紊纲常之义,失轻重之权矣"。他认为汉高祖的

---

① 杨维桢:《水德论》,见李修生主编《全元文》卷1332(第42册),凤凰出版社,2004年,第390页。

② 杨维桢:《李斯论》,见李修生主编《全元文》卷1332(第42册),凤凰出版社,2004年,第392页。

③ 杨维桢:《项籍论》,见李修生主编《全元文》卷1332(第42册),凤凰出版社,2004年,第396页。

④ 杨维桢:《陵母论》,见李修生主编《全元文》卷1332(第42册),凤凰出版社,2004年,第397页。

⑤ 吴莱:《读唐太宗帝范》,见李修生主编《全元文》卷1370(第44册),凤凰出版社,2004年,第139页。

索羹言论有极坏的影响,"使后世臣子,怀必胜之心,忘君亲之难者,未必不自此言发之也"①。他遵循儒家的价值观,他引孟子关于舜为亲而忘天下的言论证明了这一点。郑玉的《赵苞论》讨论的是汉灵帝时期赵苞处于忠孝不能两全之时求忠舍孝正确与否的问题。他提到:"君臣者,天下之大义;母子者,一身之私亲。以私亲而忘大义固不可,因大义而杀私亲,岂人情也哉?"他认为赵苞在寇劫制其母进攻之时确实处于两难境地,但赵苞当时的选择舍弃其亲而忠于其君从结果看并不是最好的处理办法。他提出了一个处理方案既可守城又可救母,他说:"为苞之计,唯当对寇自杀,使城守之责归之佐贰,破其挟制之谋,绝其觊觎之念。母在寇中遂为弃物,一老妇人杀之何益,寇必委而去之。不求生其母,而母自生矣。苞之死也,岂不为全人哉!"他认为赵苞因为不背弃君臣之大义而致使其母被杀,最终虽然战胜了寇,却因为不能保护母亲而无限痛心,结果葬母之后,"呕血而死"。他认为:"母既死之,而苞死之,则其死也亦徒死矣。"②郑玉的《李璀论》也涉及与君亲之间当大变之时如何忠孝两全的问题,同样赞赏牺牲自身以"不背其君"同时也"不遗其亲"③。郑玉是封建纲常伦理的维护者,他赞扬如赵苞、李璀那样捍卫君为臣纲、父为子纲的人物,而对于不遵从君父之命的人物则予以抨击。他所作《子陵不屈光武论》就对举世谓之有道之士的严子陵作出了批评,所谓"洁身乱伦而已",即"屈万乘以自高",④认为他不遵守君臣之间的纲常伦理。郑玉的《张华论》分析了张华在晋朝出现贾后之祸时的言行,认为张华对晋朝出现的动乱是应该承担责任的,他不是真正的学以致用的儒臣,他认为:"圣人既为经以定天下之常,复为权以尽天下之变。于是经、权相济,若体用然,而天下事无不可为者矣。"虽然张华"在武帝时,即以文学才识名重一时",但他"专于《诗》《书》名物之间、制度文为之末,才不足以制变,学不足以适道,岂知天下之大义,圣人之大用哉!"郑玉不仅从才学上不认可张华,称其"本庸人",对其为政能力也予以否定,他说:"若华者,所

① 郑玉:《汉高祖索羹论》,见李修生主编《全元文》卷 1430(第 46 册),凤凰出版社,2004年,第 337－338 页。

② 郑玉:《赵苞论》,见李修生主编《全元文》卷 1430(第 46 册),凤凰出版社,2004 年,第 345 页。

③ 郑玉:《李璀论》,见李修生主编《全元文》卷 1430(第 46 册),凤凰出版社,2004 年,第 346 页。

④ 郑玉:《子陵不屈光武论》,见李修生主编《全元文》卷 1430(第 46 册),凤凰出版社,2004 年,第 347 页。

谓具臣而已矣！孔子曰：'可与立，未可与权。'华且未知所谓立，安知所谓权哉！"①郑玉的《汉昭烈顾命论》认为刘备临终对孔明所言"如不可辅，卿可自取"是不妥当的，他认为这话"置孔明于嫌疑之地。欲用权而择贤，则恐天下以昭烈之言而疑己；欲守经而不变，则苦刘禅之昏愚而不可有为。终于天下三分，不能混一。"他甚至认为："昭烈顾命失言，后嗣非人，遂亡其国。"他其实把蜀汉没有能完成统一大业而归罪于刘备顾命之言。他也设计了他所认为的正确的顾命之言，即"嗣子可辅，辅之；如不可辅，则择刘氏之贤者而立之"②。

李穀也有关于赵苞忠孝取舍的史论，与郑玉的看法有所不同。李穀，高丽人，元至顺年间往来于京师与高丽之间，至正年间元授予他奉议大夫、征东行中书省左右司郎中之职③。他所撰《赵苞忠孝论》本于孔孟之言，对吴起、王陵、汉高祖、赵苞有关忠孝不能两全之时的行事作了细致的分析，意在申明名教。他认为忠孝有先后本末之别，赵苞对此没有弄清楚，所以顾此失彼，他说："苞乃一郡守耳，所守不过百里之地，一郡之民，全而有之，败而失之，汉不为之安危。况当此之时，主昏臣佞，忠良殄灭，黎庶涂炭，教化大坏，如洪水横流，不可堤防，如病在膏肓，医药之所不及，岂君子食君食、衣君衣、捐躯立功之秋也？苞以区区节义，惟知食禄不避难之为是，而不知助桀富桀之为非；知杀母市功之为忠，而不知保身事亲之为孝；虚慕王陵之贤，实获吴起之忍。当不可为之时，为不必为之事，故曰苞于忠孝有未尽焉者，此也。"④从李穀的这段分析看，他不赞赏赵苞为忠舍孝的举动，他甚至认为赵苞在汉灵帝时为官都是不明智的。从李穀的见解看，他对于忠孝发生冲突时不是一定为君而舍亲，他主张要权衡利弊，他认为赵苞保卫其郡的战争胜负不关乎汉朝的安危，且昏庸的君主也不值得忠诚，言外之意：作为臣子不必什么样的君主都对其尽忠义，为保全母妻而背弃昏君也不是不可以的。

梁寅读《汉书》《后汉书》，对汉高帝、文景帝、武帝、宣帝、光武帝、明章帝都有

---

① 郑玉：《张华论》，见李修生主编《全元文》卷1430（第46册），凤凰出版社，2004年，第340－341页。

② 郑玉：《汉昭烈顾命论》，见李修生主编《全元文》卷1430（第46册），凤凰出版社，2004年，第347页。

③ 参见李修生主编《全元文》卷1358（第43册）"李穀"小传，凤凰出版社，2004年，第428页。

④ 李穀：《赵苞忠孝论》，见李修生主编《全元文》卷1363（第43册），凤凰出版社，2004年，第545－547页。

不同于两书作者的论说。他认为汉高帝得天下有天佑也有人助,至于汉高帝本人,他的评价是:"以帝之豁达好谋,虽无三王之德学,而行事亦有暗合于道者。如入关之后,约法三章,不杀子婴。为义帝发丧,过曲阜,祀孔子,置乡三老,下诏求贤。若此之类,皆庶几仁义之意。"但梁寅认为汉代终究没有复三代之治。显然,他认为王政最理想的时期是三代。他认为汉代"规模虽谓之宏远,而治具未能以毕张"。原因在于其大臣非真儒,非伊尹、周公,所谓:"良、平任智数,萧、曹起刀笔,陆贾、叔孙通皆陋儒俗士,不知大体。"①梁寅的见解表明了他的政治倾向与班固是不完全一致的。对于汉文帝、汉景帝,梁寅肯定他们顺民、养民的"与民休息"之功,但也对他们的行事有所批评。他认为文帝没有适时复先王之治道,所以"礼制不立,诸侯强大,卒致七国之祸"。他认为贾谊可谓"识时之俊杰",文帝"方务黄老之术,未遑周孔之道,卒使谊之才志不能少伸"。在他看来汉景帝没法与汉文帝相比,"文帝宽仁恭俭,景帝天资刻薄。观景帝之杀周亚夫、晁错,而君臣之恩亏。废太子荣,而父子之道失。废皇后王氏,而夫妇之情薄。过宠梁王,使之失行,而兄弟之爱踰于礼"②,他从君臣、父子、夫妇、兄弟等关系举证汉景帝的行事并不符合人伦规范。不同于班固对汉武帝的颂扬,梁寅认为汉武帝功过都有,他讲:"汉武之功罪相当者有三,而得之不掩其失者亦有三。其外事四夷,穷兵黩武;掊克在位,海内虚耗;刑罚严峻,多杀不辜。此三罪也。然匈奴衰弱,稽首称藩,昭宣以后,边鄙无警,则可以盖其黩武之罪矣;委任霍光以辅幼主,轻徭薄赋,与民休息,使天下复见文、景之治,又可以盖其急利峻刑之事矣。故曰'其功罪之相当者,有三。'至于罢黜百家,表章六经,善矣,而不能遏其纵侈之心;修郊祀、改正朔、定历数、绍周后,善矣,而不免于惑方士之诞;明于知人,文武之臣各效其用,善矣,而董仲舒之贤良、汲黯之抗直、河间献王之博学好古,俱不见用于当时。故曰:'得之不掩其失者亦有三。'夫武帝,英锐之君,志于有为者也,而其治尚霸道,病于多欲,竟不能比隆三代,惜哉!"③梁寅对汉武帝功过是非的评判有理有据,还是较客观的。当然,他的评判所持的标准是儒家的王道,他因而指出武帝的政治为"尚霸道,病

---

① 梁寅:《汉高帝》,见李修生主编《全元文》卷1512(第49册),凤凰出版社,2004年,第476页。

② 梁寅:《文景》,见李修生主编《全元文》卷1512(第49册),凤凰出版社,2004年,第477页。

③ 梁寅:《武帝》,见李修生主编《全元文》卷1512(第49册),凤凰出版社,2004年,第478页。

于多欲",他对武帝那样一个"志于有为"的君主未能"比隆三代"而感到惋惜。梁寅对汉宣帝的评价既不同于班固的赞扬也有异于吕东莱的批评,他认为吕东莱所言汉宣帝用小人、用母党不是什么过错。在梁寅看来,汉宣帝的过失在于"杂霸道"和"不用儒",其功劳在于"其励精为治,勉励守相,而吏称其职,民安其业,则汉世之治无踰于此矣"①。梁寅对汉光武帝评价很高,认为他:"能因人心之归向,用天下之智力,芟刈群雄,克复大业,厥功伟矣。"考察其行事,"于三代贤王之道,盖庶几焉。"唯一令人感到遗憾的是光武帝废后一事,他也归罪于"当时无力净之臣"②。对于东汉的皇帝,梁寅还论述了汉明帝和汉章帝的功过,他肯定汉明帝"纪纲修举,治效卓然","若临雍拜老,尊礼师傅,宗戚子弟莫不受学,则三代以下之仅见也"。令他感到痛心的是:"时无子思、孟子之伦开之以二帝三王之学,所尊礼如桓荣、李躬,皆章句鄙儒,无益治道。"梁寅评价汉章帝:"厌明帝苛察,而承之以宽……又容受直言……至于诸王受封,迟迟不忍使之去。东平王苍为一时名德,则凡事咨问。"但他也指出了汉章帝有"宽之失",如"假窦宪以权而刑赏失中,信窦后之谮而废长立少"③。

对于唐代,梁寅只挑选了三位唐代的皇帝作了功过评判,即唐太宗、唐玄宗和唐宪宗。欧阳修和范祖禹对唐太宗的评论,梁寅大体上是赞同的,比如欧阳修称太宗"比迹汤武"、"庶几成康",范祖禹所说的"才优于汉高而规模不及也,恭俭不若孝文而功烈过之""勇不顾亲""矫揉""为善"。他也指出:"太宗比三王为不及,视西汉以下为最优。"④对于唐玄宗,梁寅肯定他初年的作为,也指出了他"始之治,而终之乱"的表现及其对后世的不利影响,并归其原因在于唐玄宗不通晓君主治国之理,进而指出学问对君主治天下同样是至关重要的。⑤ 梁寅论唐宪宗,认为他

---

① 梁寅:《宣帝》,见李修生主编《全元文》卷1512(第49册),凤凰出版社,2004年,第479页。

② 梁寅:《光武》,见李修生主编《全元文》卷1512(第49册),凤凰出版社,2004年,第479－480页。

③ 梁寅:《明章帝》,见李修生主编《全元文》卷1512(第49册),凤凰出版社,2004年,第480页。

④ 梁寅:《唐太宗》,见李修生主编《全元文》卷1512(第49册),凤凰出版社,2004年,第481－482页。

⑤ 梁寅:《玄宗》,见李修生主编《全元文》卷1512(第49册),凤凰出版社,2004年,第482－483页。

的志向前后有变化,所谓:"宪宗未平淮西之先,志在戡乱,故朝臣将顺其美者皆君子,而帝亦以为君子。淮西既平之后,志在安逸,故朝臣逢迎其恶者皆小人,而帝反以为君子。"正因为其志向变化了,"后日之志,非复前日自强之志",他看待其臣下则邪正、黑白混淆,而惑于小人了,言外之意:君主本人是关涉治乱的重要因素。

元末儒者戴良的《论长孙无忌》《论唐太宗六月四日事》《论王珪》是他读唐史的心得。他论长孙无忌主要讨论他在唐太宗立储问题上的影响。他认为长孙无忌拥护晋王李治而疏远吴王李恪是出于偏私,"以晋王为己之出,而欲藉之以长保富贵",而长孙无忌以遗命立晋王之后又陷害李恪,自以为"计出万全",没想到害他的是晋王之妃武氏。他认为长孙无忌干预唐太宗立储岂止祸及其一身,唐室之衰他应承担责任。他分析说:"恪之在诸王中,诚英果人也。使恪而不死于无忌之手,则武氏之奸心犹有所忌也。夫惟武氏之无所忌,而后李氏之子孙无遗类矣。唐之衰也,又岂待于易姓改号之日而见之哉?"戴良对长孙无忌干预立储之事的评判立场鲜明,长孙无忌错了,他的错给唐朝李氏皇族带来了深重的灾难。但戴良所得出的结论则是含蓄的,他说:"嗟乎!以无忌之才,犹乃一举而家国俱亡,则彼大臣之谋国,而欲一出于智力,信不可矣。"①他可能想劝诫那些依仗才能而谋求私利的大臣,不要以为"计出万全",历史的发展有时是你的"智力"所不能预料的,聪明反被聪明误,贻害家国。戴良所作《论唐太宗六月四日事》主要针对玄武门之变,他认为:"高祖之有天下,诚太宗之功也。"但是"立子以长不以功",无论是高祖还是太宗都清楚若传位给太宗"义有不可"。"太宗之屡辞不受者",说明他是"知大义之所在",然而"其后卒至蹀血禁门,贻讥万世而不顾"。他把造成这种局面的责任归咎于房玄龄、杜如晦二人的引导,以及尉迟敬德等"秦府群小"的"不忠于所事",当然,他也为唐太宗感到悲哀,所谓"一代贤君,亦从之而不疑"②。戴良的《论王珪》表彰了王珪的进谏有道,他说:"谏君有道乎?曰:'有。'人心亦各有所蔽、有所明,故善谏者,常不攻其蔽而惟导其明,使之自悟而已矣。"③他认为王珪向唐太宗进谏"出王瑗之妻"就是采用类似的方法。他认为褚遂良与王珪比,显然没

---

① 戴良:《论长孙无忌》,见李修生主编《全元文》卷1632(第53册),凤凰出版社,2004年,第327页。

② 戴良:《论唐太宗六月四日事》,见李修生主编《全元文》卷1632(第53册),凤凰出版社,2004年,第328页。

③ 戴良:《论王珪》,见李修生主编《全元文》卷1632(第53册),凤凰出版社,2004年,第329页。

有得谏君之道,所以唐高宗并不听从,忠诚是可以肯定的,但才能是在王珪之下的。

关于封建与郡县制的利弊在元代也有相关的史论文章。杨维桢有《非淳于越封建议》,文很短,但观点很明确,他认为"非封建"和"非郡县"都不是古今通达之论。他指出:"封建不得独行,郡县不得不置,天下所趋之势然也。封建宗子,枝辅以立,州县守令,错迭而居,此万代无虞之制也。"显然他认为封建和郡县各有其作用。他认为淳于越没有必要以古非今,不仅没有说服当政者,而且出现了非常恶劣的后果,所谓"徒激李斯焚弃诗书之祸"①。其篇后"木曰"的小注认为,杨先生所论"亦祖唐颜师古之议也"。吴莱的《胡氏管见唐柳宗元封建论后题》是认真研读唐柳宗元《封建论》和宋胡寅《读史管见》而作的评论,他认为"天下古今之变日趋于无穷,又不可以一概论矣"。他梳理了从夏代到秦汉的历史变化,认为:"三代封国,后世郡县,时也。因时制宜,以便其民,顺也。"吴莱的看法与唐柳宗元小有不同,柳宗元认为"封建非圣人意,势也",他则认为是"时"。至于胡寅所讲"封建之法,圣人所以顺天理,承人心,而为公天下之大端大本也"的论说,他只认为是"守儒之常论也";至于胡氏所说"欲行封建,先自井田始",吴莱认为封建、井田是同时代的制度,所谓"上之则分土列爵以建国,下之则分田画野以居民。井田,小封建也。封建,大井田也"。基于他所持有的制度因"时"而变,指出:"秦汉以来,井田废矣。则是封建之法虽欲不废而为郡县也,尚可得哉。"②可见,吴莱是具有历史发展眼光的,他的"因时制宜"是肯定郡县制的出现具有其合理性与必然性的。梁寅认同慈湖杨氏关于封建的看法,他认为:"推是而论之,则封建者,势也;秦之置郡县者,亦势也。柳宗元谓封建不可复矣,而宋之胡氏又谓必可复。朱文公则曰:'天下之法未有全利而无害者,封建古法,岂敢非之。但以膏粱不学之子弟而处于士民之上,恐为患非小。'又曰:'少时读范祖禹《唐鉴》,言郡县亦足以为治,心常鄙之,以为苟简因循之论,及思之,诚然。'观于此言,则封建之利害判然已。"③显然,梁寅也认为郡县制取代封建制有其历史必然性。

---

① 杨维桢:《非淳于越封建议》,见李修生主编《全元文》卷1332(第42册),凤凰出版社,2004年,第391页。

② 吴莱:《胡氏管见唐柳宗元封建论后题》,见李修生主编《全元文》卷1368(第44册),凤凰出版社,2004年,第85页、第87页。

③ 梁寅:《封建》,见李修生主编《全元文》卷1515(第49册),凤凰出版社,2004年,第564－565页。

(三)对历史作合理的推论

此类史论往往不关涉历史事实,是对历史发展的另一种可能性作出推断。

杨维桢的《魏可王封》就是一个对历史发展可能性的推论,他认为:"论王伯者,不以地、不以兵,顾得士何如尔。得士者王,失士者亡。魏有一士曰孟轲,一士曰乐毅,得毅可伯,得轲可王。二士在魏而惠襄不能得之,卒相犀首与张仪。"①这是对历史发展的另一种可能性的主观推测,当然也有一定的道理。吴莱所撰《书张良传》是针对人们对张良本为韩报仇却反对郦食其复立六国后、汉初不进言恢复三代帝王之道等疑惑展开的论述。他认为秦灭后楚汉相争,留侯张良想要为韩却"诚有所不及也","故仇楚而臣汉,非实委心于汉王也,又欲为韩而报楚耳"。而当时的形势复存故国很难,所以"宁寝郦生之谋,而就汉之天下"。他又讲:"天下既定,太原、马邑固已属韩襄王之孽孙矣。韩之再封,又未必非留侯力也。"至于汉初没有能够"上继三代帝王之隆者","实一时之将相大臣使然"②。应该说,吴莱对于张良行为的解释反映的是他对秦汉时期历史演进的理解。今天重读《张良传》可知张良的确是因韩而起加入反秦的行列,但历史的发展复韩已经不可能,他的立场转向为汉立国而努力,但是在吴莱的心中,张良是一个忠诚的人,他应该始终没有忘记故国,所以他还是相信张良为汉也是为韩。对于后人怪罪张良没有使初建的汉朝达到儒者理想的境界,他则对汉初的局面及汉初的儒者地位作了分析,认为不是留侯独自的责任。不过,吴莱对张良行为的解释和对汉初形势的分析还是有一定的合理因素的,也能加深人们对张良及其所处时代的认识。郑玉的《唐太宗论》是就唐太宗起而反隋的探讨,他认为唐太宗本可以应天顺人,"代炀之位而反其政",然后"用汉太公故事,尊其父为太上皇",却"拘拘于父子名分之间,孜孜于详度论议之细,不量其父之才,必欲强以天下之重",以至于"卒成骨肉之祸,遂陷篡弑之名",成为"千古之遗恨"。郑玉立论的依据是唐太宗是命世之才,唐高祖是在其反复劝说之下才下了反隋的决心,因此,唐太宗若果于担当,便不会有后来的骨肉相残之事。他所申明的观点是:"盖当天下离乱之际,苟德在己,则

---

①　杨维桢:《魏可王封》,见李修生主编《全元文》卷1332(第42册),凤凰出版社,2004年,第372页。

②　吴莱:《书张良传》,见李修生主编《全元文》卷1370(第44册),凤凰出版社,2004年,第130页。

起而应天顺人,救民于水火之中矣,又奚暇让其父兄哉!"①郑玉的《季札论》对吴国季札的评论更是以批评为主,在大多数儒学之士的眼中季札是圣人,品德高尚且有才华,但郑玉却认为"王僚之弑,由季札之让也"。他指出:"变父兄相让之风,为君臣相弑之祸,斯实季子之罪也。虽不与乎弑,有以成其弑矣。原其初,不过守匹夫之末节,失君子之时中尔。先儒谓《春秋》书国以弑者,当国之大臣之罪也。吴之大臣,舍季子将谁归乎! 夫子之意,盖罪季子也。"②可见,郑玉把公子光篡弑行为归罪于季札让国。其思路独特,所作推断也有一定的道理,评判的标准也是儒家的君臣父子之伦理,大概是依据《春秋》之意而追责的结果。

第三节　元人史论的深远意蕴

一、史官、史家的"通古今之变"

"通古今之变"是汉代大史学家司马迁提出的一个重要的历史命题。这一命题内涵丰富。一般认为,"通古今之变"是司马迁在《报任安书》中明确提出来的撰史目的,即"把从古到今历史上的发展变化大势搞清楚"③。多数学者认为在《史记》中,"通古今之变"主要表现为一种认识历史的态度和对历史过程的由变而通的思想及方法④。《史记》之后,"通古今之变"又成为代表贯通思想的通史精神而

---

① 郑玉:《唐太宗论》,见李修生主编《全元文》卷1430(第46册),凤凰出版社,2004年,第338－339页。

② 郑玉:《季札论》,见李修生主编《全元文》卷1430(第46册),凤凰出版社,2004年,第349－350页。

③ 白寿彝:《〈史记〉新论》,白寿彝著《史学遗产六讲》附录,北京出版社,2004年,第133页。

④ 参见白寿彝:《史学史教本初稿》,载于《白寿彝史学论集》,北京师范大学出版社,1994年,第885—889页;施丁:《论司马迁的"通古今之变"》,《历史研究》1980年第2期;陈可青:《司马迁的"通古今之变"及其对历史人物的评价》,《北京师院学报》1980年第2期;吴怀祺:《〈史记〉对历史盛衰认识的哲理性和时代性》,《史学史研究》1988年第1期;陈其泰:《司马迁对历史发展趋势的卓识》,《史学史研究》1996年第4期;刘家和:《论司马迁史学思想中的变与常》,《北京师范大学学报》2000年第2期;汪高鑫:《司马迁历史变易思想探析》,《皖西学院学报》2001年第3期,等等。

为后人传扬。元朝是结束多政权分治而实现大统一的朝代,元代史官编修的《辽史》《金史》《宋史》在某些问题的探讨上也体现了"通古今之变"。

对于《宋史》论赞中体现的"通古今之变",李华瑞先生有专门的研究。他指出:"'通古今之变'是司马迁探索历史兴衰治乱规律的研究方法,旨在提出用'通观'的思维去对待历史发展进程中的'变',用贯通的方法去认识分析历史进程中产生的'变'。这种方法在《宋史》论赞中得到了继承和发扬,元史臣不仅始终把宋代的历史发展置于周秦以降的长河中进行评论和定位,而且分阶段探讨宋代历史变迁的内在联系,从而使人们比较清晰地看到宋代的典章文物制度的由来、继承、沿革和发展;也使人们看到宋代社会历史在不同阶段的不同特点。"①

仔细探究《辽史》论赞,大约有四分之一部分一定程度上贯彻了"通古今之变"思想和方法。这些论赞主要包含以下两方面内容。

其一,以通史的眼光审视契丹先世的发展,说明辽朝的兴起有其历史基础并经历了漫长而艰辛的过程。《辽史》作为朝代史,主要记载辽朝二百余年的历史,但为了使读者明了辽朝兴起的基础和建立辽朝的契丹人的历史,《辽史》对"辽之先"作了交代。比如,《太祖本纪》"赞曰"追述了辽朝建立之前契丹部族发展史,即:

> 辽之先,出自炎帝,世为审吉国,其可知者盖自奇首云。奇首生都庵山,徙潢河之滨。传至雅里,始立制度,置官属,刻木为契,穴地为牢。让阻午而不肯自立。雅里生毗牒。毗牒生颏领。颏领生耨里思,大度寡欲,令不严而人化,是为肃祖。肃祖生萨剌德,尝与黄室韦挑战,矢贯数札,是为懿祖。懿祖生匀德实,始教民稼穑,善畜牧,国以殷富,是为玄祖。玄祖生撒剌的,仁民爱物,始置铁冶,教民鼓铸,是为德祖,即太祖之父也。世为契丹遥辇氏之夷离堇,执其政柄。德祖之弟述澜,北征于厥、室韦,南略易、定、奚、霫,始兴板筑,置城邑,教民种桑麻,习织组,已有广土众民之志。②

这段关于辽朝建立之前契丹先世的情况记述,时间不是很明确,但所述自雅

---

① 李华瑞:《〈宋史〉论赞评析》,《史学集刊》2005 年第 3 期。
② 脱脱等:《辽史》卷 2《太祖本纪下》,中华书局,1974 年,第 24 页。

里以来的世次和相应的社会发展状况较为清晰。不仅《辽史·太祖本纪》后赞有意识地追踪溯源,《辽史》论赞还有四处从不同角度试图讲明"辽之先"及辽朝前期的情况。其中,《辽史·营卫志》"部族上"小序叙述了契丹自奇首八部以来,部落屡遭强敌侵掠,多次散而复聚的曲折发展之路:

> 奇首八部为高丽、蠕蠕所侵,仅以万口附于元魏。生聚未几,北齐见侵,掠男女十万余口。继为突厥所逼。寄处高丽,不过万家。部落离散,非复古八部矣。别部有臣附突厥者,内附于隋者,依纥臣水而居。部落渐众,分为十部,有地辽西五百余里。唐世大贺氏仍为八部,而松漠、玄州别出,亦十部也。遥辇氏承万荣、可突于散败之余,更为八部;然遥辇、迭剌别出,又十部也。阻午可汗析为二十部,契丹始大。至于辽太祖,析九帐、三房之族,更列二十部。圣宗之世,分置十有六,增置十有八,并旧为五十四部;内有拔里、乙室已国舅族,外有附庸十部,盛矣![①]

这段文字所记述的契丹自奇首以来至辽圣宗之世的部族历史已将史事与时间对应起来,从契丹与周邻民族、政权关系的角度概述了契丹部族发展史。《辽史·兵卫志》序和《辽史·地理志》序则分别从契丹兵力渐增、契丹所控制的地域渐大来阐述契丹由弱变强的过程,这二则序突出强调了自隋世、经唐朝、到辽建国初期数百年间契丹军事实力不断变化的梗概。《辽史·世表》序更试图从民族发展史的角度梳理从炎帝时代到辽太祖时期契丹的发展线索。可以明确,元代史官力图通过弄清契丹先世几百年甚至上千年的变化来把握辽朝之兴的历史基础。这是通史精神在其论赞中得以贯彻的具体体现。

其二,把辽朝的制度文化置于中国历史长河中进行阐述,即以联系的观点分析辽朝制度文化的形成及其特点。研究辽朝史的学者都清楚辽朝的制度文化较为复杂,其制度文化中既有契丹等游牧民族的"旧俗",又掺入汉人、渤海人长期相沿传承的某些制度。对此,元代史官在其所撰《辽史》论赞中的解读颇费一番心思,他们或通过贯通古今的方法,或与同时代其他政权同类制度进行比较,以使读者更好地领悟辽朝一些制度文化的内涵、特点。比如,

---

① 脱脱等:《辽史》卷32《营卫志中》,中华书局,1974年,第376-377页。

《辽史·营卫志》序：

> 上古之世，草衣木食，巢居穴处，熙熙于于，不求不争。爰自炎帝政
> 衰，蚩尤作乱，始制干戈，以毒天下。轩辕氏作，戮之涿鹿之阿。处则象
> 吻于宫，行则悬旗于纛，以为天下万世戒。于是师兵营卫，不得不设矣。
> 冀州以南，历洪水之变，夏后始制城郭。其人土著而居绥服之中，
> 外奋武卫，内揆文教，守在四边。营卫之设，以备非常而已。并、营以
> 北，劲风多寒，随阳迁徙，岁无宁居，旷土万里，寇贼奸宄乘隙而作。营
> 卫之设，以为常然。其势然也。
> 有辽始大，设制尤密。居有宫卫，谓之斡鲁朵；出有行营，谓之捺
> 钵；分镇边围，谓之部族。有事则以攻战为务，闲暇则以畋渔为生。无
> 日不营，无在不卫。立国规模，莫重于此。作《营卫志》。①

　　这则序对于辽代富有民族特色的宫卫、行营、部族之制的解释是基于历史、地理、经济的分析展开的。在元代史官看来，营卫之设从无到有是历史的必然。上古之世，人们"不求不争"，无须营卫。自从蚩尤作乱以来，师兵营卫就不得不设。另外，由于地域的不同，营卫之设有"以备非常"和"以为常然"的区别，像冀州以南，其人定居城郭之中，设营卫以备非常即可；并州、营州之北，其人随阳迁徙，"岁无宁居"，寇贼奸宄，容易乘隙而作，营卫之设不得不"以为常然"。这是劲风多寒的地理条件、游牧经济和居处习惯等多种因素综合作用的结果。辽朝大部分地区处于并、营州以北，所以他们认为辽朝立国重视营卫是客观环境决定的。可以说，撰者联系上古到炎帝、蚩尤、轩辕时代的社会变化，意在说明师兵营卫之设有悠久的历史和一定的历史条件，而分析冀州以南与并、营州以北设制的不同情形则表明了辽朝重视营卫制度是区域社会发展的必然选择，或者说辽朝遵循了因地制宜的原则。

　　《辽史》中类似上述的论赞还有一些，元代史官在撰写这些论赞时选择采用"通古今之变"思想和方法旨在揭示辽朝历史文化的真正内涵，把握其中的变与常。

　　《金史》有论赞一百四十二则，其中以"通古今之变"的思想和方法探讨金朝历

---

① 脱脱等：《辽史》卷31《营卫志上》，中华书局，1974 年，第 361－362 页。

史发展的论赞有二十五则,约占全部论赞的六分之一。这些论赞主要包含如下内容。

其一,表明金人对自古以来形成的规范的遵循与变革。《金史》设有《天文志》《历志》《五行志》《地理志》《河渠志》《礼志》《乐志》《仪卫志》《舆服志》《兵志》《刑志》《食货志》《选举志》《百官志》。从志目看,前代史书中都曾出现过。在一些志序中,元代史官通过梳理相关制度的演变来阐明金朝与其他时代的同与不同,进而理清金代制度文化的来源与特点。比如,在《选举志》序中,撰者不仅对自秦汉以来的选官有综合的把握,而且对从汉至唐的选举制度的变革及其原因有较清楚的认识。值得重视的是,为说明金朝选举制度的基础、特点,他们将辽金两朝选举制度作了比较分析。他们认为,辽受唐代的影响,用进士法取人,但通观其国仕进者,进士取人所占比重不大,仅有十分之二三。而在辽朝之后的金朝在进士取人方面有所发展,从其进士科的渊源看,是"兼采唐、宋之法而增损之";从其进士选举发展的程度和规模看,不只是"其及第出身,视前代特重,而法亦密焉"。而且,金代"以策论进士取其国人,而用女直文字以为程文",撰者认为金朝这样做收到了一举两得的功效,既"就其所长以收其用",又"行其国字,使人通习而不废"。从其进士取人与其他入仕之途比较看,"终金之代,科目得人为盛"。撰者也指出,金代"诸宫护卫、及省台部译史、令史、通事,仕进皆列于正班",这是唐、宋以来所没有的。当然金朝选官制度在金末也遭到破坏,金宣宗南渡之后,金朝"仕进之歧既广,侥幸之俗益炽,军伍劳效,杂置令禄,门荫右职,迭居朝著,科举取士亦复泛滥",吏治紊乱了。但撰者综合考察有金一代社会发展还是对金朝选举制度给予充分肯定的评价:"原其立经陈纪之初,所为升转之格、考察之方,井井然有条而不紊,百有余年才具不乏,岂非其效乎?"[①]经撰者三百余字的梳理分析后,读者大体上对金朝选举制度发展的脉络和特点有了一定的掌握。这是这则序采用"通古今之变"的思想方法而产生的效果。

《金史·刑志》序中关于自古以来所形成的刑法观念有这样一段论述:

> 昔者先王因人之知畏而作刑,因人之知耻而作法。畏也、耻也,五
> 性之良知,七情之大闲也。是故,刑以治已然,法以禁未然,畏以处小
> 人,耻以遇君子。君子知耻,小人知畏,天下平矣。是故先王养其威而

---

① 脱脱等:《金史》卷51《选举志一》,中华书局,1975年,第1130页。

用之,畏可以教爱。慎其法而行之,耻可以立廉。爱以兴仁,廉以兴义,

仁义兴,刑法不几于措乎。①

　　元代史官认为,刑与法是针对人的畏与耻而设立的不同的管理措施,刑与法
在功用上和适用的人群上也是有区别的,前者是对已发生之事进行处理,主要是
震慑小人;后者是对未发生的事情提出规范,主要是警示君子。从前的君王懂得
这个道理,注重"养其威""慎其法",教爱、立廉,讲求仁义之道。这是元代史官所
认同的刑法精神。他们认为金朝并没有完全遵循这样的刑法精神行事。金初,
"法制简易",到金章宗时期法制较为完备。但"原其立法初意,欲以同疏戚、壹小
大,使之咸就绳约于律令之中,莫不齐手并足以听公上之所为,盖秦人强主威之意
也"。也就是说,金朝是刑法不分的,没有坚守前述刑法分别的精神,对各类人同
样对待,表现在:"待宗室少恩,待大夫士少礼。终金之代,忍耻以就功名,虽一时
名士有所不免。至于避辱远引,罕闻其人。"所谓"教爱立廉之道"没有很好贯彻于
其法制之中。只是金世宗做得好一些,金章宗、金宣宗"宽猛出入虽时或过中,迹
其矜恕之多,犹有祖风"②。可以明确的是,在元代史官的心目中,金朝法制并不完
全符合他们所认同的古代刑法精神,但他们所作的分析却让读者领悟到金代法制
的特色,这是贯通古今审视制度发展的优点所在。

　　《金史》传序,尤其类传序大多采用先总论自古以来有关准则,再具体分析传
主的作为,以使读者或感受金朝优秀人物的风范,或了解败国乱政之徒的危害,或
评定某些特殊人群的功过是非。比如,《世戚传》有"赞曰"言及先秦时代通行的世
婚制度至秦、汉以来发生了变化,"无世世甥舅之家"。撰者认为:"古者异姓世爵
公侯与天子为昏因,他姓不得参焉。女为王后,己尚王姬,而自贵其贵,富厚不加
焉,宠荣不与焉。使汉、唐行此道,则无吕氏、王氏、武氏之难,公主下嫁各安其分、
各得其所矣。"基于这样的认识,他们肯定金朝所实行的世婚制,所谓:"金之徒单、
挚懒、唐括、蒲察、裴满、纥石烈、仆散皆贵族也,天子娶后必于是,公主下嫁必于
是,与周之齐、纪无异,此昏礼之最得宜者,盛于汉、唐矣。"③可见,元代史官认为金
朝统治者实行世婚有类于古时,可以防止"外戚骄盈"。他们贯通古今的分析,意

---

① 脱脱等:《金史》卷45《刑志》,中华书局,1975年,第1013页。

② 脱脱等:《金史》卷45《刑志》,中华书局,1975年,第1014页。

③ 脱脱等:《金史》卷120《世戚传》,中华书局,1975年,第2629页。

在说明金朝世婚制的合理之处。

其二,概述与金朝有关的政权、民族的历史发展。《金史·外国传上》论述了西夏与金朝的关系,其后赞上溯夏之先世始自元魏衰微,唐末"托跋思恭以破黄巢功赐姓李氏,兄弟相继为节度使,居夏州,在河南"。此后,"继迁再立国,元昊始大,乃北渡河,城兴州而都之"。撰者所用话语虽然简略却展示了党项拓跋氏崛起及立国的过程。至于西夏控制区域的逐渐扩大和其国的经济、风俗、文化、外交等情况也都作了如下简要概括:

> 其地初有夏、绥、银、宥、灵、盐等州,其后遂取武威、张掖、酒泉、燉煌郡地,南界横山,东距西河,土宜三种,善水草,宜畜牧,所谓凉州畜牧甲天下者是也。土坚腴,水清冽,风气广莫,民俗强梗尚气,重然诺,敢战斗。自汉、唐以水利积谷食边兵,兴州有汉、唐二渠,甘、凉亦各有灌溉,土境虽小,能以富强,地势然也。
>
> 五代之际,朝兴夕替,制度礼乐荡为灰烬,唐节度使有鼓吹,故夏国声乐清厉顿挫,犹有鼓吹之遗音焉。然能崇尚儒术,尊孔子以帝号,其文章辞命有可观者。立国二百余年,抗衡辽、金、宋三国,偪乡无常,视三国之势强弱以为异同焉。①

这样的陈述,实际上也从地势、外交的角度分析了西夏"立国二百余年"的原因。

另外,《金史·奚王回离保传》后赞用一句话扼要概括了契丹与库莫奚长期以来共处的关系:"库莫奚、契丹起于汉末,盛于隋、唐之间,俱强为邻国,合并为君臣,历八百余年,相为终始。"②这里对库莫奚与契丹八百年间密切关系作了分阶段的说明:汉末共同出现;隋唐之间均强盛起来,并为邻国;辽时成为君臣。文字虽然简短,契丹与库莫奚关系的阶段性变化却清晰呈现。

元代史官的"通古今之变"不单纯体现在辽、金、宋三史若干则论赞中,其实辽、金、宋三史的编纂原则、讲求的史法、议论等都含有"通古今之变"后择善而从的意蕴。元朝修辽、金、宋三史有关史事的编纂原则有"疑事传疑,信事传信,准

---

① 脱脱等:《金史》卷 134《外国传上》,中华书局,1975 年,第 2876－2877 页。
② 脱脱等:《金史》卷 67《奚王回离保传》,中华书局,1975 年,第 1588－1589 页。

《春秋》",“帝纪"的编写遵循的基本准则为:“三国各史书法,准《史记》、《西汉书》、《新唐书》。各国称号等事,准《南(史)》、《北史》"①而且元代的史官们尤其重视议论。《修三史诏》明确指出:“纂修其间,予夺议论,不无公私偏正,必须交总裁官质正是非,裁决可否。"②当时三史的总裁官确实担负起裁决的责任,揭傒斯作史讲究惩劝,为修史总裁官"毅然以笔削自任,凡政事得失,人材贤否,一律以是非之公;至于物论之不齐,必反覆辨论,以求归于至当而后止"③。张起岩"熟于金源典故,宋儒道学源委,尤多究心,史官有露才自是者,每立言未当,起岩据理审定,深厚醇雅,理致自足"④。欧阳玄的做法是:“史官中有悻悻露才、论议不公者,玄不以口舌争,俟其呈稿,援笔审定之,统系自正。至于论、赞、表、奏,皆玄属笔。"⑤三史的论赞由三史总裁官定夺,表明元修三史重视统一思想认识,尽可能求得议论、褒贬的公正。

从元代史官的《进辽史表》、《进金史表》和《进宋史表》看,元朝君臣出于对文化传承和政治鉴戒的认识,也出于对汉、唐君王重视修史的赞赏和认同,他们认为纂修《辽史》《金史》《宋史》是元朝理当承担的责任。这种自觉的史学发展意识和历史鉴戒思想本身即是求通的体现。至于元朝史官所撰《辽史》《金史》《宋史》三史的论赞中表现出来的"通古今之变",遵循前代正史编纂的做法而有所变通也是显而易见的。比如,《辽史·部族表》序以"司马迁作《史记》,叙四裔于篇末"⑥论起。《辽史·奸臣传》序明确表明他们作《奸臣传》是效法《春秋》《史记》《汉书》《新唐书》的立意和做法。《金史·五行志》序言明:“仍前史法,作《五行志》。"⑦脱脱等:《宋史·世家传》序也有"今仿欧阳修《五代史记》,列之世家"⑧之句。

需要强调的是,元代史官在三史编纂和三史论赞中所展现的"通古今之变"除了具有传承史学文化的意义外,其思想价值也是弥足珍贵的。大体说来,主要体现在以下两方面。

---

① 见《三史凡例》,脱脱等《辽史》附录,中华书局,1974 年,第 1557 页。

② 见《修三史诏》,脱脱等《辽史》附录,中华书局,1974 年,第 1554 页。

③ 宋濂等:《元史》卷 181《揭傒斯传》,中华书局,1976 年,第 4186 页。

④ 宋濂等:《元史》卷 182《张起岩传》,中华书局,1976 年,第 4195 页。

⑤ 宋濂等:《元史》卷 182《欧阳玄传》,中华书局,1976 年,第 4197 – 4198 页。

⑥ 脱脱等:《辽史》卷 69《部族表》,中华书局,1974 年,第 1077 页。

⑦ 脱脱等:《金史》卷 23《五行志》,中华书局,1975 年,第 533 页。

⑧ 脱脱等:《宋史》卷 478《世家传一》,中华书局,1977 年,第 13853 页。

其一,元代史官的"通古今之变"反映出的一个基本历史认识是:尽管辽、金、宋各自有自己兴起发展的历史,三个政权的主导民族不同,然而他们文化的基础却是共同的,历史文化认同思想是一致的。究其思想根源,实际上,元代史官在其论述中贯彻了"一体"的观念。

前述"辽之先"的概述讲明了契丹先世以武兴国的艰辛历程,金、宋也各有独特的建国史,但综观三史论赞,突出强调的则是它们在地域、制度、文化甚至血缘方面的共同或相近的基础。在元代史官看来,辽之先虽可知者自奇首可汗,但依据史书(《北周书》)记载,"辽本炎帝之后"①。这是从血缘上将契丹先民归属于炎黄子孙了。关于辽所控制区域的地理环境、行政建置的叙述也表达了辽朝在统辖区域上多居汉地或占有古九州部分地区。如"辽建五京:临潢,契丹故壤;辽阳,汉之辽东,为渤海故国;中京,汉辽西地,自唐以来契丹有之。……析津、大同,故汉地,……"②,"辽以幽、营立国"③,等等。元代史官更明确指出,辽、金、宋三朝在文化上也都与以往朝代有千丝万缕的联系。比如,"至于(辽)太宗,……于是秦、汉以来帝王文物尽入于辽……"④,"辽本朝鲜故壤,箕子八条之教,流风遗俗,盖有存者"⑤。金朝"灭辽举宋"⑥,在仪物、制度上对辽、宋均有所承袭,《金史·舆服志》序就称"金初得辽之仪物,既而克宋,于是乎有车辂之制"⑦。可见,辽、金、宋虽为不同政权,却有共同的文化相连,最终也都为元朝所继承。元代《修三史诏》申明:"这三国为圣朝所取制度、典章、治乱、兴亡之由,恐因岁久散失,合遴选文臣,分史置局,纂修成书,以见祖宗盛德得天下辽、金、宋三国之由,垂鉴后世,做一代盛典。"⑧可以说,元代史官审视历史问题时表现出来的宏观视野突出了辽、金、宋时代承上启下作用,也展示元代人在大统一背景下的全局观和一体观的发展。

其二,本着历史实际,元代史官对于辽、金、宋三个政权采取一视同仁的态度,彰显了时代的进步。《进辽史表》言及:"我世祖皇帝一视同仁,深加愍恻。尝敕词

---

① 脱脱等:《辽史》卷63《世表》序,中华书局,1974年,第949页。
② 脱脱等:《辽史》卷36《兵卫志下》"五京乡丁"条序,中华书局,1974年,第417页。
③ 脱脱等:《辽史》卷42《历象志上》序,中华书局,1974年,第517页。
④ 脱脱等:《辽史》卷58《仪卫志四》"汉仗"条序,中华书局,1974年,第919页。
⑤ 脱脱等:《辽史》卷49《礼志一》序,中华书局,1974年,第833页。
⑥ 脱脱等:《金史》卷3《太宗本纪》后赞,中华书局,1975年,第66页。
⑦ 脱脱等:《金史》卷43《舆服志上》,中华书局,1975年,第969页。
⑧ 见《修三史诏》,脱脱等《辽史》附录,中华书局,1974年,第1554页。

臣撰次三史,首及于辽。"这里明确表明元人对辽、宋、金采取不偏不倚同等对待的态度。实际上,一视同仁对待三个政权在元代也不是一件容易的事,这从元代编修前代史长期的"义例"之争可得证明①。元至正三年(1343)右丞相脱脱提出"三国各与正统,各系其年号"的编纂原则,"义例"的纷争才暂告一段落②。这个决断是进步思想占据上风的结果,这个决断的作出不仅迅速促成了辽、金、宋三史的编纂成功,也充分肯定了少数民族为主建立的辽金政权的历史地位,显示了元代人在民族观方面的进步。值得关注的是,在辽、金、宋三史论赞中呈现出的"通古今之变"也都将辽、金列入历史上有天下政权之列进行客观分析,对辽、金值得称道的人、事不吝赞美之词,对两朝可资借鉴的也直言不讳。唯有在对比分治政权和统一政权有关制度、法规时有肯定统一的倾向,比如,《金史·天文志》序言:"羲、和之后,汉有司马,唐有袁、李,皆世掌天官,故其说详。且六合为一,推步之术不见异同。金、宋角立,两国置历,法有差殊,而日官之选亦有精粗之异。今奉诏作《金史》,于志天文,各因其旧,特以《春秋》为准云。"③从这段话可见元代史官本着金、宋角立的历史实际,按照《春秋》做法"各因其旧"来书写二书的《天文志》。同时,他们对"六合为一"的汉、唐时代历法同一也予以肯定,实际上是对大统一的赞誉。他们也传扬了自古以来的中国人思想中的根深蒂固的统一观念。总体上看,元修三部正史体现出的"通古今之变"反映了其时代进步的思想观念,对于统一多民族国家的发展是有积极意义的。

二、统一与天下一家思想的发展

元朝是中国历史上实现了空前规模统一的皇朝,元代各族人关于统一与天下一家的认识有所继承也有所发展。

金海陵王所说的"自古帝王混一天下,然后可为正统"④和"天下一家,然后可

---

① 《辽史》出版说明就辽、金、宋三史的"义例"之争有这样一段记述:"元代中统二年(公元一二六一年)和至元元年(公元一二六四年),都曾议修辽、金二史。南宋亡后,又议修辽、金、宋三史。也由于'义例'未定,以至'六十余年,岁月因循'。关于'义例'的争论主要有两种意见:一种主张仿《晋书》例,以辽、金作为'载记',附于《宋史》;另一种主张仿《南(史)》、《北史》例,以北宋为'宋史',南宋为'南史',辽、金为'北史'。这个问题长期争议不决。"(第2页)

② 权衡:《庚申外史》,丛书集成初编,中华书局,1985年,第10页。

③ 脱脱等:《金史》卷20《天文志》,中华书局,1975年,第420页。

④ 脱脱等:《金史》卷84《耨盌温敦思忠传》,中华书局,1975年,第1883页。

以为正统"①都是把统一、天下一家与正统联系在一起,但金海陵王最终没有实现他所追求的目标。元人对统一的认识同样有与正统相关涉的论述。比如,《建国号诏》所表达的"奄四海以宅尊",以及对太祖"四震天声,大恢土宇,舆图之广,历古所无"②的讴歌都是在昭示其政权在疆域上超越以往历朝历代的无与伦比的贡献,在表明元朝统治的合法性与正当性。元文宗时所修的《经世大典》有《帝号》篇,其序文对元朝统一与建号的意义有较详细的阐释,其文云:

> 臣闻我国家之有天下也,上配邃古之圣神,继天立极,非若后世之兴者也。尧以唐侯兴虞,夏禅殷周,鲧契稷起,盖有所因而进者也。三代而下,莫盛于汉唐宋,汉起亭长,则已微矣。唐启晋阳之谋,宋因陈桥之变,得国之故,其亦未尽善者乎! 其余纷然,窃据一隅,妄立名字,以相侵夺,历年不多者何足算哉? 惟我圣朝则不然,圣祖之生,受命自天,肇基朔土,龙奋虎跃,豪杰云附,历艰难而志愈厉,处高远而气弥昌,神明协符,以圣继圣,至我太祖皇帝,而大命彰,大号著,大位正矣。于是东征西伐,莫敢不庭,大王小侯,稽首奉命,而圣子神孙,德日以隆,业日以盛,灵旗所向,如草偃风。至于世祖皇帝,天经地纬,圣武神文,无敌于天下矣。试尝论之,金在中原,加之以天讨,一鼓而取之,得九州之腹心;宋寓江南,责之以失信,数道而举之,致四海之混一。若夫北庭、回纥之部,白霫、高丽之族,吐蕃、河西之疆,天竺、大理之境,蜂屯蚁聚,俯伏内向,何可胜数。自古有国家者,未若我朝之盛大者矣,盖闻世祖皇帝,初易大蒙古之号而为大元也,以为昔之有国者,或以所起之地,或因所受之封,为不足法也。故谓之元焉。元也者大也,大不足以尽之,而谓之元者,大之至也。……夫大天下之统,壹天下之心,莫重于号,著帝号篇。③

这篇序文历数历史上有影响的政权的兴起建号之由,意在突出元朝与众不同

① 脱脱等:《金史》卷 129《李通传》,中华书局,1975 年,第 2783 页。
② 宋濂等:《元史》卷 7《世祖本纪四》,中华书局,1976 年,第 138 页。
③ 《经世大典序录·帝号》,苏天爵编《元文类》卷 40,商务印书馆,1958 年,第 528 - 529 页。

的赫赫武功以及版图的辽阔,同时也表明建国号为"元"的意义在于宣扬大统一,所谓"大天下之统,壹天下之心"。这虽是元文宗时编纂《经世大典》的儒臣歌功颂德的一篇文章,但文章多少透露了元人的统一思想。

处于宋元之际的阎复在其所撰文章中探讨了一天下之道。他在所作《元故翰林侍读学士国信使郝公墓志铭》中有言:

> 一天下之道有二:以仁,以得人。奚以仁? 孟轲氏所谓不嗜杀人者能一之。奚以得人? 汉史所谓知人善任,使所以成帝业也。洪惟世祖圣德神功文武皇帝之取江南,其审是道欤。我朝肇起朔方,奄宅中夏,惟靖康余孽假息一隅,干戈相寻余数十年。中统建元之初,首遣信使通好,以偃兵息民为务。宋人怙险,执我行人,久之而不返,始兴问罪之师。临轩命将,引宋将曹彬不杀为戒,其一天下之仁,灼见于此。为将帅者,卒能以仁义之师席卷三吴,所过市不易肆,三代名将不啻过焉。奉使节者,被执十六年之久,卒能完节而归,不辱君命,两汉名臣无以尚之。呜呼! 世祖皇帝知人之明,远追尧舜,岂区区汉祖所可比隆哉? 将帅谓谁? 大丞相伯颜是已;奉使谓谁? 故翰林侍读学士郝公其人也。[①]

这里,阎复关于统一的路径推崇仁,即不嗜杀,重视人才,主张帝王要知人善任。当然,他认为统一是大势所趋,他肯定元世祖寻求统一的路径正确,用人得当。先遣信使,后用武力,即使用兵,也"引宋将曹彬不杀为戒",而且选对了将帅和通使的人,成就了统一大业,也成就了君主的英明,是超越汉高祖而远追尧舜。他称扬伯颜下江南,"三代名将不啻过焉",他夸赞郝经为国信使不辱君命,"两汉名臣无以尚之"。从根本上说,阎复对于统一路径的认识承继了思想家孟子的思想,又受到《汉史》所言汉初政治的影响。他在《丞相伯颜赠谥制》中表达了大致相同的观点:"天下大统,不嗜杀则一之;圣主弘功,盖必资于贤者。"[②]戴表元在其所作史论中以秦的统一且速亡为例表达了类似的观点,"多杀人以立国者,其国之不

---

① 阎复:《元故翰林侍读学士国信使郝公墓志铭》,见李修生主编《全元文》卷297(第9册),江苏古籍出版社,1998年,第292页。

② 阎复:《丞相伯颜赠谥制》,见李修生主编《全元文》卷294(第9册),江苏古籍出版社,1998年,第231页。

可久"①。张枢在其所撰《读宗泽留守诸疏论》一文中也反映了当时人对元朝统一路径的总结:"先民有言,宋唯幸扬州而后以京洛委金,金唯徙汴而后以西北委元,元起沙漠,一举取燕辽,再举取河朔,又再举灭西夏,因而掇秦雍,倾汴蔡,穿巴蜀,绕大理,始专攻宋。陷襄阳,破江淮,入临安,而混一遂成。"②这是从军事进攻的角度来言元统一的路径。其实,张枢认为正是宋金举措失误导致丧失门户进而失去政权的。

关于统一国家的发展,元人也有所论及,比如,许谦的弟子吴师道所作《秦隋论》就探讨了统一政权发展的君主施政的问题。他开篇就提到:"三代而后,混一天下者凡六姓,秦、汉、晋、隋、唐、宋。享国长久称汉、唐,晋未久而分裂,宋稍久而播迁,秦、隋最先亡。夫合天下而为一,强盛之势,秦、隋、唐一也,而偾身丧邦,或若是亟者,何哉?"也就是说,他关注了统一政权的享国有短有长,尤其引起他深思的是秦、隋的强盛与唐一样,何以唐存国长久而秦、隋短暂而亡。他用"忠厚者延长,暴虐者不永"这样一个人们公认的道理去解释其中的原因,而且他更强调一个实现统一的政权在其一再传之后的君主贤否很重要,他分析说:"当其取之之际,威武之时多,惠泽之日少,无以大相过,必其子孙有贤圣者出,于一再传之后有以结天下而固人心,然后植长久之计。文帝之于汉,太宗之于唐是已。彼秦、隋一传而又得暴虐之主,无怪也。"他进一步阐述说:"彼论徒知忠厚者足以延长,而不知忠厚之泽当上承开国之初而为之,斯时也,治乱修短之决也。武帝穷兵纵欲,虚耗海内,向使继高帝之后;高宗、中宗孱庸不君,向使居太宗之先;汉、唐之祚不保其往,而扶苏不废、杨广不立,秦、隋之为秦、隋,亦未可知也。"③吴师道所论旨在关注一个统一政权在立国后的恢复发展政策和措施,他认为那是一个政权发展的关键期,政策是否得人心与君主是忠厚还是暴虐关系重大,这是他思考历史上统一政权的发展之路而得出的认识。

值得重视的是,天下一家思想所蕴含的统一制度、一视同仁地对待各民族、各地区的观念在元代也得以弘扬。金末元好问搜集一代人物诗而编《中州集》,其意

---

① 戴表元:《田单列传》,见李修生主编《全元文》卷422(第12册),江苏古籍出版社,1999年,第240页。

② 张枢:《读宗泽留守诸疏论》,见李修生主编《全元文》卷1207(第38册),凤凰出版社,2004年,第583页。

③ 吴师道:《秦隋论》,见李修生主编《全元文》卷1080(第34册),凤凰出版社,2004年,第219—220页。

蕴在宋末蒙元初期儒学之士家铉翁看来是宏大的。他说："夫生于中原而视九州四海之人物犹吾同国之人,生于数十百年后而视数十百年前人物犹吾生并世之人。片言一善,残编佚诗,搜访惟恐其不能尽,余于是知元子胸怀卓荦过人远甚。彼小智自私者,同室藩篱,一家尔汝,视元子之宏度伟识溟涬下风矣。呜呼!若元子者,可谓天下士矣。数百载之下,必有谓予言为然者。"今天看来,之所以家铉翁能够盛赞元好问的大气,是他本人已有了不以地域区分人才的思想,他称:"壤地有南北,而人物无南北,道统文脉无南北。虽在万里外,皆中州也,况于在中州者乎?"①尽管元朝依然存在着民族分别、民族不平等和区域差异,但元人在多民族统一的前提下,积极地制礼作乐,并在更广阔的层面上宣扬民族与区域平等的进步观念。元世祖时,徐世隆以朝仪未立,上奏说:"今四海一家,万国会同,朝廷之礼,不可不肃,宜定百官朝会仪。"②许约针对南北配享之礼不一致建言讲:"况今天下一家,同轨同文,岂容南北之礼各异也。"③元世祖至元十三年(1276),攻宋胜利后,大将伯颜拜表称贺,其表文中提到:"始干戈之爰及,迄文轨之会同。"④同年,宋福王与芮奉书于伯颜,伯颜说:"尔国既以归降,南北共为一家,王勿疑,宜速来,同预大事。"⑤至元二十年(1283),河北发生饥荒,流民渡河求食,朝廷却遣使禁止饥民渡河,程思廉进谏说:"民急就食,岂得已哉!天下一家,河北、河南皆吾民也。"⑥程钜夫在其所提的建议中,也提到:"圣主混一车书,兼爱南北,故南北之人皆得入仕。"⑦正是统一局面的发展也使元人对以往的历史有了新的认识,陆文圭就讲:"尝怪舜禹所都在太行以西、黄河以东,而巡狩朝会之地南抵苍梧,东并会稽,相距万里,何哉?想其时风气肇开,民物阜殷。笃近举远,四海为家,无南北疆理之殊也。"从历史观上看,陆文圭是有复古倾向的,他也说"余不幸而不生于舜禹之朝,

① 家铉翁:《题中州诗集后》,苏天爵编《元文类》卷38,商务印书馆,1958年,第509–510页。
② 宋濂等:《元史》卷160《徐世隆传》,中华书局,1976年,第3770页。
③ 许约:《建言五事》,苏天爵编《元文类》卷15,商务印书馆,1958年,第196页。
④ 宋濂等:《元史》卷127《伯颜传》,中华书局,1976年,第3111页。
⑤ 宋濂等:《元史》卷127《伯颜传》,中华书局,1976年,第3112页。
⑥ 宋濂等:《元史》卷163《程思廉传》,中华书局,1976年,第3830页。
⑦ 程钜夫:《通南北之选》,见李修生主编《全元文》卷526(第16册),江苏古籍出版社,2000年,第87页。

身不及见太和之盛",当然他也讲"幸而不生于六朝之际,目不及睹危乱之形"①。赵天麟撰有《同制度》一文,阐述了他对天下一家关于统一制度的认识,他说:"臣闻:四海若一堂之上,圣王无二上之尊。颁法制以为先,俾和同至咸若。昔有虞之巡狩,觐国君于四方,先之以协时月正日,次之以同律度量衡。延及苍周之时,立司市以平物价;至于炎汉之世,命张苍以定章程。究而言之,由来尚矣。粤自曹刘鼎峙,南北瓜分。前乎此,则七雄之疆域参差;后乎此,则五季之风尘扰攘。欲其同也,不亦难乎? 古制犹存,前书备载。今国家尧天荡荡,禹迹茫茫,一民莫非其臣也,尺地莫非其有也。然其曹奢魏褊,楚急齐舒,皆风土之渐摩,习俗之常然。欲移易,以非他,得乎中而止矣。若夫方方异政,县县殊俗,不为一新,何成盛化?……伏望陛下,诏令都省,昭立制度。"②可见,赵天麟对于天下一家的理解更注重移风易俗与制度的更新。他认为历史上有虞与汉朝就是良好的典范。

元人的天下一家思想也推及与周邻国家的关系处理上的通问结好。至元三年(1266),元世祖派使者持国书使日本,其国书中有言:"日本密迩高丽,开国以来亦时通中国,至于朕躬,而无一乘之使以通和好。尚恐王国知之未审,故特遣使持书,布告朕志,冀自今以往,通问结好,以相亲睦。且圣人以四海为家,不相通好,岂一家之理哉。"③元世祖至元六年(1269)往使日本的使者所带的国书中言及:"盖闻王者无外,高丽与朕既为一家,王国实为邻境,故尝驰信使修好,为疆场之吏抑而弗通。"④当时元代的君臣是以一个大国的自信,以一种超越此疆彼界的大度寻求与周邻国家的如"一家"一般的交往、亲睦,是把天下一家观念推广至域外。元世祖至元四年(1267)所下《谕安南诏》中也提到"一家之言""一家之礼",并讲到"朕即位以来,薄海内外亲如一家"⑤。至元十年(1273),派往缅国的使臣所持诏谕之辞有"国虽云远,一视同仁"⑥。可见,元朝君臣在对现实问题的处理中把域

① 陆文圭:《三国六朝事实序》,见李修生主编《全元文》卷563(第17册),江苏古籍出版社,2000年,第544页、第545页。

② 赵天麟:《同制度》,见李修生主编《全元文》卷912(第28册),凤凰出版社,2004年,第176–177页。

③ 宋濂等:《元史》卷208《外夷传一》,中华书局,1976年,第4626页。

④ 宋濂等:《元史》卷208《外夷传一》,中华书局,1976年,第4626页。

⑤ 元世祖:《谕安南诏》,见李修生主编《全元文》卷99(第3册),江苏古籍出版社,1999年,第305页、第306页。

⑥ 宋濂等:《元史》卷210《外夷传三》,中华书局,1976年,第4656页。

外之国也纳入"一家"理念之中。

　　周少川先生认为:"元代史学思想承前启后,又因其所处社会历史发生急剧变化,因其承接了中原文化及其他多种文化的馈赠,而使这一时期的史学思想独放异彩。"①的确,从元人的史论资料看,元人善于总结历史,注重古今之间的关联,他们积极传播三代、汉、唐、宋的政治文化,也认真探讨秦、隋、五代等政权短暂而亡的历史教训,还特别关注北魏、辽、金等少数民族政权的发展之路。从他们反思历史的思想成果看,不仅具有多层次的思想内涵,一些史论也具有一定的理论深度。比如,本章所提到的杨奂的正统八例的阐释、刘祁的士与兴亡的探讨、郝经的用夏变夷及中国主的政治见解、熊禾等人对风俗人心的解读、元代史官有关辽、金兴衰演变的总结及"通古今之变"的追求,还有元人对于统一、一家认识的发展,元人对史事、人物广泛而深入的分析,等等,其中不乏高妙之论和沉思之作,彰显着元人开阔的视野和时代所赋予的通变思想。

---

　　① 周少川:《元代史学思想研究》,社会科学文献出版社,2001年,第218页。

第五章　辽金元史论的思想价值

　　瞿林东先生认为,中国古代历史理论有深入探索的连续性①。辽金元史论成果也是我国古代历史理论遗产的组成部分,其中夷夏观、正统论、历史人物评论等相关论述承继了前代的理论成果,又融入了当时人们的思想观念,在理论上有所推进,其思想价值同样值得珍视。

第一节　夷夏之辨的淡化与正统纷争

一、夷夏论述内涵的变化

　　从辽金元三朝的政论、史论文章看,较少专门论述夷夏之辨问题,可以肯定,这三个政权统治时期夷夏之辨明显淡化。已有学者注意到这个时代人们思想观念上的这一变化,晏选军先生认为:"北方汉地虽在女真贵族手中统治了一百余年,儒家知识分子在'夷夏之防'之类问题的思考上始终没有投入太多的精力。"②其实,不仅金朝如此,辽朝、元朝相关的讨论也不多,而且讨论夷夏之辨者往往也主要是表达他们的亡国哀思或对民族统治的不满情绪③。应该说由于民族区别与民族差异的存在,以及以往夷夏观念的影响,辽金元时期的人们的言论中还是有

---

① 瞿林东:《略论中国古代历史理论的特点》,《学术研究》2004 年第 1 期。

② 晏选军:《南北理学思想汇合下的郝经》,《晋阳学刊》2003 年第 6 期。

③ 周少川研究认为:"元代《纲目》研究的作者,有不少是南宋遗民,他们研治《纲目》书法义例,往往重在倡揭发挥朱熹的'正统'理论和'夷夏之辨'思想,意在为南宋争正统,寄托亡国哀思和对异族统治的不满。"周少川:《元代史学思想研究》,第 68 页。

夷夏观念的,辽人的诏令、奏议、皇帝哀册以及墓志中偶尔或有涉及夷夏的言论。比如,张俭所撰《圣宗皇帝哀册》在歌颂辽圣宗功绩时就提到:"开拓疆场,廓静寰瀛。东振兵威,辰卞以之纳款;西被声教,瓜沙骚是贡珍。夏国之羌浑述职,遐荒之乌舍来宾。惟彼中土,曩岁渝盟。自汴宋而亲驱虵豕,取并汾而来犯京城。绝信弃义,黩武穷兵。……念兹慑服,爰议凯旋。行与国之大义,解诸夏之倒悬。"①从这段文字看,辽朝以其军事实力为后盾构建了新时期的夷夏秩序,其周邻的"辰卞""瓜沙""夏国""乌舍",或"纳款",或"贡珍",或"述职",或"来宾",甚至北宋在与辽军事较量之后也与辽结成"与国",这样的记述反映出辽人继承了以往朝代的夷夏观念,并根据当时多政权分立的实际赋予其新的内涵。北魏、隋唐时期人们眼中的四夷之一的契丹随着其势力的扩大,其所建多民族政权的发展业已成为新秩序的主导者。尽管宋人依然沿袭着前代留下的旧观念私下并不承认其为夏,但辽人自己已自视为"诸夏"了,绝对不同于"辰卞""瓜沙""夏国""乌舍"等诸夷了。从传世的文献看,金人所言的"蛮夷"多数也是他指,绝少自称。元朝也一样,其关涉本朝历史或时事时所称的"蛮夷""外夷"多是他指。孟祺代伯颜等大臣所撰的《贺平宋表》开篇就有言:"臣伯颜等言,国家之业大一统,海岳必明主之归;帝王之兵出万全,蛮夷敢天威之抗。"这里的"蛮夷"是指后面提到的"宋邦"②。吴莱《论倭》一文提到:"臣愚不佞,揆今之世,提封万里,东西止日所出入,南北皆应于海。边徼无烽燧之警,士卒无矢镞之费。外夷重译,乡风效顺,梯山航海,莫不来献方物,汉唐之盛所未有也。"③这里的"外夷"是指元朝境土之外的政权或民族。可见,夷夏论述内涵的变化是辽金元时代人们思想观念发生变化的一个具体的体现。

需要说明的是,多数时候辽金元人的夷夏观念是在讨论春秋战国之事、三国两晋南北朝政权或宋辽金分治时期体现出来的。比如,赵秉文在其所作《蜀汉正名论》中开篇就提到:"仲尼编《诗》,列王《黍离》于国风,为其王室卑弱,下自同于列国也。《春秋》,诸侯用夷礼则夷之,夷而进于中国则中国之。西蜀,僻陋之国,

① 向南:《辽代石刻文编·圣宗皇帝哀册》,河北教育出版社,1995年,第194页。
② 孟祺:《贺平宋表》,见李修生主编《全元文》卷406(第11册),江苏古籍出版社,1999年,第700页。
③ 吴莱:《论倭》,见李修生主编《全元文》卷1368(第44册),凤凰出版社,2004年,第96页。

先主武侯有公天下之心,宜称曰汉。汉者,公天下之言也,自余则否。"①对于赵秉文的这段话,张博泉先生认为,赵秉文对孔子关于夷夏的理解是,诸夏与夷狄之间没有不可逾越的鸿沟,是可变的。另外,张先生认为,赵秉文对"中国""汉"作了新的订正和解释,衡量政权也不单纯从民族的概念出发②。金元之际的儒者郝经的夷夏观在上一章已有所提及,他探讨夷夏问题比较经典的言论有:"圣人有云:'夷而进于中国,则中国之。'苟有善者,与之可也,从之可也。何有于中国于夷?故苻秦三十年而天下称治,元魏数世而四海几平,晋能取吴而不能遂守,隋能混一而不能再世。以是知天之所与,不在于地,而在于人;不在于人,而在于道;不在于道,而在于必行力为之已矣。呜呼!后世有三代、二汉之地,有三代、二汉之民,而不能为元魏、苻秦之治者,悲夫!"③又有:"宋真尚书德秀云:'金国有天下,典章法度,文物声名,在元魏右。'经尝以是为不刊之论。盖金有天下,席辽、宋之盛,用夏变夷,拥八州而征南海,威既外振,政亦内修,立国安强,徙都定鼎。至大定间,南北盟誓既定,好聘往来,甲兵不试,四鄙不警,天下晏然,大礼盛典,于是具举。泰和中,律书始成,凡在官者,一以新法从事,国无弊政,亦无冤民。粲粲一代之典,与唐、汉比隆,讵元魏、高齐之得厕其列也。"④还有:"昔元魏始有代地,便参用汉法,至孝文迁都洛阳,一以汉法为政,典章文物灿然与前代比隆,天下至今称为贤君。王通修《元经》即与为正统,是可以为鉴也。金源氏起东北小夷,部曲数百人,渡鸭绿,取黄龙,便建位号,一用辽、宋制度,取二国名士置之近要,使藻饰王化,号'十学士'。至世宗,与宋定盟,内外无事,天下晏然,法制修明,风俗完厚。真德秀谓'金源氏典章法度在元魏右',天下亦至今称为贤君。燕都故老语及先皇者,必为流涕,其德泽在人之深如此,是又可以为鉴也。"⑤可见,郝经的夷夏观念是强调典章法度的,他肯定了苻秦、元魏、金朝这三个少数民族为最高统治者的政权,认

① 赵秉文:《闲闲老人滏水文集》卷14《蜀汉正名论》,丛书集成初编,中华书局,1985年,第196页。

② 张博泉:《"中华一体"论》,《吉林大学学报》1986年第5期。

③ 郝经:《郝文忠公陵川文集》卷19《时务》,秦雪清点校,山西人民出版社、山西古籍出版社,2006年,第292-293页。

④ 郝经:《郝文忠公陵川文集》卷30《<删注刑统赋>序》,秦雪清点校,山西人民出版社、山西古籍出版社,2006年,第416页。

⑤ 郝经:《郝文忠公陵川文集》卷32《立政议》,秦雪清点校,山西人民出版社、山西古籍出版社,2006年,第446页。

为他们的君主能用夏变夷,能用汉法,所成就的一代典制可与汉唐比隆,其德泽在人心中长久流传。许衡在至元三年(1266)所上的《时务五事》中论及北方政权魏、辽、金,称:"考之前代,北方奄有中夏,必行汉法,可以长久。故魏、辽、金能用汉法,历年最多,其他不能实用汉法,皆乱亡相继,史册具载,昭昭可见也。"①李治安先生认为:"郝经与许衡一唱一和,从道统与君统的层次,实施或推动了汉族士大夫华夷观念新突破。"②当然,元代儒者的思想倾向不尽相同,在华夷观念上也存在其他的看法,比如戴表元在其史论中称"秦以夷狄卒并天下有之"③。

吴莱在其所撰《秦誓论上》中言秦穆公时有言:"不顾义理之是非,而专以干戈为报复,夷狄之道也。《春秋》且以是而狄之矣。"④吴莱论春秋时期的杞其实也是讲夷夏之辨的史论文章。他发现"春秋列国,惟杞最难考。……杞之本爵公也。……自杞之入《春秋》,桓之二年称侯,庄之二十七年称伯,僖之二十三年称子,文之十二年又称伯,襄之二十九年又称子,昭之六年又称伯,自是终《春秋》称伯,凡六变。《春秋》之书他国未有如此者。后之儒者释之不曰杞用夷礼,《春秋》贬焉,则曰其国削弱,而自降也;不曰时王所黜,则曰霸主擅为之进退也。由此观之,则杞之为公爵也,明矣。"然而,吴莱根据"《春秋》之法,中国而夷礼则夷之,夷而中国则中国之"却仍然对杞的爵称变化有诸多疑问,他为此有这样的揣测:"人皆曰杞,先圣人之后也,今弱矣。而《春秋》屡变其爵,将使天下之诸侯少惧焉,则周室犹幸也。夫岂上绌夏,下存周,而果如公羊氏之说乎? 否耶?"⑤从这篇文章的思想内容看,吴莱关于夷夏观念本于《春秋》的夷夏思想,显然是从经典研读的层面进行探讨的。梁寅在论及两晋南北朝政权时也涉及夷夏之辨问题,他认为西晋之所以"混一而不能久者"的原因之一就是"平吴之后,不辨华夷,而羌胡居内"⑥,他没有

① 许衡:《时政五事》,见李修生主编《全元文》卷69(第2册),江苏古籍出版社,1999年,第428页。

② 李治安:《元初华夷正统观念的演进与汉族文人仕蒙》,《学术月刊》2007年第4期。

③ 戴表元:《苏秦传》,见李修生主编《全元文》卷422(第12册),江苏古籍出版社,1999年,第232页。

④ 吴莱:《秦誓论上》,见李修生主编《全元文》卷1368(第44册),凤凰出版社,2004年,第106页。

⑤ 吴莱:《与傅嘉父书论杞》,见李修生主编《全元文》卷1369(第44册),凤凰出版社,2004年,第116-119页。

⑥ 梁寅:《晋》,见李修生主编《全元文》卷1513(第49册),凤凰出版社,2004年,第501页。

展开论述,但他主张华夷之辨是可以肯定的。他虽然认为南北朝南北政权"未尝相下","位均体敌",甚至认为他们"皆非正统",但出于夷夏之辨的考虑,他也赞同史之编年"以南为纪"①。对于宋、辽、金的南北对峙,他也明确表明因辽、金本夷狄,而宋为"中华之主"②,而以宋为正统。

毫无疑问,元人的华夷观念是存在分歧的,一些人积极地适应社会的变迁,努力更新在华夷问题上的认识,突破民族局限而论历史上分治时期的诸政权;一些人则仍然固守着民族界限,华夷观念比较陈旧。值得重视的是,辽金元时期人们关于夷夏的讨论前者占据了主流的地位,而且华夷问题的探讨最终落到政权的正统性上面,所以华夷观不单纯是民族观问题,从理论上看它是正统观的组成部分③。

二、正统纷争的几个阶段

辽金元时期关于正统的纷争经历了三个阶段:辽朝中后期、金朝中后期和蒙元时期,而这三个时期关于正统问题的讨论着眼点有所不同。

辽朝中后期,辽人开始关注正统问题,也形成了一定的正统观念,他们所讲的正统与传国宝、文物制度、中国观念等紧密相关,主要从政权的综合实力和所在地

---

① 梁寅:《南北朝》,见李修生主编《全元文》卷 1513(第 49 册),凤凰出版社,2004 年,第 501–502 页。

② 梁寅:《宋》,见李修生主编《全元文》卷 1513(第 49 册),凤凰出版社,2004 年,第 507 页。

③ 董恩林先生在其所撰《试论历史正统观的起源与内涵》(载于《史学理论研究》2005 年第 2 期)一文指出:"透视历史,不难发现,中国历史上的'正统'观念有一个形成、发展与丰富的过程,它最早发轫于远古中原'诸夏'与四夷的'华夷之辨',形成内华夏、外夷狄的民族正统理念,'攘夷'是其主要表现。'攘夷'必须'尊王',王不尊则夷难攘,尊王则要强调天命。于是,以君权神授为基础的王权正统成为正统观的核心内涵,表达君权神授天命观的'历数'、'正朔'等政治概念及春秋战国时代的'尊王'旗号集中反映出这种正统意识。民族正统与政治正统理念必然反映到文化思想上来,也必然需要文化思想来支持和传承,维护民族正统与政治正统的儒家思想文化由此应运而生,孔子著《春秋》和董仲舒对《春秋》公羊学大一统观念的推衍以及'独尊儒术'文化主张的被采纳,就是儒家思想文化对华夏民族历史进程及其政治正统观的认同,同时也是儒家思想文化本身正统地位得以确立的标志。其中,儒学的'道统'论证及史学的正闰之分是突出表现,并逐步采用原本代表血统正嫡关系的'正统'一词来表述广义的正统观念。因此,中国历史上的正统观念包含民族正统、政治正统、文化正统三种内涵。"

域言正统,偏重于政治统治合法性上的探讨。辽圣宗所作《传国玺诗》就抒发了北疆得传国玺而为正统,所谓:"一时制美宝,千载助兴王。中原既失守,此宝归北方。子孙皆慎守,世业当永昌。"①辽兴宗重熙七年(1038)科举考试以"有传国宝者为正统赋"为题②,更是明确申明了有传国宝的政治正统意义。辽末的君臣又从存国的时间及统辖的地域表明辽朝统治的合法性,如天祚帝降表提及的"奄有大辽,权持正统",刘辉针对欧阳修《五代史》在四夷附录中出现辽朝而欲将赵氏初起事迹详附国史是从立国时间及两国强弱上寻求正统。可能由于辽道宗汉文化修养较高,他关于正统的言论则是强调文化上"不异中华",具有接受儒家夷夏观念同时以文化论正统的倾向。

金朝中后期其正统观念因形势不同而发生了较大的转变:由政治正统而转向思想文化的取向上。以海陵王为代表的金代统治者把统一与正统联系起来,追求的是政治正统,而金世宗则从"绌辽、宋主"和推行礼乐制度上言正统。到金章宗朝及金宣宗朝的德运之议,则着重从理论上寻求金朝统治的合法性,是文化的抉择,也是文化认同的结果。刘浦江先生认为:"综观这场旷日持久的德运之争,其初衷是要解决金王朝的正统问题,而在此过程中却面临着两种文化的抉择。金德、土德之争,其实质是保守女真传统文化还是全盘接受汉文化的分歧。摒弃木德说,更是标志着金朝统治者文化立场的转变:从北方民族王朝的立场彻底转向中国帝制王朝的立场。"③

蒙元政权实现了空前的大统一,从最高统治者到各族臣民对其统治的合法性都不需要如辽金政权那样作辨析了。所以蒙元时期关于正统论的讨论关涉的都是前代政权正与不正的问题,主要体现在修史方面义例的确定,即在编修前代多政权时期的历史时如何把握各政权的关系问题。蒙元时期的正统论参与讨论的人数较多,持续的时间也较长。比较早的如杨奂,他的正统之论第四章已有述及,他因为笃信孔子学说,而对孔子之后的诸儒的正统之论多有质疑,而编纂《正统书》,其所撰《正统八例总序》阐明的正统标准是儒家的仁义,宣扬的是王道思想。王恽《玉堂嘉话》卷八所载正统问题的讨论也与修前代史相联系。从王恽转述修端所记的情况看,时间是"甲午年九月望日"(饶宗颐认为可能是至元三十一年即

---

① 陈述:《全辽文》卷1,中华书局,1982年,第18页。

② 脱脱等:《辽史》卷57《仪卫志三》,中华书局,1974年,第914页。

③ 刘浦江:《德运之争与辽金王朝的正统性问题》,《中国社会科学》2004年第2期。

1294 年①），讨论的地点为："东原五六友人会于孙侯小轩"，探讨的缘起是："坐客问云：'金有中原百有余年，将来国史何如尔?'或曰：'自唐已降，五代相承，宋受周禅，虽靖康间二帝蒙尘，缘江湖以南，赵氏不绝。金于宋史中亦犹刘、石、符、姚一载记尔。'众颇惑焉。"显然这位发表意见者是以宋为正统，对此，修端并不赞同。他历数五代与辽、北宋与辽的关系以及金破辽克宋据有中原百有余年的事实，主张以五代之君通为《南史》，而以辽为《北史》，北宋为《宋史》，金为《北史》，建炎以后的宋为《南宋史》，承认辽、金与宋对等的地位。有人又以欧阳修作《五代史》不为《南史》作驳议，修端认为欧阳修"列五代者，欲膺周禅，以尊本朝，势使而然。……降及今日，时移事改，商榷前人隐约之迹，当从公论。"②其中议者仍以宋有国时间长，又在金末攻陷蔡城而有复仇之迹而坚持宋可兼金，修端又以南宋与金百年间和战关系中金为主导而予以辩驳。从修端篇末所言看，他的正统论承继了司马光正闰之论的思想，更是以历史事实而言正统。元顺帝至正三年（1343）元朝修宋、辽、金三史之前关于三史正统之议久不能决，丞相脱脱独断说："三国各与正统，各系其年号"，"议者遂息"。③ 其时不同的意见还是有的，只是三史纂修不在正统问题上长期迁延不决了。当时修三史网罗至京的史官中，也有人力主元承宋统，比如解观，因"大忤时论"，而回乡④。他认为："辽与本朝不相涉，又其事已具《五代史》，虽不论可也。"他反对以金为正统，主张"正宋统以概举辽金"⑤。据陶宗仪《南村辍耕录》，元至正四年（1344），杨维桢撰写了《三史正统辨》以表明他对三史各与正统持有异议。他在文中明确表明了他评判正统与否的标准是"人心是非之公"，也就是说他是本于人们的思想观念，这与修端依据历史事实言正统是截然有别的。在他看来，分修三国史，属于"《春秋》之首例未闻，《纲目》之大节不举"。他遵奉的是《春秋》之义和朱熹《纲目》所体现的正统思想。他不仅历数了自《春秋》到《纲目》有关正闰的是非，还以契丹、金之有国的历史说明他们本是边夷，反映出他是有夷夏之辨观念的。因此，他以五代、辽、金为闰，甚至搬出"天"来

① 饶宗颐：《中国史学上之正统论》，上海远东出版社，1996 年，第 53 页。

② 王恽：《玉堂嘉话》卷 8《辨辽宋金正统》，杨晓春点校，中华书局，2006 年，第 170 – 173 页。

③ 权衡：《庚申外史》，丛书集成初编，中华书局，1985 年，第 10 页。

④ 李修生主编：《全元文》卷 1443（第 47 册）"解观"，凤凰出版社，2004 年，第 54 页。

⑤ 解观：《论元承宋统书》，见李修生主编《全元文》卷 1443（第 47 册），凤凰出版社，2004 年，第 54 – 57 页。

力主宋为正统,他说:"天厌祸乱之极,使之君主中国,非欺孤弱寡之所致也。"他也以金泰和之议承认宋有遗统在江之左,他还讲元世祖之时也是认为统之正在宋的,所谓:"故我世祖平宋之时,有过唐不及汉,宋统当绝,我统当续之喻。是世祖以历数之正统归之于宋,而以今日接宋统之正者自属也。当时一二大臣又有奏言曰:其国可灭,其史不可灭也。是又以编年之统在宋矣。"①他秉持的《春秋》之大法和《纲目》之思想,对当时修史的各与正统极为不满,但又无可奈何,只能"以伺千载纲目之君子"②。杨维桢的正统观也得到元代一些儒者的支持和赞同,其中包括三史总裁官欧阳玄,读其论后评论说:"百年后,公论定于此矣。"③陶宗仪这样评价杨维桢的《正统辨》:"初,会稽杨维祯尝进《正统辨》,可谓一洗天下纷纭之论,公万世而为心者也。惜三史已成,其言终不见用。后之秉史笔而续《通鉴纲目》者,必以是为本矣。"④从陶宗仪的评论看,他是非常赞同杨维桢《正统辨》的观点的。当然,也有不以为然的人,杨维桢的《上宝相公书》对此有所反映:"仆所著《三史统论》,禁林已踬余言,而司选曹者顾以流言弃余,谓:'杨公虽名进士,有史才,其人志过矫激,署之筦库,以劳其身,忍其性,亦以大其器也。杭四务,天下之都务也,俾提举其课,而后除以清华,处之未晚也。'"⑤显然,杨维桢给宝相公书中提到所谓"流言"是不赞同他言论的人的看法。其时也有儒者希望把正统之议暂时搁置,三史各自为书。比如虞集和他的一些同僚就持这种主张,其所撰《送刘叔熙远游序》提到:"世祖皇帝时,既取江南,大臣有奏,言国可灭,其史不可灭。上甚善之,命史官修辽、宋、金史,时未遑也。至仁宗时,屡尝以为言。是时,予方在奉常,尝因会议廷中,而言诸朝曰:'三史文书阙略,辽、金为甚。故老且尽,后之贤者,见闻亦且不及。不于今时为之,恐无以称上意。'典领大官是其言,而亦有所未建也。天历、至顺之间屡诏史馆趣为之。而予别领书局,未奏,故未及承命。间与同列议三史之不得成,盖互以分合论正统,莫克有定。今当三家各为书,各尽其言而核实

---

① 杨维桢:《正统辨》,见陶宗仪《南村辍耕录》卷3"正统辨",中华书局,1959年,第36页。

② 杨维桢:《正统辨》,见陶宗仪《南村辍耕录》卷3"正统辨",中华书局,1959年,第38页。

③ 张廷玉等:《明史》卷285《杨维桢传》,中华书局,1974年,第7308页。

④ 陶宗仪:《南村辍耕录》卷3"正统辨",中华书局,1959年,第32页。

⑤ 杨维桢:《上宝相公书》,见李修生主编《全元文》卷1230(第42册),凤凰出版社,2004年,第118页。

之,使其事不废可也。乃若议论,则以俟来者,诸公颇以为然。"①虞集与同列诸公是出于完成前代史纂修的考虑主张三史可分修。从虞集的这段记述可知,三史分修,各予正统其实并不是脱脱丞相的"独断",是代表了一些人的意愿的。应该说,在一些人的心目中,正统纷争可以讨论,因为很难达成共识,所以可以留待来者,三史的纂修之事应该尽快完成。从某种意义上说,元代关注编撰前代史的官员不纠结于正闰的区别,平等地对待宋、辽、金三个政权,按照历史本来的面貌来分述三国史,而不是强立等差,体现了元人务实的精神和恢弘的气度,可视为多民族统一的元朝在思想观念上的进步。

元代中后期一些人的史论中还可窥见他们对前代正统的认识,比如,梁寅虽然没有专门论述正统论的文章,但他论各个历史时期的政权也多少流露出他的看法。他论三国时提到:"魏、蜀、吴三分九州之地,魏得六州、吴得二州、蜀汉止于一州而已。然君子以蜀汉为正统者,昭烈帝刘备乃景帝之后,而其谋为趣向又多近正。曹氏、孙氏则皆汉室之贼也。"②在这里梁寅以"君子"对三国正统归蜀汉的认识表达了他的见解。梁寅还提到:"晋有天下,亦正统也。"③对于南北朝,他讲:"南北二帝之分王,其在于当时,南以北为索虏,北以南为岛夷,未尝相下也。自后世观之,则位均体敌,皆非正统,亦安得轻此而重彼乎?但元魏本夷狄,宋氏继晋,传至于陈,皆正朔相承,故史之编年,以南为纪。"④这又反映出元时一些人在论前代正统问题时往往与夷夏之辨相联系。元末明初文学家、史学家王祎是黄溍的弟子,曾参与明初的《元史》修纂,和宋濂同为总裁官,他也有关于前代正统的史论。他认为正统之论本于《春秋》,表明尊王之义,他赞同欧阳修关于正统之论:"正者,所以正天下之不正也;统者,所以合天下之不一也。"他认为正是"由不正与不一,是非有难明,故正统之论所为作也"。在他看来,三代以下,不正与不一者多,是非难明,所以要辨明正统归属。他认为:"盖当其难明之际,验之天文,则失于妄;稽

① 虞集:《送刘叔熙远游序》,见李修生主编《全元文》卷825(第26册),凤凰出版社,2004年,第190页。

② 梁寅:《三国》,见李修生主编《全元文》卷1513(第49册),凤凰出版社,2004年,第499页。

③ 梁寅:《晋》,见李修生主编《全元文》卷1513(第49册),凤凰出版社,2004年,第500页。

④ 梁寅:《南北朝》,见李修生主编《全元文》卷1513(第49册),凤凰出版社,2004年,第501－502页。

之人言,则失于偏。"他指出:"论正统而不推天下之至公,据天下之大义而溺于妄于偏,其亦不明于《春秋》之旨矣。"他基于欧阳修关于正统的解释,出于所谓的至公、大义,认为正统有绝有续。至元朝共计四绝四续,所谓:"正统之序历唐、虞、夏、商、周、秦、汉,至汉建安而绝。"他认为魏蜀吴三国都不据有正统地位;而"晋有天下,而其统始续,故自泰始元年复得正其统,至建兴之亡,正统于是又绝矣。"他认为东晋、十六国、南北朝诸政权都不得正统;隋统一,正统复续,唐继续,唐天祐之亡,正统又绝,五代不得承正统;北宋得正统,但靖康之乱南北分裂,金虽有中原而不居天下之正,正统又绝;元统一,居天下之正,合天下于一。他强调自至元十三年正统又得以接续①。可见,王祎是欧阳修正统思想的继承者,他所论自唐虞至元朝的正统存续是以欧阳修的正统标准为依据的。

由上述可知,辽金元时期有夷夏观念,但其内涵已发生了一定的变化,作为政权主导者的契丹、女真、蒙古或以诸夏自居或淡化夷夏之辨,这种变化推进了夷夏观的发展。正统观念的纷争反映了不同思想的激烈碰撞,是辽金元历史思想值得关切的内容,体现了多民族国家发展过程中思想的争鸣,有利于增进论辩各方的相互了解,提升人们的认识水平。

第二节　历史人物评价的多重标准

一、功业

一向以来人们对成大功业者多予以充分的肯定,因此,功业成为品评人物的常见标准。现存辽人论历史人物的专文极少,一些关于州县文庙修葺的记事之文涉及对孔子的评价。比如,辽天祚皇帝朝乾统年间三河县县令刘瑶敬重孔子而修葺县文宣王庙,他说:"我先师孔子,生于周末,有大圣之才,训导三千徒,游聘七十国。皇皇行道,汲汲救时,大经大本,博照今昔,实百代帝王之师。开仕进门,缉人伦纪万化之原,由此途出,天下被罔极之恩,率皆仰敬。苟不兴起,非忠于国。"②可见,刘瑶称颂的是孔子所开创的儒学之业及其惠及古今的深远影响。

---

① 王祎:《正统论》,见李修生主编《全元文》卷 1687(第 55 册),凤凰出版社,2004 年,第 355－356 页。

② 向南:《辽代石刻文编·三河县重修文宣王庙记》,河北教育出版社,1995 年,第 578 页。

赵琢撰写的《大唐功臣汾阳王庙记》开篇即言:"《祀典》曰:'有功于民则祀之,忠于国家则祀之,法施后世则祀之。'由汉以来,岩岩乎克当其任者,惟汾郭子仪之伟欤! 华州郑县人也,天资忠诚,与李光弼齐名,而能力辅唐室。天宝之末,盗发幽陵,自朔方提孤军,转战逐北。当是时,天子西走,唐祚若赘。公东西往来,前后百战,自灵武、河北、河南、彭原、鄘坊、河东、凤翔、两京、绛州,亲领兵经行,复致平定。二十年间,身为天下安危。天子劳之曰:'再造国家,卿力也!'"①显然撰者是基于郭子仪前后百战力辅唐室的功绩肯定他的历史地位的。

宋褧曾预修《宋史》,其所作《宋高宗帝纪论》从功业之实的角度批评了宋高宗,所谓"世美其能□祖宗不妄杀,至禁用翠羽、鹿胎,泽及物类,宽慈仁厚,宜若可称。然以李纲、赵鼎、张浚,终于窜斥,岳飞父子冤死于大功垂成,良由数窘兵难,魂怵魄骇,饵贼桧和议,甘不绝口,顾崇其功,任以威权,刑赏黜陟,反听其命。是以忘亲忍耻,怙堕畏懦,境土不复,获罪当□。悲夫!"②可以说宋褧详细历数了宋高宗的无功有过的罪责。

徐琰所撰《范文正公祠记》中评价范仲淹有"其屡为守帅,又岂寻常多议论少事功者哉"和"要其平生则以为有德者,又公光明俊伟之本原欤?"③之句,可以肯定,徐琰表彰范仲淹是既重视功业,又讲究品德。

二、品德

品德强调的是人的精神追求,自古以来,具有优良品德的人都是社会认可的楷模,因而以品德考量人物也为人物评价的基本标准。儒家忠孝仁义是世人公认的美德,属于此类。

辽兴宗宣制曾提及:"唐室之玄龄、如晦,忠节仅同。"④《萧德恭墓志》称他"生而岐嶷,长而敦敏,尊尊以孝,长长以悌,懂然有仁,以忱孤弱,雄然有威,以慑奸暴。重熙之季年,我国家旌忠孝之门,表勋亲之胤,公未弱冠,特授左奉宸。洎新

① 赵琢:《大唐功臣汾阳王庙记》,见阎凤梧主编《全辽金文》,山西古籍出版社,2002 年,第 3584 页。

② 宋褧:《宋高宗帝纪论》,见李修生主编《全元文》卷 1233(第 39 册),凤凰出版社,2004 年,第 331 页。

③ 徐琰:《范文正公祠记》,见李修生主编《全元文》卷 359(第 10 册),江苏古籍出版社,1998 年,第 624 页。

④ 向南:《辽代石刻文编·耶律仁先墓志》,河北教育出版社,1995 年,第 353 页。

华显之姿,益进温恭之行。"①这是以儒家忠孝仁义为去世的萧德恭下定论。

金人穆昌世这样评价孔子弟子颜回:"颜子贫居陋巷之中,一箪食,一瓢饮,人不堪其忧,孔子贤之,何哉? 盖在昔以德行独冠于四科,以好学常存于一心,游于圣人之门,欲造圣人之道,得一善,则拳拳服膺不失,当时洙泗之间,杏坛之上,济济然三千之徒,颙颙然奇首之贤,无能出其右者,可谓绝伦离类,宜乎后世称为亚圣。"②金人王朋寿撰有《类林百篇赞》,从其篇目的分类看,有以人群划分,有以事类划分。就其按人群分类看,或按人的自然状貌来分,如美妇人篇、美丈夫篇、丑妇篇、丑丈夫篇、长人篇、短人篇、肥瘦篇等;或按人所具有的共同品行归类,如孝行篇、孝悌篇、孝友篇、礼贤篇、高士篇、廉俭篇、儒行篇、敦信篇、烈直篇、忠谏篇,等等。从他对各类人群所作赞语看,他对人的是非优劣的评定本于儒家倡导的忠孝仁义,所谓"孝乎惟孝,百行之先","事君无隐,贵夫尽忠","忠言嘉谋,达于治体","见善必行,闻义则徙",等等。③ 金中后期的文臣王庭筠曾讲:"善论人者,论其心之何如,而成败不与。……仁者之心,不以其身其家,而以天下,故天下之人亦相与讴歌戴仰,愿以为君。虽生无成功,天下之人莫不叹息;至后世,犹喜称道,精爽在天,能推其仁心,用之不已,施之不竭。"他认为刘备就是仁人。④

戴表元对《史记》所记春秋、战国时期的人物很感兴趣,他撰写了十九篇历史人物评论文章,即《读司马穰苴传》《读吴起传》《读孙武传》《孙膑附传》《伍子胥列传》《孔子弟子传》《苏秦传》《张仪列传》《樗里子甘茂甘罗魏冉白起王翦列传》《孟子荀卿列传》《范雎列传》《乐毅列传》《蔺相如列传》《田单列传》《鲁仲连列传》《伯夷叔齐列传》《孔子弟子传总论》《商鞅传》《孟尝平原信陵春申四君列传》。通观这十九篇评论,戴表元臧否人物的标准虽然也考虑功业,但更重视品德,他推崇君臣之义、君子之道,对于遵礼、守义、有志之士倍加赞誉,对于弃君臣之义、追名逐利之人虽功成名就仍然予以贬责。所以,他对司马穰苴、吴起、伍子胥、苏秦、

---

① 向南、张国庆、李宇峰辑注:《辽代石刻文续编·萧德恭墓志》,辽宁人民出版社,2010年,第153页。

② 穆昌世:《曲阜重修充国公庙碑》,见张金吾编纂《金文最》卷77,中华书局,1990年,第1119页。

③ 王朋寿:《类林百篇赞》,见张金吾编纂《金文最》卷77,中华书局,1990年,第264－265页。

④ 王庭筠:《涿州重修汉昭烈帝庙碑》,见张金吾编纂《金文最》卷71,中华书局,1990年,第1039页。

张仪、商鞅之流都有非议，而对孙武、孟子、乐毅、蔺相如、鲁仲连、伯夷、叔齐、信陵君多有称许。他也着力于探究历史人物对社会发展所产生的影响。比如，他认为："自战国以来，篡杀遂为常事。而权臣盗将，未有不先立威于君侧者，皆用穰苴之道也。"①他指出："六国之客，入秦者多矣，而三人之策最为有功于秦。其一商鞅，以富强开业，振于诸侯。其次张仪，大破诸侯之纵以为横。其后则(范)睢所谓远交近攻者。若此三人，皆至自魏。诸客入秦，于其旧国不能保其不亡，而此三人者，必至大毒于魏焉而后为重。张仪以奸，商鞅以欺，范睢以仇。要之六国与秦皆无义客，而魏士尤薄也哉。"②也就是说，他认为司马穰苴立威于君侧遗患深远，战国以后权臣盗将行篡杀多有仿效，而魏士的不义则严重影响了战国时期的局势，不利于旧国而有功于秦，成就了秦的统一。

杨维桢所作《田横论》不论成败，而称"横之所获也多矣"③，即赞扬其感召其士的贤和义。他所作《鲁仲连论》更是表彰了鲁仲连才华与品德，他评论说："向非连也，则山东诸侯驰车马、奉玉帛，群走关中，秦且俨然以鞏洛之周自处矣。及其拒五城之封，弃如敝屣。却千金之寿，轻于鸿毛。高节雅度，照耀千古。"④

胡一桂，元代儒学代表人物之一，其学"得朱熹氏源委之正"⑤。他所撰《周论》涉及对周太王、周文王、周武王的评价，极力维护他们的"至德"。他认为人们对《周颂》"太王实始翦商"及《鲁论》"文王三分天下有其二"的理解多"以辞害意"，他指出："太王盖当祖甲之时，去高宗中兴未远也，后一百有余年殷始亡。且武王十三年以前，尚无非事商之心，则翦商之云，太王非但不出之于其口，亦决不萌之于其心。特以其有贤子圣孙，有传立之志，于以望其国祚之绵洪焉尔，岂有一毫觊觎之私心哉？"至于"文王三分天下有其二"，他认为那是"必无之事"，很可能是孔子因为文王之圣，"极其形容之广云尔"。他指出实际的情况不是文王拥有了

① 戴表元：《读司马穰苴传》，见李修生主编《全元文》卷422(第12册)，江苏古籍出版社，1999年，第228－229页。

② 戴表元：《范睢列传》，见李修生主编《全元文》卷422(第12册)，江苏古籍出版社，1999年，第236－237页。

③ 杨维桢：《田横论》，见李修生主编《全元文》卷1313(第42册)，凤凰出版社，2004年，第185页。

④ 杨维桢：《鲁仲连论》，见李修生主编《全元文》卷1313(第42册)，凤凰出版社，2004年，第187页。

⑤ 宋濂等：《元史》卷189《儒学列传一·胡一桂传》，中华书局，1976年，第4322页。

三分之二的版图,而是"人心"归文王了。至于周武王孟津之会诸侯,也不是八百国之疆土人民归武王所有,也是"心悦诚服,而趋之者如归市尔"①。从胡一桂辨析的文字看,他评判古代君王更强调的是品德。

梁寅评价荀卿、扬雄、王通、韩愈,认为他们学问、思想"非俗儒所及",但"稽先贤之言,以论其生平之学,则不能无蔽",指出他们"于圣贤之道尚未能深探其本",并从他们的操守看,或"苟禄而不知耻",或"取媚"当权者,或"不待其招而往,不待其问而告",或"汲汲富贵利达之求",所以他认为:"四子皆有志于尧、舜、禹、汤、文、武、周公、孔子之传,而醇疵相半,于道有间。其接孟氏之绪者,卒有待于周、程、朱数君子。是以尚论千载者,不能无责备之意云。"②梁寅评价四位儒学人物所采用的标准看重的也是品德。

陈普(1244－1315),"宗朱熹",入元后,"专以授徒传道自任"③。他对历史人物的评价很明确的是本于儒家忠孝仁义,他认为:"夫为人子者主于孝,为人弟者主于敬,为人臣者主于忠而已,何暇乎利害得失之计?"他认为春秋时期晋公子及其身边的辅佐按照儒家的标准都不值得称道,他指出:"重耳晋献公诸子之雄,赵衰、狐偃晋之良也,惜其于道未闻,故其所就甚卑,不知有圣贤君子之道。"④他认为重耳及子犯等"幸晋国之乱",追求霸业均是计利害得失的结果。他也论述了战国四大名将之一李牧,他肯定了李牧的卓尔不凡,但归结他最终没能存续其国和保全自身的原因为:"夫知进而不知退,知存而不知亡者,未有不亡者也。以李牧之志气,一为功名所夺则不旋踵而忘其身,而国亦随之。孟子教人养气持志之学,其可忽也哉。"⑤他在《张耳陈馀》一文中用同样的儒家标准评判张耳陈馀,指出:"张耳、陈馀在秦汉之交,闻战国奇士风烈,相与为刎颈交。巨鹿之下,陈馀畏死,首败

---

① 胡一桂:《周论》,见李修生主编《全元文》卷457(第13)册,江苏古籍出版社,1999年,第242页。

② 梁寅:《荀扬王韩》,见李修生主编《全元文》卷1515(第49册),凤凰出版社,2004年,第587－588页。

③ 李修生主编《全元文》卷433(第12册)"陈普"小传,江苏古籍出版社1999年,第488页。

④ 陈普:《重耳天赐》,见李修生主编《全元文》卷438(第12册),江苏古籍出版社,1999年,第597页。

⑤ 陈普:《李牧》,见李修生主编《全元文》卷438(第12册),江苏古籍出版社,1999年,第599页。

前盟,而张耳因之,盖其平昔非道义相期,忠信相与,其不终也固宜。"在他看来利害为计不可能达君子之道,所以,他认为"盖战国至汉初,自孟子之外唯隐者为正,其诸死节虽为奇伟不足云也"①。他称"唐太宗之不仁也,其子孙历武氏、禄山、朱泚、韩建、朱温之手,剪戮殆尽,载之青史,与石勒一日灭晋八十四王无异"②。这也是以儒家的仁政审视唐太宗、石勒等统治者。

谭景星,《元史·孝友传》曾提及他,他最尊敬孔子,在他心目中,"生民以来,未有盛于夫子者。其道丕冒古今,无在无不在"③。"夫子之道,始于家而及于国,以被于天之下。知愚贤不肖,皆得以行其道。是道也,在乎平居常行之间,饮食起居之际,而人日用不自知,其如布帛菽粟之于世,不可一日无之。万世之下,蔑以有加,圣人复起,不可以易者。其为道易明,而其为教易行也。"④他评价历史人物就以孔子的是非为标准,赞扬遵从夫子之道者,批评和否定那些拥有不同思想或违背儒家伦理的人。他评论的历史人物以思想家为多,如颜子、孟子、荀子、韩非、董仲舒、扬雄、柳子厚、韩愈、朱熹。他论颜子之乐,认为颜子能乐人之所忧,"去夫子一息耳","好学以至于圣也"⑤。他论孟子,认为孟子"承先圣之统","七篇之指,辟邪说,正人心,有大功于斯世,以其性善也"⑥。他论荀卿最与众不同,他考察孟子和荀卿的言论,认为他们"自不相合",而王通与孟子"若有同然者"。他比较荀卿的弟子与王通弟子的所为,认为荀卿弟子李斯背楚入秦,荀卿"不能抑之","盖平常无以正之也","其祸至燔灭诗书,捐弃礼仪,坏败古制,卒至身灭秦亡"。而荀卿的另一弟子韩非,"以韩公子而说秦灭韩,为(李)斯谮而死"。他认为李斯、韩非"自相阴陷,身殉非道",荀卿是有责任的,其"异论高世之过"。他也分析了

① 陈普:《张耳陈馀》,见李修生主编《全元文》卷438(第12册),江苏古籍出版社,1999年,第598页。

② 陈普:《秦有道则扶苏不死》,见李修生主编《全元文》卷441(第12册),江苏古籍出版社,1999年,第641页。

③ 谭景星:《<村西集>卷二序》,见李修生主编《全元文》卷997(第31册),凤凰出版社,2004年,第212页。

④ 谭景星:《孔子论》,见李修生主编《全元文》卷997(第31册),凤凰出版社,2004年,第213页。

⑤ 谭景星:《颜子之乐论》,见李修生主编《全元文》卷997(第31册),凤凰出版社,2004年,第215页。

⑥ 谭景星:《孟子论》,见李修生主编《全元文》卷997(第31册),凤凰出版社,2004年,第216页。

王通指导房玄龄的言论，认为王通是"善于范人者"，他甚至认为唐朝三百年之业，通门子弟之功为多。①　显然，他评价荀子、李斯、韩非、王通主要根据他们是否遵循孔子之道，传扬孔子的思想，荀子的理论在他看来是"高古之论"，已与孔孟思想不一致了。韩非更是他从思想上和人品上都予以否定的人物。他的《韩非论》开篇就讲："善刑名法术者，其心术未有能正者也。"他把韩非与张良进行了比较，他认为尽管韩非有著述，但他所讲的刑名法术不本于忠孝之道，心术不正，不可取。他肯定张良："以韩臣之子孙，韩既灭矣，无所望矣，犹能散千金之产，尽忠灭秦，为厥父祖报韩王于地下。"②谭景星肯定董仲舒"意与孟氏合"，"能后功利而先道义"，称其"亦圣门之杰"③。他觉得扬雄可悲，认为扬雄"不以心而观乎圣人，徒以言而仿乎圣人"④，结果使他离夫子之道更远了。谭景星论唐代的柳宗元和韩愈两位文学家、思想家也以夫子之道为标准，但他认为柳子厚未能明理载道⑤，而韩愈有"格物致知之遗"⑥。孔子之后的儒学人物，谭景星最称赞的是朱熹，他在《朱文公论》中赞誉说："六经，日月也。圣人之心，法也。自朱子而复明，始合圣意人心，日月无复晦晦。诸子异说冰消雪释。千数百年是非，至是自定，无复疑者。"⑦对于战国秦汉魏晋时期的人物，谭景星还论及燕太子丹、田横、黄歇、吕不韦、丁公、诸葛亮。在他看来，强弱之势是可以转换的，智者是会等待时机而动的，而太子丹却轻举妄动以至于害己祸国。他称赞田横为"高节之士"，因为田横"能令宾客慕义死节"。但他惋惜田横"器小"。他说："若以横论，四岳之举舜，而终身耻臣舜矣。皋、夔、

---

①　谭景星：《荀卿论》，见李修生主编《全元文》卷997（第31册），凤凰出版社，2004年，第217－218页。

②　谭景星：《韩非论》，见李修生主编《全元文》卷997（第31册），凤凰出版社，2004年，第227－228页。

③　谭景星：《董仲舒论》，见李修生主编《全元文》卷997（第31册），凤凰出版社，2004年，第219页。

④　谭景星：《扬雄论》，见李修生主编《全元文》卷997（第31册），凤凰出版社，2004年，第220页。

⑤　谭景星：《柳子厚论》，见李修生主编《全元文》卷997（第31册），凤凰出版社，2004年，第223页。

⑥　谭景星：《韩退之论》，见李修生主编《全元文》卷997（第31册），凤凰出版社，2004年，第223页。

⑦　谭景星：《朱文公论》，见李修生主编《全元文》卷997（第31册），凤凰出版社，2004年，第231页。

弃、契、伯益与禹俱事于舜，而终身耻臣于禹矣，如天下苍生何。"①可见，谭景星对于臣子是否忠于故国也不一概而论，他对田横"器小"的评价显示出他对时代变迁政权更迭持有变通的态度，遇到如舜、如禹一样的君是应该顺应为臣的。至于黄歇、吕不韦和丁公都是谭景星鄙视的历史人物，因为他们或乱了君臣、父子、夫妇之道，或叛逆。他认为诸葛亮"虽卒无所成，万古之下，亦不失为忠义之士矣"②。可见，谭景星不是以成败论英雄的，他奉行的是儒家的价值观。

三、聪明才智

金人孙弼称颂孟子说："时值周衰之末，战国纵横，用兵争强，以合纵连横为言，以权谋诡计为事，先王大道，几于扫地。异端蜂起，邪说猬兴，若杨朱墨翟放荡之言，至于塞路。公尝叹曰：'杨墨之言不息，孔子之道不著。'距而辟之，由是圣人之道振而复起，久而愈明。真可谓命世亚圣之大才者也。"③孙弼的赞颂着眼于孟子兴复圣人之道的才智。

金元之际入仕的阎复对西汉文学家东方朔的评论耐人寻味。他认为东方朔是高明的隐者，从容大隐于朝堂，他"滑稽雄辩，忠言谠论，顾虽时见一斑，人皆莫测其蕴"，因而避免了"岩隐者"的"风霜矫性之悲"，也没有"市隐者"的"染迹阛阓之污"，也摒弃了"吏隐者"的"俯仰尘埃之劳"。正是由于他的"善谑而不为虐，自污而不为狂，婴鳞而不为忤"，才取得了明哲保身之效，阎复把东方朔与老子、柳下惠并列，言外之意东方朔虽不被朝廷重用，但仍然有重要的社会影响。他是从隐者的角度来称颂东方朔的，他在对比汉武帝时期众多人才的命运时，也表明了他的主张，即人才在生不逢时时要"卷舒随俗"④。

南宋遗民刘辰翁有《评汉史》一文，文很短，只评价了张良和刘邦两个人。关于张良，刘辰翁只评价一事，就是张良给项王写信并将齐梁反书给项羽，将项羽攻击的对象转移至齐，他认为这事体现了张良的智慧。对于刘邦，他赞赏刘邦用人

---

① 谭景星：《田横论》，见李修生主编《全元文》卷997（第31册），凤凰出版社，2004年，第225–226页。

② 谭景星：《诸葛孔明论》，见李修生主编《全元文》卷997（第31册），凤凰出版社，2004年，第221–222页。

③ 孙弼：《孟子祠记》，见张金吾编纂《金文最》卷29，中华书局，1990年，第410页。

④ 阎复：《东方朔祠碑》，见李修生主编《全元文》卷296（第9册），江苏古籍出版社，1998年，第278页。

不疑,将四万斤金交给陈平,任其使用,气度百倍于项羽。他也推测刘邦在平叛过沛时喝酒所作歌词"安得猛士兮守四方"①,不是霸心体现而是悲伤情感的表露,或者是心有悔意。这是结合历史人物的处境而揣摩其心思,不苟同于前人的新的认识。

元中后期的文人张枢写有《读宗泽留守诸疏论》,在他看来,宗泽为忠臣,极尽心力"疏凡七上",可是宋高宗"情势不明,贤奸不辨,以天下大事而付之一二金壬之手",他认为:"李纲、宗泽揣摩形势若预见之,然而陈之如此其明,言之如此其切,虽使庸夫孺子妇人宦侍皆得与闻其说而信之,而高宗则不一悟者,则小人之于庸主有以深中其隐而莫可解也。"②他感叹宗泽所上诸疏皆为"忠诚所发,有造于国",却不得行。他用"昏暗""庸主"评定宋高宗。

元末杨翩评价汉初张良主要从"智"的角度立论的。他认为:"所贵乎智者,非徒以其能用乎智,而以其智之所见,有以济其智之所不及。"他认为张良就是这样有大智的人,不仅仅"辅助高祖破楚而兴汉者,皆以智称之",关键是在汉高祖将废太子之时,"其为智亦已甚穷"的情况下,他却"能令太子请高祖之所不能致者四人,时从入朝以为羽翼,而太子之位遂赖以定"。他因论张良而得出结论:"君子之欲用夫智者,其必思所以济夫智之所不及也哉。"③

四、"活人"

辽金元时期,辽金与宋的军事争衡以及元朝的统一战争使许多人失去生命,孟子"不嗜杀"的思想也成为当时有识之士反对杀伐的理论依据,这在史论中也有反映,表现在评价人物上,"活人"成为一条重要标准。

金人王寂在明昌元年(1190)出按辽东之地,在登紫霞山时见到一通石碑,即《刘司空神道碑》。他读碑后对刘司空肃然起敬,他记述道:"刘公,名宏,字子孝,唐燕王仁恭之七世孙。仕辽,任懿州宁昌军节度使。收国初,以阖境归附本朝,懿

① 刘辰翁:《评汉史》,见李修生主编《全元文》卷280(第8册),江苏古籍出版社,1998年,第761页。
② 张枢:《读宗泽留守诸疏论》,见李修生主编《全元文》卷1207(第38册),凤凰出版社,2004年,第581－583页。
③ 杨翩:《张良论》,见李修生主编《全元文》卷1845(第60册),凤凰出版社,2004年,第461－462页。

之生齿数万,无踦履之丧,公之力也。古人谓活千人者必封,如公,又岂止活千人而已,则刘氏之昌也,无疑矣。"①显然,在辽金鼎革之际刘宏能够使数万人保全性命是王寂赞赏他的原因。

欧阳玄所撰的《曹彬传》对于宋将曹彬的称赞主要本于他有仁心不嗜杀,他伐蜀征江南不妄杀一人②。汪克宽的《越国公论》对隋大业之乱起兵的越国汪公予以赞扬也是基于其"救生民之死"③。

值得重视的是,在元人朱德润所作《申生论》中体现出另一种"活人"的评价标准。他认为:"当时使申生从士荐、梁余之言,如二公子者出,幸而天假之年,得返晋国,以主社稷,不紊宗祧,则亦何害于名义。倘使二公子皆如申生,不过获一孝恭之名,晋之有国,其能国乎?"④朱德润是不赞同申生为一孝恭之名而不顾国家的做法。

需要说明的是,历史人物评论作为中国古代历史理论的一个重要方面在辽金元时代也有一定的成果。上述仅以举例的形式列举了具有代表性的几个主要标准,从中可知,以往臧否人物的一些标准在辽金元时期仍然继续沿用,如功业、品德、智慧等,而"活人"作为评价易代之际的人物的一个标准被强调显然具有进步的意义,表明辽金元人认识到人在历史发展中的主体作用,因此人的生命价值受到重视。当然,人们对历史人物评价所采取的多重评价标准突出反映了当时人们价值取向的不同,也透露出处于不同阶层有着不同立场的人们思想上的差异。

第三节 关于天人关系的不同认识

一、辽人的天人观念

辽朝各族人对于天与人的认识从辽人的言论及文章可窥其大概。《辽史·耶

---

① 张博泉:《辽东行部志注释》,黑龙江人民出版社,1984年,第94页。

② 欧阳玄:《曹彬传》,见李修生主编《全元文》卷1101(第34册),凤凰出版社,2004年,第599-600页。

③ 汪克宽:《越国公论》,见李修生主编《全元文》卷1595(第52册),凤凰出版社,2004年,第130页。

④ 朱德润:《申生论》,见李修生主编《全元文》卷1276(第40册),凤凰出版社,2004年,第550页。

律曷鲁传》记载他入奚部劝降时对奚人所讲的话,以及他劝辽太祖耶律阿保机为可汗时所说的话都涉及天与人。对于前者,其传有记载为:

> 及太祖为迭剌部夷离堇,讨奚部,其长术里逼险而垒,攻莫能下,命曷鲁持一弩往谕之。既入,为所执。乃说奚曰:"契丹与奚言语相通,实一国也。我夷离堇于奚岂有鞍辂之心哉?汉人杀我祖奚首,夷离堇怨次骨,日夜思报汉人。顾力单弱,使我求援于奚,传矢以示信耳。夷离堇受命于天,抚下以德,故能有此众也。今奚杀我,违天背德,不祥莫大焉。且兵连祸结,当自此始,岂尔国之利乎!"术者感其言,乃降。①

耶律曷鲁在游说奚人时提及契丹与奚人的关系,同时也两次提到"天":一是说契丹夷离堇阿保机"受命于天,抚下以德,故能有此众也";一是说奚人若杀他则会"违天背德"。两者的核心思想都是要奚人顺应天命,以求福报。至于耶律曷鲁劝阿保机为可汗之言论,其传记载更详细:

> 会遥辇痕德堇可汗殁,群臣奉遗命请立太祖。太祖辞曰:"昔吾祖夷离堇雅里尝以不当立而辞,今若等复为是言,何欤?"曷鲁进曰:"曩吾祖之辞,遗命弗及,符瑞未见,第为国人所推戴耳。今先君言犹在耳,天人所与,若合符契。天不可逆,人不可拂,而君命不可违也。"太祖曰:"遗命固然,汝焉知天道?"曷鲁曰:"闻于越之生也,神光属天,异香盈幄,梦受神诲,龙锡金佩。天道无私,必应有德。我国削弱,踦歁于邻部日久,以故生圣人以兴起之。可汗知天意,故有是命。且遥辇九营棋布,非无可立者;小大臣民属心于越,天也。昔者于越伯父释鲁尝曰:'吾犹蛇,儿犹龙也。'天时人事,几不可失。"太祖犹未许。是夜,独召曷鲁责曰:"众以遗命迫我。汝不明吾心,而亦俋随耶?曷鲁曰:"在昔夷离堇雅里虽推戴者众,辞之,而立阻午为可汗。相传十余世,君臣之分乱,纲纪之统蘟。委质他国,若缀斿然。羽檄蜂午,民疲奔命。兴王之运,实在今日。应天顺人,以答顾命,不可失也。"太祖乃许。明日,

---

① 脱脱等:《辽史》卷73《耶律曷鲁传》,中华书局,1974年,第1220页。

即皇帝位,命曷鲁总军国事。①

上述对话的文字肯定经过史官润色过,但所谈的内容应有一定的真实性。耶律曷鲁言及祖先当时只得国人推戴,未有遗命,也不见符瑞,而今不同了,"天人所与,若合符契。天不可逆,人不可拂,而君命不可违","天道无私","可汗知天意","小大臣民属心于越,天也","天时人事,几不可失","应天顺人,以答顾命,不可失也",反复强调了天命、君命、臣民的支持。契丹民族是崇尚自然的民族,他们对于"天"的尊崇有长久的传统。这里,耶律曷鲁对握有兵权的于越阿保机的劝说就很好地利用了自己民族的文化传统,指出天属意于阿保机,希望他不逆天命。同时,也讲明小大臣民属心于阿保机,人意也不可拂,更有君命难违。总之,他是希望阿保机能应天顺人,适时担当起可汗重任。在他看来,天命异常重要。雅里之所以推辞不为可汗,未见天命与君命,仅有国人推戴。从他的话语可知他对天人关系的认识是天命占主导,天具有决定的作用,人只能顺应天意。有学者研究认为,由于契丹人认为天地万物有灵,人世间的一切活动无不受其约束和主宰,因而就产生了"天命思想"②。值得重视的是,辽朝的契丹皇帝不仅对待历史上的问题用天命去解读,在现实社会中一些重大的政治与军事活动也都讲究天兆、天意、天命,他们是通过顺从天命而达到天人相合的。辽太宗天显十一年(936)的《立石敬瑭为大晋皇帝册》有言:"於戏!元气肇开,树之以君,天命不恒,人辅以德,故商政衰而周道盛,秦德乱而汉图昌,人事天心,古今靡异。……朕昨以独夫从轲,本非公族,窃据宝图,弃义忘恩,逆天暴物,诛夷骨肉,离间忠良,听任矫谀,威虐黎献,华夷震悚,内外崩离。……天之历数在尔躬,是用命尔。……"③文中着意强调了"天命""天心""天之历数",但指出天命"不恒",即天命可变,也指出了"人辅""人事"的作用,核心思想是有天命还要尽人事。当然,册文所反映的天人观念应是当时辽代君臣的思想,尤其是在辽太宗身边的汉族文臣的思想。

二、金人所论天人关系

女真人同样有敬天地的传统,他们凡遇到大事都要祷告于天地。比如,史载,

---

① 脱脱等:《辽史》卷73《耶律曷鲁传》,中华书局,1974年,第1220-1221页。

② 张国庆、朴忠国:《辽代契丹习俗史》,辽宁民族出版社,1997年,第256页。

③ 辽太宗:《立石敬瑭为大晋皇帝册》,陈述辑校《全辽文》卷1,中华书局,1982年,第2-3页。

女真起兵反辽时，完颜阿骨打"入见宣靖皇后(《金史·后妃传》称靖宣皇后，是肃宗皇后，阿骨打的婶母)，告以伐辽事。……太祖感泣，奉觞为寿。即奉后率诸将出门，举觞东向，以辽人荒肆，不归阿疏，并己用兵之意，祷于皇天后土。"①宁江州之战，女真诸路兵聚集于来流水，共计有二千五百人。战前，"致辽之罪，申告于天地曰：'世事辽国，恪修职贡，定乌春、窝谋罕之乱，破萧海里之众，有功不省，而侵侮是加。罪人阿疏，屡请不遣。今将问罪于辽，天地其鉴佑之。'"②可见，重大人事活动都是求天护佑的。在女真人看来，天有神明，知晓人事，有时示警，有时佑助，比如，金收国元年(1115)，金军攻达鲁古城之前，所谓"有火光正圆，自空而坠。上曰：'此祥征，殆天助也。'酹白水而拜，将士莫不喜跃"③。金天辅五年(1121)，完颜宗翰上奏曰："辽主失德，中外离心。我朝兴师，大业既定，而根本弗除，后必为患。今乘其寡，可袭取之。天时人事，不可失也。"④这里，完颜宗翰考虑灭辽的因素包括天时和人事两方面，他认为当时金朝无论从天时和人事上都具备了灭亡辽朝的时机和条件。

　　金海陵王虽然十分重视君长所为对国家的影响，但在某些时候他也是信神问卜的。史载，在他做皇帝之前，他曾在良乡向料石冈神祷告："使吾有天命，当得吉卜。"果然得吉卜。他又祷告："果如所卜，他日当有报，否则毁尔祠宇。"⑤看来他是有所祈求而祷告，并不是敬畏，但在他的头脑中天命思想还是存在的。贞元二年(1154)，朱昂所作《滕县神农黄帝祠堂碑》的碑文也对天人关系作了论述："天地以大德而生群有，圣人以长世而育众庶。天地之所以好生，圣人之所以好育，自古羲轩农顼之君，尧舜禹汤之主之治天下也，莫不法参天地，道合阴阳。天地泰则百物□，阴阳调则乾坤定。使民处其静，不处其动，处其安，不处其危，爱之如赤子，使民仰之若慈亲，宇宙归心，寰海从化，以致太平之功。"可见，他是主张天地泰、阴阳调、君民和的。同时，他也以神农黄帝之道言天地、阴阳与人之间的关联，他说当神农黄帝之时，"六合既宁，八□□治，虽之若此，犹虑生民不善□生，□为惑乱，为声色劳役之所伤，祁寒酷暑之所损，不顺天道，违逆阴阳，致使六脉不调，

①　脱脱等：《金史》卷2《太祖本纪》，中华书局，1975年，第23页。
②　脱脱等：《金史》卷2《太祖本纪》，中华书局，1975年，第24页。
③　脱脱等：《金史》卷2《太祖本纪》，中华书局，1975年，第26－27页。
④　脱脱等：《金史》卷74《宗翰传》，中华书局，1975年，第1693页。
⑤　脱脱等：《金史》卷5《海陵本纪》，中华书局，1975年，第101页。

百邪俱人,五脏为百疾之所萦,六府为万病之所苦,若不垂教,后世无方"①。其实他宣传的更是天道、阴阳与生民之间要和谐。通观全文可知朱昂自觉传承了以往朝代天人合一思想。

金世宗更是敬天地重人事的皇帝,他在大定初年曾对宗望的儿子完颜京讲:"朕每见天象变异,辄思政事之缺,瘝痺自责不遑。凡事必审思而后行,犹惧独见未能尽善,每令群臣集议,庶几无过举也。"②在金世宗的心里,人事如何往往上天垂象,天人之间是有联系的,所以他谨慎对待政事,唯恐不能尽善尽美而触怒上天出现灾异。大定十九年(1179)三月,金世宗曾对宰臣说:"人多奉释老,意欲徼福。朕蚤年亦颇惑之,旋悟其非。且上天立君,使之治民,若盘乐怠忽,欲以侥幸祈福,难矣。果能爱养下民,上当天心,福必报之。"③这里虽是从自身为君的角度谈论福报,却也反映了他心中敬天爱民的思想。大定十一年(1171),大臣李石在其进表中也表达了天人相和的思想:"天因人而听,顺人则天亦弗违。"④只是更重视顺应人心的重要。

据《金史·张万公传》记载,明昌二年(1191),金章宗与张万公因旱灾问题也谈论了天道、人事问题,张万公认为:"天道虽远,实与人事相通,唯圣人言行可以动天地。昔成汤引六事自责,周宣遇灾而惧,侧身修行,莫不修饬人事。方今宜崇节俭,不急之务、无名之费,可俱罢去。"金章宗也说:"灾异不可专言天道,盖必先尽人事耳,故孟子谓王无罪岁。"金章宗"以万公所言下诏罪己"。⑤ 实际上他对历史上成汤和周宣王应对灾变的做法予以效仿。他们的言论和行事反映出他们对传统的天人关系思想的认同和继承。

金宣宗朝为多事之秋,很多事情他有心做好却无能为力,因此在天命和人事的关系上他更多认命而不是强调人事。史载,元光二年(1223)七月戊午,"有司奏前奉御温敦太平卒。上大骇曰:'朕屡欲授太平一职,每以事阻,今仅授之未数日而亡,岂非天耶!'因谓宰臣曰:'海陵时有护卫二人私语,一曰富贵在天,一曰由君

---

① 朱昂:《滕县神农黄帝祠堂碑》,张金吾编纂《金文最》卷66,中华书局,1990年,第964—965页。

② 脱脱等:《金史》卷74《宗望传》,中华书局,1975年,第1708页。

③ 脱脱等:《金史》卷7《世宗本纪中》,中华书局,1975年,第173页。

④ 张玮等:《大金集礼》卷2《大定十一年册礼》,丛书集成初编,中华书局,1985年,第27页。

⑤ 脱脱等:《金史》卷95《张万公传》,中华书局,1975年,第2102页。

所赐。海陵窃闻之,诏授言由君所赐者以五品职,意谓诚由己也,而其人以疾竟不及授。章宗秋猎,闻平章张万公薨,叹曰:'朕回将拜万公丞相,而遂不起,命也。'"①可见,金宣宗以他自己的打算、海陵时两个护卫的言论与命运、章宗朝张万公未拜丞相而去世的例子说明人事很难抗拒天命的安排,他的天人关系思想反映了在金朝衰微的时候金人普遍悲观的心理。

赵秉文在卫绍王朝曾兼提点司天台,曾上封事,"言天人之际,且谓岁八月当有人更王之变"②。就是说通过观天象来预测人事变化。赵秉文对于天人关系也有所论及。他说:"施之于智力可及之地者,人也;施之于智力不可及之地者,天也。仁者天之道也,义者人之事也。人定者胜天,天定亦能胜人。"这里,赵秉文指出了天与人是相分的,仁(天道)与义(人事)是有别的,二者以人的认识角度来区分,就是"施之于智力不可及之地者"与"施之于智力可及之地者"。二者的作用是同样重要的,"人定者胜天,天定亦能胜人"。基于这样的认识,他对孟子关于得天下在于仁的思想作了修正,他说:"孟子曰:'不仁而得天下者,未之有也'。余独曰:'不仁而得天下者,亦有之矣。不仁而世数长久者,未之闻也。'"③赵秉文对仁义(天道、人事)与治乱兴衰之关系的这些论述,表明了他旨在探究治乱兴衰之理。但通观其所撰的史论文章,可知赵秉文对治乱兴衰之理的阐发主要从风俗、人才和兵食(大纲)着眼的,是立足于人事(义)的,即"施之于智力可及之地者"。

元好问也有天命史观的影响,他在金亡后总结金末社会秩序破坏、官失其守、士之业废而全真教应时而兴时说:"呜呼!自神州陆沈之祸之后,生聚已久而未复其半。蚩蚩之与居,泯泯之与徒,为之教者独全真道而已。尝试言之:圣人之忧天下后世深矣,百姓不可以逸居而无教,故为之立四民,建三纲五常。士、农、工、贾各有业,父慈、子孝、兄友、弟敬、君臣严、夫妇顺,各有守。九官而有司徒,仁义礼智,典章法度,与为士者共守之。天下之人,耕而食,蚕而衣,养生送死而无憾。粲然而有文,欢然而有恩,于圣人之教也,若饥者之必食,寒者之必衣。由身而家,由家而达之天下四方。由不可斯须离,至百世千世万世而不可变。其是之谓教,而道存焉于其间。《传》有之:'天祐下民,作之君,作之师。'道之行与否,皆归之天。

---

① 脱脱等:《金史》卷16《宣宗本纪下》,中华书局,1975年,第367页。

② 元好问:《故翰林学士承旨资善大夫知制诰兼同修国史上护军天水郡开国侯食邑一千户实封一百户赵公墓志铭》,见《闲闲老人滏水文集》附,第246页。

③ 赵秉文:《闲闲老人滏水文集》卷14《总论》,丛书集成初编,中华书局,1985年,第192页。

今司徒之官与士之业废者将三十年,寒者不必衣,而饥者不必食,盖理有不可晓者,岂非天邪? 如经世书所言,皇极之数,王伯之降,至于为兵火、为血肉,阳九百六,适当斯时。苻坚、石勒、大业、广明、五季之乱,不如是之极也! 人情甚不美,重为风俗所移,幸乱乐祸,勇斗嗜杀,其势不自相鱼肉,举六合而墟之不止也。丘往赴龙庭之召,亿兆之命悬于好生恶死之一言。诚有之,则虽冯瀛王之对辽主不是过。从是而后,黄冠之人十分天下之二,声焰隆盛,鼓动海岳,虽凶暴鸷悍、甚愚无闻知之徒,皆与之俱化。衔锋茹毒,迟回顾盼,若有物掣之而不得逞。父不能召其子,兄不能克其弟,礼义无以制其本,刑罚无以惩其末。所谓'全真'家者,乃能救之荡然大坏不收之后,杀心炽然,如大火聚,力为扑灭之。呜呼! 岂非天邪!"①从这段议论可知,元好问对于金朝亡后社会局势用了两个"岂非天邪"表明他的态度,前一个"岂非天邪"是由于道之不行为"理有不可晓者",他归之于"天",第二个"岂非天邪"则是有感于全真教挽救衰坏的社会秩序。但元好问不是一个彻底的天命论者,他的"天"与"理"、"人"相关联。理无法解释通的他归于"天",黄冠之人所形成的全真家力挽狂澜也归之"天",其所谓的"天"还是与人事联系在一起的。元好问也说过:"天即神,神即人,人即天,名三而诚则一。"②更是明确表达了他的天人合一的思想。

三、元人对天人问题的多层次思考

元代各族人关于天人关系的认识参差不齐,蒙古人作为北方游牧民族大多信奉萨满教,因此他们对天的敬仰无处不在。《蒙鞑备录》记载:"其俗最敬天地,每事必称天。"③《黑鞑事略》也讲:"其常谈必曰托着长生天底气力、皇帝底福荫,彼所欲为之事则曰天教恁地,人所已为之事则曰天识著,无一事不归之天,自鞑主至其民无不然。"④《蒙古秘史》多处提及天命、神、天地等,比如其第一节有"奉天命而生的孛儿帖·赤那"、第一二一节萨满巫师豁儿赤言"〔上天的〕神告"、第一二

---

① 姚奠中主编、李正民增订:《元好问全集》卷 35《清真观记》,山西古籍出版社,2004 年,第 743 - 744 页。

② 元好问:《遗山先生文集》卷 32《长庆泉新庙记》,商务印书馆,1937 年,第 432 页。

③ 赵珙:《蒙鞑备录》"祭祀",王国维签证本,见《王国维遗书》第十三册,上海古籍书店,1983 年,第 17 页。

④ 彭大雅撰、徐霆疏:《黑鞑事略》,王国维签证本,见《王国维遗书》第十三册,上海古籍出版社,1983 年,第 11 页。

五节成吉思汗对众人的话中有"蒙天地的赞助、佑护"、第一四三节提及敌方遭到自己呼风唤雨法术的逆袭而言"上天不爱护我们"、第一六七节王汗言语中也有"现在如果对我儿怀着那样的恶念,上天不会佑护我们的"、第一九九节成吉思汗在圣旨中嘱咐速别额台提到"若蒙长生天佑护"、第二〇二节成吉思汗所降圣旨中同样有"蒙长生天佑护"等等①。当然,在蒙古人的心中天与人事是有联系的,最基本的关联是,人的善举会得天佑,否则失去天佑。天对人事有评判,因此他们常常借天言事。需要说明的是,在蒙古民族崛起、征伐周邻部族的过程中,人的努力、人的作为是起了决定性的作用的。所以,当铁木真在虎儿年(1206)被推举为蒙古大汗时,他降旨封授了立国过程中有功者。应该说,蒙古人对天人关系的认识是朴素的,属于宗教天命论,敬畏天命而顺应之。蒙元政权境内的其他民族,受儒家先贤的影响,在天人关系上更重视人的作为,而且视天较少神秘因素。蒙元各族人关于天人关系的认识体现在政论、史论上就有了多个层次较为复杂的内涵。

忽必烈为蒙古大汗时,经过儒臣润色的即位诏书中提到了天人关系的问题,所谓:"求之今日,太祖嫡孙之中,先皇母弟之列,以贤以长,止予一人。虽在征伐之间,每存仁爱之念,博施济众,实可为天下主。天道助顺,人谟与能。祖训传国大典,于是乎在,孰敢不从。……呜呼!历数攸归,钦应上天之命,勋亲斯托,敢忘烈祖之规?建极体元,与民更始。朕所不逮,更赖我远近宗族、中外文武,同心协力,献可替否之助也。"②这里提到的"天道"与"人谟"显然是讲天人相合的,其中的"天"已不是天帝或神的涵义了,是血缘亲疏的顺序,是与生俱来的不可改易的嫡庶分别与长幼之序,至于"人"言及的是具有"仁爱之念,博施济众"的君主为政理念和能力。诏书特别强调了祖训传国大典正是从天人两方面考虑的,表达了应上天之命而为君,不忘烈祖之规,仰仗宗亲、文武同心协力的支持,也是以天人相应号召臣民的。

胡祇遹在其《论道》一文中也有关于天人关系的讨论,他说:"尧舜在上则民仁寿,桀纣在上则民鄙夭,未有君仁民不仁、君不仁而民仁者,此天之气数。生大君,而上以风化下,天地岂欲立不仁者为君哉?亦气数适然也。尧九年之水,汤七年之旱,岂人为之所致也?然为学知命者,当尽人道以立而俟天命耳。"可见,他认为

① 《蒙古秘史》,余大钧译注本,河北人民出版社,2001年,第3页、第145页、第154页、第188页、第234页、第319页、第346页。

② 宋濂等:《元史》卷4《世祖本纪一》,中华书局,1976年,第64−65页。

对于一个政权而言是有一定的气数的,人不能改变,但人还要尽人道,因为即使在仁君为政之时也会有天灾。尽管他认为天命不可改,但他所言的天已不是神秘的天,而是万物皆有的存亡的规律。他称:"天地有数,故万物莫不有数。何谓之数?一岁四时、二十四气、十二月、七十二候,昼夜十二时、百刻,岂不昭昭然,毫发之不可差越? 日月之蚀,尤为著明。五行之生成衰旺,亦无借忒。圣人见之明,审之准,推之详,度之定,故邵康节《观物篇》曰:'有一时、一月、一日、一岁、十岁、百岁、千岁、万岁、十万岁、百万岁之物。'盖其气禀一定,短长之量不可增损于其间也。惟人也,得天地之秀而最灵,圣人定之以仁义中正,立人极焉。……天有四时,故每物不出四节,盖为气数所囿,不能逃生长收藏之数也。……人,百年之物,举盈数则百年,不皆能满。"[①]显然,胡祗遹认为所谓天命,即天之气数是客观存在的,非人为所能左右和改变的,万物都有自己成长盛衰的定数,人,万物之中得天独厚的物种,也不例外。从万物发展有规律而言天,已具有唯物的因素。戴表元论"战国之世",提到:"盖当是时,秦势八九成矣,天方假毒其手,以树君中原。谋不必工,所施而服;战不必良,所向而克。彼诸侯之臣,固有贤于樗里、二甘、魏冉之谋,勇于白起、王翦之战,其君用之未必能专,信之未必能决。而又连栖争鸣,佐寇自贼,颠倒谬误,卒俱坠于毂中而后已。而数子乘时逐利,各以能名见登于好事之齿舌。彼诸国之臣,其材实过之者,国败身辱,而名字因暧昧而不彰。岂非所遇者幸不幸哉!"[②]这里,戴表元说到的"天"是指形势,显然已不再是天神之意,而是与社会发展趋势相关联了。

由宋入元的荣肇对天人相合有较深入的思考,他所作《天无私论》以问答的方式探讨了天、天道、天人关系:

> 客有问于予曰:"天有私乎?"曰:"无私。""天既无私,则凡为天之所生,皆宜为天之所爱,何以或宠绥之频加,或阨穷而不已也?"予应之曰:"此非天之有私也,因乎人也。上自帝王,下迄隶丐,皆人也,皆天之所生也,而贵贱悬绝若此,天岂有私意于其间也哉? 今夫人丰厚瘠

---

① 胡祗遹:《论道》,见《胡祗遹集》第 20 卷,魏崇武、周思成校点,吉林文史出版社,2008年,第 411-412 页。

② 戴表元:《樗里子甘茂甘罗魏冉白起王翦列传》,见李修生主编《全元文》卷 422(第 12册),江苏古籍出版社,1999 年,第 234 页。

薄,势有不同;聪明愚鲁,质有不同;勇壮怯懦,力有不同;而或富或贫,或贵或贱,或寿或夭,命有不同。使天必欲尽生人而均之平之,归于画一,以自明其无私,天岂若是之规规耶?"客曰:"天无私矣,福善祸淫,非天道乎?则良善宜蒙福,淫恶宜膺祸矣。何以善人有终身潦倒,恶人且奕世显荣也?"予曰:"天之待人,以积世论,不以一身论。身虽为善,其先世之积愆未消,安能以其一身之善,而遽降以福身?虽为恶,其先世之余泽犹存,亦岂必以其一身之恶,而骤施之祸?《大易》不有余庆、余殃之说乎?"客曰:"余庆、余殃,吾固知之。今有人焉,累世以来,世济其美,而其人孜孜好善,乃不惟不得荣其身,而且厄其嗣;续有人焉,累世以来,世济其凶,而其人又种种造恶,乃不惟未尝困其身,而且蕃其子孙,则又何也?"予曰:"天之为道,有常有变。常者,一定之理;变者,不测之数。无一定,则人无以识从违;非不测,则人无以息侥幸。此皆阴阳消长,自然之所运,天亦不得以私而主之。夫道有常变,而数有盛衰。际数之盛,天以常道顺而行,值数之衰,天以变道逆而施。故《虞书》'惠迪吉,从逆凶,如影响',言其常也;柳跖寿终,颜子夭亡,张汤有后,邓攸无儿,此变之为也。"客曰:"天人一理也。人心之是非,即可以决天意之予夺。而庄周有言:'天之小人,人之君子;人之君子,天之小人。'何又不相合而相反也?"予曰:"此庄子生于衰周之季,世事坏,天道变,小人得志,正士不容,故愤而为此荒唐悠谬之言,岂真天人之相反也哉!且子独不观乎,富贵非天之所厚乎?其人而富贵焉,虽小人也,而人即莫不奉之为君子;贫贱非天之所薄乎?其人而贫贱焉,虽君子也,而人即莫不鄙之为小人。天与人意,固未尝不合也。士君子不幸而遭时不偶,亦惟有顺乎数,安乎命,尽其在我,以听夫天之所为而已矣。天有私乎?无私乎?又何问焉!"于是客不再问而退。[①]

从这篇文章可知,当时的人们对天人关系已进入比较深层次的探讨。"客"代表的一方认为天有私心,不公道。社会上的人有贫富分化、"善人有终身潦倒,恶人且奕世显荣"、累世造恶者却能家族人丁兴旺而怀疑天。"客"受庄子相关言论

---

① 荣肇:《天无私论》,见李修生主编《全元文》卷(第5册),江苏古籍出版社,1999年,第186－187页。

的影响也对天人相反还是天人相合有疑虑。"予"所代表的一方肯定天的无私,认为天不决定人的种种分别,祈望天将天下的人都"均之平之,归于画一"是人的想法,非天之意。"予"认为天对人善恶的考察,非以一身而论,并且指出天道有常有变,数有盛有衰,"际数之盛,天以常道顺而行,值数之衰,天以变道逆而施",天之常道是顺的,而天之变道,如"柳跖寿终,颜子夭亡,张汤有后,邓攸无儿"则表现为逆反的,这里对于历史上一些人物的命运以天之变道作解释。"予"最后重申了天与人意不完全一致,摒弃人对天的希冀,天与人还是相合的,劝诫士君子"遭时不偶"要听天由命。今天看来,"客"对天是否存在偏私的提问以及对人世间诸多不公平的现象的列举表明他十分困惑,他对从前的经典所宣讲的天的赏善罚恶的功能已经表示怀疑,也就是说在他的心目中天的神圣地位已有所动摇。"予"的回答有辩证的因素,但一味地为天辩解,劝人不要以人意理解天道,要安于天命,从根本上表明他还是相信天能决定人的命运并维护命定论的。但他也在一定程度上认识到天与人有不一致的地方,也有了天人相分的成分,尽管他还是坚持天人相合,坚信天人关系中天是占决定地位的。无论是"客"的疑天,还是"予"的信天,他们对天人关系都有了较深入细致的思考。南宋遗民刘壎在其所作《前朝遗像赞》中在表达其故国情怀的同时,对于宋亡也多少有疑天的倾向流露出来,他说:"际天其仁,何罪至斯?"①

同样是由宋入元的熊禾在其所撰《虞君思辅少康复国论》中言及天道与人事也认为它们之间相关联,他讲:

> 羿、浞之祸,已无夏矣。羲、黄、尧、舜以来,相传之正统,其绝者盖四十年。区区庖正,一城之地,一旅之众,而卒能复禹旧迹,践天子位者。要之,亦为之君者有拨乱之志,为之臣者有尽忠之节。人事既尽,能以天道为定命,故能臻兹大业。推原其故,亦繇虞君思之为也。虞舜之后也,一代之兴,则先代子孙宾于王家,与国同其休戚。古人之虑,盖深远矣。后世得人之国,则绝人之祀,不知天道昭明,祸亦反踵。虞、

---

① 刘壎:《前朝遗像赞》,见李修生主编《全元文》卷349(第10册),江苏古籍出版社,1998年,第388页。

夏、商、周之子若孙,传祚二千年,其数断可睹矣。①

　　这篇文章重点探讨的是人事上的努力与否对于政权存续的影响,对于少康复国,熊禾认为主要是"为之君者有拨乱之志,为之臣者有尽忠之节"。但他也指出除了尽人事之外,虞君思能遵循天道辅助少康也是实现少康复国的关键原因。讲人遵天道行事其实也还是在讲人事。在天道人事关系上他更强调人的努力与人的遵天道,也就是说承认有天道在,其结果如何则视人的所为而定。至于他所说:"虞舜之后也,一代之兴,则先代子孙宾于王家,与国同其休戚。古人之虑,盖深远矣。后世得人之国,则绝人之祀,不知天道昭明,祸亦反踵。"则以三代与"后世"对比的方式在讲明政权更迭时对先代子孙的保护是遵循天道行事,反之则逆天,是以天道昭明来警示人们在政权更迭时不要赶尽杀绝,表达的是儒家"不嗜杀"的主张,其实是有劝谏的意味的。

　　朱熹后学陈普也有关于天人关系的言论,他曾有言:"圣人者得天地曰生之德以为心,而与天地合其德者也。与天地相似故不违范,围天地之化而不过曲,成万物而不遗,其有功于天地乃如此,天地而可以无圣人哉!"②从这段话看,陈普认为天人相依存,天地是需要圣人维护的。他在评价历史人物的成败时也往往提及"天"如何。比如,他说:"诸葛亮垂得关中而失之马谡,复出祁山而困于霖雨,屯田渭南,魏人闭营自守,其君臣之气皆已夺矣,奈何半年而天遽夺之,使司马懿侥幸盗魏,此盖为汉祚所累,故其不幸有若此也。"③他在论晋朝历史人物时说:"祖逖虎视河南,外足以平河朔,内足以禁王敦,天一朝而殒之。元帝死于王敦,至明帝而敦自毙。敦毙而明帝之英足为宗庙主矣。天与之二三十年,宗社安矣,奈何明帝甫平王敦,不二年而不享国!"这里两度提及"天"不佑晋,结合提及晋朝的诸王之祸,陈普所说"使齐、淮南、长沙三王不死,晋未必有永嘉之祸,然司马懿父子之毒不可幸而免也"看,他认为天不佑晋的根源在司马懿父子。显然,他还是坚信天对人事的善恶是有判定的,而且天的考察可能持续时间较长,他的天人相关是与因

---

　　①　熊禾:《虞君思辅少康复国论》,见李修生主编《全元文》卷588(第18册),江苏古籍出版社,2000年,第551页。

　　②　陈普:《自古及今》,见李修生主编《全元文》卷441(第12册),江苏古籍出版社,1999年,第639页。

　　③　陈普:《汉末群雄》,见李修生主编《全元文》卷441(第12册),江苏古籍出版社,1999年,第640页。

果报应相结合的。

元代儒学代表人物之一许谦在其所撰《朋党论》一文中也涉及天人关系,他认为:"天人之理一致耳,天之气有阴阳,人之类有善恶。"基于这样的认识,他分析了正如春夏阳盛而秋冬阳衰一样,尧舜之时,君子多,小人不能得势,"若众阳之消微阴";而国家之运衰,群小人进用,数君子致祸。他也指出:"阳不可绝,剥穷则复。君子虽少,君人者能用之,犹可以为善国,且将拔汇以进矣,在处之何如耳。朋党之祸始于汉,其亡国也不旋踵。唐不能监之而又亡。宋不能监之而又亡。呜呼,使唐宋之君知殷鉴之不远,而观象以玩辞,则不蹈前人之危辙矣。"①其实,许谦虽然认为尧舜之时比后世好,但后世之君人者若以史为鉴也可避免因朋党之祸导致的亡国。应该说他所论的天人之理的一致,是就盛衰的规律而言的,他更注重的是人为的作用。

极力维护夫子之道的谭景星在其论及历史人物的史论中以儒家伦理言君臣关系比之如天人关系,他有言:"夫君,天命之也。事君者,事天者也。逆之者,逆天者也。"②他所谓的"天"已幻化成为"君",希望臣民顺天而事君,成为服从君上统治的顺民。

西域人马祖常在元仁宗朝为监察御史,他曾进言说:"秦州山移,实惟大变,非遣使祈谢赈恤一方而可弭也。大臣各宜辞官让能,畏惧修省。史载平公石言之语,世世为监。今山移之谴,岂在野有当用不用之贤,在官有当言不言之佞,所以感召不动之物而动也。"③可见,马祖常是借山移之事言时政,但也表明他是有天人相关思想的。

梁寅关于"七十二贤二十八将"撰写了两篇史论,两篇文章核心内容是探讨道统和治统,但也涉及他对天人关系的认识。他在论述七十二贤及二十八将后有如下的议论:"然非七十子之心服,何以生死不移?而非孔子,何以服其心?非二十八人之择主,何以收其旧物?而非光武,何以致其择?其师弟、君臣相与有成业,岂非天为世道而生持世者,又生持世者之羽翼哉?……或谓道统、治统一也。有

---

① 许谦:《朋党论》,见李修生主编《全元文》卷782(第25册),江苏古籍出版社,2001年,第44－45页。

② 谭景星:《田横论》,见李修生主编《全元文》卷997(第31册),凤凰出版社,2004年,第226页。

③ 苏天爵:《滋溪文稿》卷9《元故资德大夫御史中丞赠摅忠宣宪协正功臣魏郡马文贞公墓志铭》,陈高华、孟繁清点校,中华书局,1997年,第139－140页。

持统之人,随有翼统之人。帝王达而道显于治,则以德政为持,而九官、元恺、四友、十乱为翼。孔子穷而治寓于道,则以德教为持,而四配、七十子为翼。下此无足班焉。第勋华事业,直大虚浮云,则夫子不尤贤哉? 况中和位育,尽性参赞,则立德、立功,正学人尽人合天之事,安得以治乱诿之气数,并以圣贤诿之天生乎!"①从梁寅的这段议论看,他认为天与人的相合是学人尽人事的结果,不应当以"气数""天生"为借口而不尽心努力求取功德。显然他的天人相合更强调人事的作用。但从他论南北朝时期后周(北周)国祚短促的原因可知,他也没有完全摒弃"天"的作用,他说:"然后周之祚亦促者,何也? 由武帝之享年不永,而后嗣之非贤也。国祚之修短虽由于人,而亦天实为之乎!"②同样,对于五代后周世宗,他也带着惋惜地说:"自两汉而下最贤者三君:后魏孝文与后周武帝及世宗是也。然世宗六年而殂,恭帝嗣位,岂非天乎?"③

元末明初的王祎在其所撰《兵论》中也谈及天人关系,他讲用兵有名就要"应天顺人",他指出:"汤、武之师,以至仁伐至不仁者也。当其告誓之际,未尝不拳拳于天命人心以为言。"当然,他也讲:"然天命本难知,而人心为易见,因人心之向背,以验天命之去留而兵用焉,王者之举,如是而已。"④显然,王祎更倾向于观察人心向背以决定用兵与否。

吕溥讨论三代时涉及的"气运""人事"也属于天人问题。对于三代"道同""德同""功同""所出又同",却"传世有多寡""享国有长短",他解释说:"盖气运有厚薄之不同,则人之所以值之者,亦不能于不异。"他不否认天之福报有厚薄之分,但更强调人事的作为可以左右气运,更影响享国的长短。其实,他讲天之福报也与人事关联,他讲:"夏之兴,鲧以治水无功而殛死,未闻其积行累功也。及禹嗣兴,遂以功而践天子之位。禹之功固大矣,而天之所以受舜之荐而报其功者亦速矣。……殷之兴,自契至汤,十四世始有天下,其间必有积行累功者,况汤功加于

---

① 梁寅:《七十二贤二十八将》,见李修生主编《全元文》卷1512(第49册),凤凰出版社,2004年,第493页。

② 梁寅:《南北朝》,见李修生主编《全元文》卷1513(第49册),凤凰出版社,2004年,第502页。

③ 梁寅:《五代》,见李修生主编《全元文》卷1513(第49册),凤凰出版社,2004年,第505页。

④ 王祎:《兵论上》,见李修生主编《全元文》卷1687(第55册),凤凰出版社,2004年,第358－359页。

时,德垂后裔,天之所以祚殷者,未可量也。……周自后稷以来,积行累功,公刘克笃前烈,大王肇基王迹,王季克勤王家。至于文王有三分天下之二,卒以服事殷,其所以栽培而长养之者,盖益至矣。"①可以肯定,吕溥天人相合的思想中更强调的是人事的决定作用。

元末杨翮在其所撰《汉高祖论》《项羽论》《光武论》中都论及天、天命、人力等。他指出:"有取天下之才者,不若有取天下之资。有取天下之资者,不若有取天下之福。"他认为项籍有取天下之才,秦始皇有取天下之资,而汉高祖"无才""无资",但却"有取天下之福"。他认为"福之所集,天命之所归也"。他认为汉高祖得天下,汉历世久长都是得天命的结果,他也以史书所记高祖之生及斩蛇来证实其"宜有九五之福,而非秦、项之所及也。"当然,他也提到汉高祖"借群雄之所长,与天下共逐,终能一四海之区,而遗子孙之利者,则其福也。"②从"借群雄之所长"则可知其所谓的"福"也不纯粹是天命,夹杂着人力的成分,但他是信有天命的。值得注意的是,杨翮论项羽的失败,还主要从人力的角度进行的探讨。他认为:"盖羽之不得天下,则以其有可乘之势,不能因其势而乘之耳。当其力方强,气方盛,秦军既坑,函谷既入,子婴既降,而咸阳之未屠也,于是乎建大号,登大宝,号令诸侯,自立为天子,天下其谁敢拒之? 天下虽间有未定,吾得以天子之名临之矣。惜乎有可乘之势,不能因而乘之也。"对于失败后的项羽所说的"此天亡我!"他是不认同的,他说:"此岂天亡羽哉? 故夫取天下者贵乎因其势而乘之,不使其气衰力竭,而机不可为也。"③显然,他认为项羽的失败完全取决于项羽自己错失良机而举措失误。从杨翮论项羽失败的原因看,他也是重视人事在历史发展中的作用的。杨翮所作《光武论》,与以往儒者多颂扬光武帝中兴之功不同,他认为光武帝得天下借了更始之力。在他看来,光武帝立大功,成大业都依赖更始帝,光武帝先臣附后背弃更始帝违背君臣之义。他说:"使赤眉不杀更始,则光武亦不得以无故

---

①　吕溥:《三代》,见李修生主编《全元文》卷 1834(第 60 册),凤凰出版社,2004 年,第 215—216 页。

②　杨翮:《汉高祖论》,见李修生主编《全元文》卷 1845(第 60 册),凤凰出版社,2004 年,第 457—458 页。

③　杨翮:《项羽论》,见李修生主编《全元文》卷 1845(第 60 册),凤凰出版社,2004 年,第 458—459 页。

废之。更始不废,则光武之天下诚未可必。呜呼! 此则天也,非人力也。"①可见,
杨翩既信天命,又重视人力,他对于天人关系似乎是认为同时存在各有作用。当
然,他还是有一些困惑的,对于历史的发展他肯定人力是可以发挥其作用的,但有
些难以理解的结局,他则归之于天。

　　总的来看,辽金元史论所体现出的思想观念变化是明显的,包括夷夏之辨的
淡化、正统观的纷争、历史人物评价标准的变化、天人关系的多层次认识等。这些
思想变化是时代精神的体现,是辽金元史论最具特色的部分,它表明在多民族大
迁徙、大组合、大融合的历史阶段人们思想方面的改变,这些变化是各族各类人对
中国历史文化大传统认同基础上的发展,因而它们有力地推动了统一多民族国家
的演进,无疑,这些正是辽金元史论思想价值之所在。

---

① 杨翩:《光武论》,见李修生主编《全元文》卷 1845(第 60 册),凤凰出版社,2004 年,第
462-463 页。

结　　语

　　辽金元三朝的统治民族契丹、女真、蒙古均崛起于边区,建立政权后,在其统治区域内出现了多民族不同社会发展阶段的差别,以及经济区域和文化传统的差异,因俗而治、多制并举是这三朝普遍认同和实行的治国方略,民族区分和民族不平等在这一时期是客观存在的,但寻求有效统治各族民众也是当时统治者共同的政治追求,多民族联合执政也是辽金元政权的实际选择。因此,多民族、多元经济、多种文化交融、战争、社会变革、兴衰演进构成了辽金元史论的历史基础。

　　辽金元史论,从形式看,作为史书之构成部分的史论和独立的史论专篇是其主要的形式,同时,还有少量的史注中的史论、人物言论中的史论和政论中包含的史论。从其内涵看,还是比较丰富的,既包含有治国之道、国家兴亡、君道、臣道、君臣关系、风俗、环境等问题的探讨,也包括如何对待战争,如何处理民族关系,如何看待朝代更迭、如何在史书编纂中体现政权的合法性等问题的认识,还涉及到品评人物标准、多民族一家的观念以及天人关系。可以肯定,辽金元史论中留有不少思想资料,有些属于中国古代历史理论连贯性发展中重要的组成部分,如关于兴亡、民族关系、天人关系、正统思想等,有些则是针对具体历史问题的看法,他们具有时代的特点,其中不乏正确的认识,当然也有守旧、迷信的思想观点,显示出当时各族人历史认识上的复杂多样和参差不齐。从其思想价值看,夷夏观念的淡化、在正统纷争中以功业之实论正统占据上风、评论易代之际的人物强调"活人"、天人关系讨论中的多个层面的认识或有进步意义或有理论价值。

　　最可宝贵的是,辽金元史论贯穿着多民族历史文化认同思想。无论是契丹族为主建立的辽朝,还是女真族为主建立的金朝,以及蒙古族为主建立的元朝,他们普遍接受了以往朝代的政治文化观念,也分别对契丹、女真、蒙古民族优秀的政治文化传统予以弘扬。辽太祖耶律阿保机开国之初就尊祀孔子,主动选择所谓的

"中国教"，也曾下诏画前代直臣像，辽太宗则诏建四时堂，描绘古帝王的事迹于堂的两庑，辽人的言论中表达了对古代名臣、名将及才学之士深深的敬意，也对以往朝代的政治典故津津乐道。辽人有民族分别意识，同时在多民族关系认识上又积极谋求共同性，不仅在民族源流的认识上与汉族趋同，强调国家"系轩辕黄帝之后"，而且在各民族关系的处理上主张不同民族为一家，认同"中国"观念。金人言论和史论文章中对于往昔治乱兴亡的内容十分关注，他们自觉以史为鉴，一些统治者如金世宗认真思考君道、臣道、君臣关系，汲取三代、汉、唐政治思想的精髓，有比肩汉唐的志向。金人在政治隶属关系上也是强调各地区同为一家。元人以史论政的言论旨在以历史上的统治经验引导和规范现实政治，元代思想家对于社会风俗的思考，史官、史家修前代史所体现的史鉴思想及通古今之变的追求都是把元朝这个幅员空前广大的多民族政权纳入中国政治统治的体系之中。应该说，儒家思想中有利于治国安邦的思想，有利于维护社会秩序的伦理思想都是辽金元君臣极力倡导和传扬的，比如金天会十二年（1134）所刻的《大城县重修庙学碑》、高德裔的《杏坛铭》、赵秉文的《阙里升堂图赞》、元好问所作《令旨重修真定庙学记》，元人许谦的《论学校》，可以说代表了当时一些推崇圣人之道的儒学之士的看法，他们的历史观虽有复古倾向，但他们重视学校教育还是有积极意义的。辽金元人对传统典籍的评论、对民族传统和宗教文化的传承意识也在其史论中有明确的表达。可以肯定，历史文化认同的思想在辽金元时代居于主导地位。

总之，从辽金元史论所体现的主流思想观念看，辽金元多民族历史文化认同，不是追求同一，而是崇尚多元，是尊重各民族的传统，积极弘扬其中优秀的文化，表明辽金元时代在思想文化上的开明与开放。辽金元史论作为思想文化传播的载体所表达的多种文化的共存一定程度上抑制了狭隘的民族思想的滋长，有利于增进各民族之间的了解和沟通，有利于多民族国家构建共同认可的思想体系，为增强多元一体国家的凝聚力发挥了重要的作用。从史学意义上讲，辽金元史论的思想成果无疑是中国古代史学遗产的重要组成部分，反映了辽金元时代的各族各阶层的人们有关客观历史的认识水平和思想倾向。

参考文献

(一)历史文献

[1]司马迁.史记.中华书局,1959年.

[2]郝经.续后汉书.丛书集成初编本.中华书局,1985年.

[3]房玄龄等.晋书.中华书局,1974年.

[4]魏收.魏书.中华书局,1974年.

[5]薛居正等.旧五代史.中华书局,1976年.

[6]欧阳修.新五代史.中华书局,1974年.

[7]贾敬颜.五代宋金元人边疆行记十三种疏证稿.中华书局,2004年.

[8]脱脱等.辽史.中华书局,1974年.

[9]陈述辑校.全辽文.中华书局,1982年.

[10]叶隆礼.契丹国志.贾敬颜、林容贵点校本.上海古籍出版社,1985年.

[11]王鼎.焚椒录.丛书集成初编本.中华书局,1985年.

[12]厉鹗.辽史拾遗.丛书集成初编本.中华书局,1985年.

[13]向南.辽代石刻文编.河北教育出版社,1995年.

[14]盖之庸编著.内蒙古辽代石刻文研究.内蒙古大学出版社,2002年.

[15]向南、张国庆、李宇峰辑注.辽代石刻文续编.辽宁人民出版社,2010年.

[16]脱脱等.宋史.中华书局,1977年.

[17]徐梦莘.三朝北盟会编.上海古籍出版社,1987年.

[18]李心传.建炎以来朝野杂记.徐规点校本.中华书局,2000年.

[19]李焘.续资治通鉴长编.中华书局,2004年.

[20]李心传.建炎以来系年要录.胡坤点校本.中华书局,2013年.

[21]庞文英.文昌杂录.中华书局,1985年.

[22]岳珂.桯史.吴企明点校本.中华书局,1981年.

[23] 脱脱等. 金史. 中华书局,1975 年.

[24] 宇文懋昭. 大金国志. 崔文印校证. 中华书局,1986 年.

[25] 张玮等. 大金集礼. 商务印书馆,1986 年.

[26] 大金吊伐录校补. 金少英校补,李庆善整理. 中华书局,2001 年.

[27] 大金德运图说. 文渊阁四库全书本.

[28] 刘祁. 归潜志. 崔文印点校本. 中华书局,1983 年.

[29] 赵秉文. 闲闲老人滏水文集. 丛书集成初编本. 中华书局,1985 年.

[30] 王若虚. 滹南遗老集. 丛书集成初编本. 中华书局,1985 年.

[31] 洪皓. 松漠记闻. 长白丛书,吉林文史出版社,1986 年.

[32] 元好问. 遗山先生文集. 万有文库本. 商务印书馆,1937 年.

[33] 元好问编. 中州集. 中华书局,1959 年.

[34] 张金吾编纂. 金文最. 中华书局,1990 年.

[35] 宋濂等. 元史. 中华书局,1976 年.

[36] 苏天爵编. 元文类. 商务印书馆,1958 年.

[37] 陶宗仪. 南村辍耕录. 中华书局,1959 年.

[38] 权衡. 庚申外史. 丛书集成初编本. 中华书局,1985 年.

[39] 耶律楚材. 湛然居士文集. 丛书集成初编本. 中华书局,1985 年.

[40] 柯劭忞. 新元史. 元史二种. 上海古籍出版社、上海书店,1989 年.

[41] 苏天爵辑撰. 元朝名臣事略. 姚景安点校本. 中华书局,1996 年.

[42] 苏天爵. 滋溪文稿. 陈高华、孟繁清点校本. 中华书局,1997 年.

[43] 李修生主编. 全元文. 江苏古籍出版社(凤凰出版社),1998－2004 年.

[44] 秦鸿昌. 郝经传. 山西古籍出版社,2001 年.

[45] 蒙古秘史. 余大钧译注本. 河北人民出版社,2001 年.

[46] 姚奠中主编、李正民增订. 元好问全集. 山西古籍出版社,2004 年.

[47] 王恽. 玉堂嘉话. 中华书局,2006 年.

[48] 郝经. 郝文忠公陵川文集. 秦雪清点校. 山西人民出版社、山西古籍出版社,2006 年.

[49] 胡祗遹集. 魏崇武、周思成校点. 吉林文史出版社,2008 年.

[50] 欧阳玄全集. 汤锐校点整理. 四川大学出版社,2010 年.

[51] 阎凤梧主编. 全辽金文. 山西古籍出版社,2002 年.

[52] 张廷玉等. 明史. 中华书局,1974 年.

[53] 郑麟趾等. 高丽史. 孙晓等标点校勘本. 西南师范大学出版社、人民出版社,

2014 年.

[54] 司马光等. 资治通鉴. 中华书局,1986 年.

[55] 朱熹. 资治通鉴纲目. 同文书局,清光绪十三年(1887).

[56] 王夫之. 读通鉴论. 中华书局,1975 年.

[57] (波斯)拉施特. 史集. 余大钧、周建奇译本. 商务印书馆,1983 年.

[58] 赵翼. 廿二史札记. 王树民校正本. 中华书局,1984 年.

[59] 永瑢、纪昀主编. 四库全书总目提要. 海南出版社,1999 年.

[60] 蒙鞑备录. 王国维签证本. 王国维遗书(第十三册). 上海古籍书店,1983 年.

[61] 黑鞑事略. 王国维签证本. 王国维遗书(第十三册). 上海古籍书店,1983 年.

(二)近人、今人研究专著

[1] 陈述. 契丹社会经济史稿. 三联书店,1963 年.

[2] 姚从吾. 姚从吾先生全集(二). 正中书局,1976 年.

[3] 蔡美彪等. 中国通史(第六册). 人民出版社,1979 年.

[4] 张正明. 契丹史略. 中华书局,1979 年.

[5] 金毓黻. 东北通史(卷六). 五十年代出版社,1981 年.

[6] 姜一涵. 元代奎章阁及奎章人物. 联经出版事业公司,1981 年.

[7] 白寿彝主编. 史学概论. 宁夏人民出版社,1983 年.

[8] 杨树森. 辽史简编. 辽宁人民出版社,1984 年.

[9] 张博泉. 金史简编. 辽宁人民出版社,1984 年.

[10] 苏振申. 元政书经世大典之研究. 中国文化大学出版部,1984 年.

[11] 张博泉. 东北地方史稿. 吉林大学出版社,1985 年.

[12] 白寿彝. 中国史学史(第一册). 上海人民出版社,1986 年.

[13] 张博泉等. 金史论稿(第一卷). 吉林文史出版社,1986 年.

[14] 陈述. 契丹政治史稿. 人民出版社,1986 年.

[15] 韩儒林主编. 元朝史. 人民出版社,1986 年.

[16] 冯家昇. 冯家昇论著辑粹. 中华书局,1987 年.

[17] 白寿彝总主编. 中国通史. 上海人民出版社,1989 - 1999 年.

[18] 李治安等. 元史学概说. 天津教育出版社,1989 年.

[19] 王明荪. 元代的士人与政治. 台湾学生书局,1992 年.

[20] 孟广耀. 儒家文化——辽皇朝之魂. 哈尔滨出版社,1994 年.

[21] 白寿彝. 白寿彝史学论集. 北京师范大学出版社,1994 年.

[22]瞿林东.中国古代史学批评纵横.中华书局,1994年.

[23]王锺翰主编.中国民族史(增订本).中国社会科学出版社,1994年.

[24]张博泉.中华一体的历史轨迹.辽宁人民出版社,1995年.

[25]林荣贵.辽朝经营与开发北疆.中国社会科学出版社,1995年.

[26]饶宗颐.中国史学上之正统论.上海远东出版社,1996年.

[27]罗贤佑.元代民族史.四川民族出版社,1996年.

[28]吴松弟.中国移民史·第四卷(辽宋金元时期).福建人民出版社,1997年.

[29]张国庆、朴忠国.辽代契丹习俗史.辽宁民族出版社,1997年.

[30]瞿林东.史学与史学评论.安徽教育出版社,1998年.

[31]瞿林东.中国史学史纲.北京出版社,1999年.

[32]程妮娜.金代政治制度研究.吉林大学出版社,1999年.

[33]陈其泰.史学与中国文化传统.学苑出版社,1999年.

[34]刘浦江.辽金史论.辽宁大学出版社,1999年.

[35]陈垣.元西域人华化考.上海古籍出版社,2000年.

[36]周少川.元代史学思想研究.社会科学文献出版社,2001年.

[37]白寿彝.白寿彝民族宗教论集.河北教育出版社,2001年.

[38]武玉环.辽制研究.吉林大学出版社,2001年.

[39]吴怀祺.中国史学思想通史(宋辽金卷).黄山书社,2002年.

[40]李治亭主编.东北通史.中州古籍出版社,2003年.

[41]周良霄、顾菊英.元史.上海人民出版社,2003年.

[42]李治安.元代政治制度研究.人民出版社,2003年

[43]刘应李原编、詹友谅改编.大元混一方舆胜览.郭声波整理本.四川大学出版社,2003年.

[44]白寿彝.史学遗产六讲.北京出版社,2004年.

[45]都兴智.辽金史研究.人民出版社,2004年.

[46]赵永春.金宋关系史.人民出版社,2005年.

[47]瞿林东.中国史学的理论遗产.北京师范大学出版社,2005年.

[48]瞿林东.中国简明史学史.上海人民出版社,2005年.

[49]萧启庆.内北国而外中国:蒙元史研究(上、下册).中华书局,2007年.

[50]屈文军.辽西夏金元史十五讲.上海古籍出版社,2008年.

[51]王善军.世家大族与辽代社会.人民出版社,2008年.

[52]吴凤霞.辽金元史学研究.中国社会科学出版社,2009年.

[53]陈高华、张帆、刘晓.元代文化史.广东省出版集团、广东教育出版社,2009 年.

[54]王明荪.辽金元史学与思想论稿.花木兰文化出版社,2009 年.

[55]王明荪.宋辽金元史.九州出版社,2010 年.

[56]瞿林东.史学在社会中的位置.商务印书馆,2011 年.

[57]瞿林东主编.中国古代历史理论.时代出版传媒股份有限公司、安徽人民出版社,2011 年.

[58]张国庆.佛教文化与辽代社会.辽宁民族出版社,2011 年.

[59]薛磊.元代东北统治研究.社会科学文献出版社,2012 年.

[60]北京佛教文化研究所编.辽金佛教研究.金城出版社,2012 年.

[61]瞿林东主编.历史文化认同与中国统一多民族国家.河北出版传媒集团、河北人民出版社,2013 年.

(三)近人、今人研究论文

[1]陶晋生.刘祁与《归潜志》.宋史研究集(第 5 辑).(台湾)中华丛书编审委员会印行,1970 年.

[2]陈芳明.宋辽金史的纂修与正统之争.宋史研究集(第 7 辑).(台湾)中华丛书编审委员会印行,1974 年.

[3]宋德金.刘祁与《归潜志》.史学月刊,1982 年第 3 期.

[4]姚大力.元朝科举制度的兴废及其社会背景.元史及北方民族史研究集刊,1982 年总第 6 期.

[5]张博泉.元好问与史学.晋阳学刊,1985 年第 2 期.

[6]白钢.论郝经的政治倾向.中国史研究,1985 年第 4 期.

[7]张博泉."中华一体"论.吉林大学学报,1986 年第 5 期.

[8]杨树森.辽代史学述略.辽金史论集(第三辑).书目文献出版社,1987 年.

[9]张博泉.论金代文化的发展及其历史地位.社会科学战线,1987 年第 1 期.

[10]葛兆光.金代史学与王若虚.扬州师院学报,1988 年第 4 期.

[11]张帆.元代翰林国史院与汉族儒士.北京大学学报,1988 年第 5 期.

[12]宋德金.正统观与金代文化.历史研究,1990 年第 1 期.

[13]张博泉.时代与元好问.晋阳学刊,1990 年第 3 期.

[14](美)陈学霖.元好问《壬辰杂编》探赜.晋阳学刊,1990 年第 5 期.

[15]叶建华.论元代史学的两股思潮.内蒙古社会科学,1991 年第 2 期.

[16]杨保隆.简论辽朝的民族政策.北方文物,1991年第3期.

[17]瞿林东.辽金宋三史略论.中国史学散论.湖南教育出版社,1992年.

[18]程妮娜.《遗山文集》与史学.史学集刊,1992年第2期.

[19]徐松巍.《归潜志》价值初论.古籍整理研究学刊,1992年第5期.

[20]蔡美彪.试说辽耶律氏萧氏之由来.历史研究,1993年第5期.

[21]蔡美彪.辽代后族与辽季后妃三案.历史研究,1994年第2期.

[22]曾贻芬.略谈辽、金时代的历史文献.史学史研究,1994年第3期.

[23]漆侠.从对《辽史》列传的分析看辽国家体制.历史研究,1994年第1期.

[24]安丽春.试论金代礼制的渊源、特点和历史作用.辽金史论集(第八辑).吉林文史出版社,1994年.

[25]朱子方.辽朝的历史学家及其史学思想.辽海文物学刊,1995年第1期.

[26]齐春风.论金人的中州观.辽宁师范大学学报,1995年第3期.

[27]吴怀祺.辽代史学与辽代社会.史学史研究,1995年第4期.

[28]何宛英.金代修史制度与史官特点.史学史研究,1996年第3期.

[29]江湄.元代"正统"之辨与史学思潮.中国史研究,1996年第3期.

[30]宋德金.辽朝正统观念的形成与发展.辽金西夏史研究——纪念陈述先生逝世三周年论文集.天津古籍出版社,1997年.

[31]江湄.欧阳玄与元代史学.北京师范大学学报,1997年第3期.

[32]宋德金.辽朝的"因俗而治"与中国社会.传统文化与现代化,1998年第2期.

[33]何宛英.金代史学与金代政治.北京师范大学学报,1998年第3期.

[34]刘浦江.试论辽朝的民族政策.辽金史论.辽宁大学出版社,1999年.

[35]周少川.元代关于历史盛衰之"理"的思考——论理学思潮对元代历史观的影响.史学理论研究,1999年第3期.

[36]周少川.元代史学的世界性意识.史学集刊,2000年第3期.

[37]郭康松.辽朝夷夏观的演变.中国史研究,2001年第2期.

[38]李珍.元代民族史观的时代特点.云南民族学院学报,2001年第4期.

[39]赵梅春.辽、金史《国语解》的史学价值.兰州大学学报,2001年第5期.

[40]李珍.试论辽宋夏金时期的民族史观.史学月刊,2002年第2期.

[41]齐春风.论金朝华夷观的演化.社会科学辑刊,2002年第6期.

[42]陈学霖.刘祁《归潜志》与《金史》.金宋史论丛.香港中文大学出版社,2003年.

[43]晏选军.南北理学思想汇合下的郝经.晋阳学刊,2003年第6期.

[44]瞿林东.略论中国古代历史理论的特点.学术研究,2004 年第 1 期.

[45]刘浦江.德运之争与辽金王朝的正统性问题.中国社会科学,2004 年第 2 期.

[46]周少川.元代汉儒民族思想的发展进步.云南民族大学学报,2004 年第 2 期.

[47]李淑华.元代史学领域的"华夷"、"正统"观念.兰州大学学报,2004 年第 6 期.

[48]瞿林东.天人关系与历史运动.史学月刊,2004 年第 9 期.

[49]李华瑞.《宋史》论赞评析.史学集刊,2005 年第 3 期.

[50]李淑华.蒙古字书与蒙元史学.黑龙江民族丛刊,2005 年第 1 期.

[51]董恩林.试论历史正统观的起源与内涵.史学理论研究,2005 年第 2 期.

[52]吴凤霞.金代女真学的兴衰及其历史意义.社会科学辑刊,2005 年第 4 期.

[53]刘扬忠.论金代文学中所表现的"中国"意识和华夏正统观念.吉林大学学报,2005 年第 5 期.

[54]瞿林东.一代明君的君主论——唐太宗和《帝范》.陕西师范大学学报,2005 年第 6 期.

[55]周少川.试论许衡的历史思想.史学月刊,2005 年第 9 期.

[56]程妮娜.强力与绥怀:宋辽民族政策比较研究.文史哲,2006 年第 3 期.

[57]李治安.元初华夷正统观念的演进与汉族文人仕蒙.学术月刊,2007 年第 4 期.

[58]瞿林东.谈中国古代的史论和史评.东岳论丛,2008 年第 4 期.

[59]赵永春.试论金人的"中国观".中国边疆史地研究,2009 年第 4 期.

[60]赵永春.试论辽人的"中国"观.文史哲,2010 年第 3 期.

[61]李浩楠.金末义军与晚金政治研究.河北大学硕士论文,2010 年.

[62]蔡美彪.论辽朝的天下兵马大元帅与皇位继承.辽金元史考索.中华书局,2012 年.

[63]陈德洋.试论金宣宗时期的金夏之战.西夏学(第九辑),2013 年.

[64]史风春.再论辽朝后族萧姓之由来.辽金史论集(第十三辑),中国社会科学出版社,2013 年.

[65]赵永春.金人自称"正统"的理论诉求及其影响.学习与探究,2014 年第 1 期.

[66]林鹄.辽世宗、枢密院与政事省.中国史研究,2014 年第 2 期.

后　　记

本书是教育部人文社会科学研究项目"辽金元史论与历史文化认同思想"（项目批准号 11YJA770052）的最终研究成果。本书得到渤海大学中国史学科博士点筹建经费资助。

2004 年我考入北京师范大学史学所攻读博士学位，开始把学习和研究的重点放在辽金元史学方面，读书期间，在瞿林东先生的指导下，已关注辽金元的史论，先后发表了《＜归潜志＞史论的内涵与意旨》（《安徽史学》2007 年第 3 期）、《金代名儒赵秉文的史论特点》（《中州学刊》2007 年第 3 期）。毕业以后，主要从事中国史学史和中国古代史教学工作，继续阅读有关辽金元史论的文章，开始着手系统梳理辽金元史论的成果，设想将辽金元史论作较为系统的研究，并于 2011 年申报了教育部人文社会科学研究规划基金项目，得到专家评委的认可，成功立项。从 2011 至 2016 年，我围绕着辽金元史论先后发表《金世宗的君臣共治思想与历史文化认同》（《史学集刊》2012 年第 6 期）、《辽朝何以"雄长二百余年"——＜辽史＞论赞相关议论探究》（《内蒙古社会科学》2013 年第 3 期）、《＜金史＞论赞的内涵与意旨剖析》（《史学月刊》2013 年第 7 期）、《元代史官的"通古今之变"及其价值》（《廊坊师范学院学报》2015 年第 4 期）等文章。然而，由于学校不断推行的教学改革使我在教学工作上花费了大量的时间和精力，书稿的撰写因此不能如计划进行而一再推延，直到 2016 年 5 月才最终完成。我十分清楚，我的这本小书对于辽金元史论的探讨是粗浅的，很多问题没有深入展开，文字的润色也不够，然而时间已到，不能不说有些遗憾。

尽管限于我的学识，限于时间的紧迫，这本小书有一些不足和缺憾，但它的出版也得益于众多师长的支持、帮助。在此，感谢长期以来给予我教诲、指导的我的导师瞿林东先生，感谢渤海大学崔向东教授、解晓东教授、宝胜教授、任仲书教授、李亚光教授、金毅博士、王月博士,以及中国古代史教研室的同事们,还有北京师范大学、吉林大学的老师、朋友们,是你们的鼓励、支持让我坚持把我的心得汇聚成篇。感谢黑龙江人民出版社姚虹云女士及其同事,你们为本书得以付梓出版付出了辛苦。研究生武文君、李进欣,本科生边昊协助我对全书作了文字校订和编排,也向他们表示谢意!

吴凤霞

2016 年 7 月